董事长

成为

董事长

TO BE CHAIRMAN OF THE BOARD

郑志刚公司治理通识课

郑志刚◎著

中国人民大学出版社
·北京·

写给已经成为和希望成为董事长的你

经过 30 年的发展，中国资本市场在 21 世纪 20 年代来临之际，步入"而立"之年。从垂髫少儿蹒跚学步，到进入青春期的躁动不安，我国资本市场在披荆斩棘中一路走来。相信很多已经成为和希望成为董事长的你，一方面目睹和见证了我国资本市场的快速发展；另一方面则围绕如何使"投资者资金按时收回，并取得合理回报"（施莱弗（Shleifer）和维什尼（Vishney）对公司治理的经典定义）的公司治理问题积累了很多困惑和疑问。

从 2015 年万科股权之争开始，我国上市公司第一大股东的平均持股比例低于标志相对控股权的 1/3，我国资本市场开始进入分散股权时代。如果你是一家第一大股东持股比例并不高的上市公司的董事长，那么面对频繁的"野蛮人"出没和潜在的控制权纷争，应该如何设计股权结构，同时应用各种可能的加强公司控制的途径来防范"野蛮人入侵"呢？

2019 年 6 月，上海证券交易所（简称上交所）科创板开板，允许新上市公司发行 AB 双重股权结构股票，自此，我国资本市场从奉行"一股一票"原则转变为开始包容和接纳"同股不同权架构"。如果你主导创建的高科技企业希望在科创板上市，那么应该如何设计公司的股权结构，以实现控制权的掌握和外部融资两者之间的平衡呢？

被誉为"国企混改第一股"的中国联通于 2017 年完成混改。在吸引包括中国人寿和 BATJ（百度、阿里巴巴、腾讯、京东四家公司的简称）等战略投资者持股35.19％后，联通集团合计持有中国联通的股份从混改前的 60％下降为 36.67％。如果你是一家"一股独大"的国有企业的董事长，面对我国正在积极推进的新一轮以混合所有制为特征的国企改革，那么应该在股东和董事会层面分别设计什么样的公司治理制度，来使新引入的战略投资者激励相容，切实推动国企经营机制的转变呢？

在 2019 年 9 月 10 日这个教师节，教师出身的马云正式退休。在阿里巴巴当天举行的 20 周年庆典上，马云感言，"今天不是马云的退休，而是一个制度传承的开始；今天不是一个人的选择，而是一个制度的成功"。已经成为和希望成为董事长的你是否会被马云上述一番花言巧语所打动，急切希望对什么样的公司治理制度成就和保障了阿里巴巴的成功传承这一问题一探究竟呢？

…………

如果已经成为和希望成为董事长的你正在对上述典型公司治理问题困惑不解，那么本书也许就是帮助你消除这些困惑、找到问题答案的一把钥匙。

本书是我在给多所高校和社会教育机构 EMBA 学员讲授公司治理课程讲义的基础上整理完善而成的。除了对董事会运作、经理人薪酬设计、机构投资者的角色等公司治理规范的一般讨论，本书还从我国资本市场进入分散股权时代和积极推进国企混合所有制改革的制度背景出发，重点考察了我国资本市场格局的变化和全球公司治理未来的发展趋势对我国公司治理实践的特殊影响，并揭示了其带给我国公司治理的特殊含义。上述工作的完成使得本书与其他公司治理主题的书籍相比，具有了十分浓郁、生动而鲜活的时代气息。也许我们可以从以下三个方面的时代性来概括本书的特色：

第一，讲授内容的时代性。从双重股权结构股票发行的股权设计到分散股权时代防范"野蛮人入侵"和加强公司控制的途径，从困扰无数民营企业如何实现企业传承的公司治理制度安排到中国当下最重要的公司治理问题——国企混改的逻辑、模式和路径，这些内容构成了一段时期以来我国资本市场发展和公司治理实践中的重要事件，需要我们认真思考、严肃面对和积极准备。

第二，观察视角的时代性。本书选择了三个重要的观察视角：其一，在以互联网技术为标志的第四次工业革命浪潮对创新导向的组织设计提出内在需求的背景下，思考公司治理制度设计应该如何在减缓代理冲突、降低代理成本与鼓励创业团队围绕业务模式的人力资本投入之间进行权衡，避免以往公司治理制度设计更多从出资股东的利益出发，一味强调"为了控制而控制"，甚至"防火，防盗，防经理人"；其二，在我国资本市场从 2015 年开始进入分散股权时代的背景下，观察和思考如何走出传统的"一股独大"、大股东大包大揽的治理范式，建立调动各方公司治理力量、形成适应分散股权时代的公司治理模式；其三，在国企积极推进混改的背景下，思考如何在国有资产管理体制上完成从"管企业"到"管资本"的转变，使国企成为真正的现代企业。

第三，研究方法的时代性。20 年的公司治理学习、教学和研究使我逐步养成了从案例研究着手开展实证研究、提供经验证据的学术习惯。如今我和我的研究团队所讲述的每一个中国制度背景下的独特公司治理故事往往需要经过以下三个环节：一是案例研究。通过解剖麻雀，我们试图了解现象背后变量之间真实的经济关系，寻找典型事实。二是把对一个典型事实的经济学解读以经济评论文章的形式发表出来，寻求业界的反馈，看看这是不是一个真问题。于是就有了我在 FT 中文网（英国《金融时报》）开设的"公司治理新视野"专栏，以及在《财经》《经济观察报》《董事会》《经济学家茶座》《读书》等报刊发表的大量经济评论文章。三是基于业界"是不是真问题"的反馈而开展的数据采集和基于大样本的计量分析和经验研究，寻找特定公司治理现象背后的一般经济规律。因而，进入本书的很多公司治理故事是经过上述三个环节反复提炼出来的典型事实、现实问题以及信服证据。上述研究方法的时代性使我确信在本书中讲述的故事一定是我国资本市场制度背景下所发生的独特的、真实的、有趣的公司治理故事。

在和中国人民大学出版社李文重编辑沟通如何命名这本书时，李编辑鼓励我，既然是写给已经成为和希望成为董事长的读者，讲述如何成为一名合格董事长的中国公司治理故事，为什么不直接称为《成为董事长》呢?！尽管我承认这是一个十分契合本书主题的好书名，但李编辑的上述提议使我在整个新冠肺炎疫情期间每每想起这一问题内心都十分纠结。因为我一直担心，尽管我长期受聘担任一些公司的独立董事，但作为研究公司治理的学者和金融学教授，毕竟没有当过董事长。

正当我严肃地考虑是否选择放弃"成为董事长"这一书名时，疫情期间和我交流问候的多位董事长朋友对我的这一想法表示大惑不解。他们认为，如果由他们来写这本书，那只能写成《成为某董事长"第二"》，但绝不会写成像本书一样，从公司治理的各个方面系统深入地帮助一个已经成为和希望成为董事长的EMBA学员成为一名合格的董事长。应该说，他们的这一说法说服了我。我一直认为，优秀的企业家从来不是商学院提供的商学教育培养出来的，但良好的商学教育可以增加一个企业家变得更加优秀的可能性。也许这就如同一个经济学笑话所讲的：学习经济学尽管不能保证你不失业，但可以帮助你知道你失业的原因。

结合以往给 EMBA 学员授课习惯和教学经验，本书采用课程讲义的组织方式，将公司治理基本和重要的内容分为八个主题，对每个主题集中讲述。这一方面保持了全书内容体系的完整，向读者提供系统全面的公司治理教育；另一方面可以使每个重要主题保持相对独立性，便于展开深入讨论。全书共八讲，每讲约需 3 个课时，共 4 天（2 个周末）的教学工作量。其中，第一讲介绍现代股份公司之谜和提出公司治理问题；第二讲讲述包括阿里合伙人制度和 Snap 三重股权结构在内的股权设计和控制权安排；第三讲讲述金字塔式股权结构和水平代理问题，讨论我国资本市场上上市公司所处的金字塔式控股链条这一基本金融生态；第四讲讨论基于历史文化和体制因素形成的十分独特的中国式内部人控制问题，揭示当内部人遭遇"野蛮人"带给我国资本市场的现实公司治理困境；第五讲讨论险资举牌和"小股东起义"问题，讨论在分散股权时代机构投资者和分散股东如何参与公司治理；第六讲从我国为数不少公司董事会组织出现的超额委派董事问题切入，讨论在我国如何组织董事会以及董事会独立性究竟应该加强还是削弱的问题；第七讲从国企高管限薪的背景出发，讨论如何为经理人设计薪酬合约，进而讨论员工持股计划设计的原则；第八讲回到我国制度背景下最重要的公司治理问题——国企混改，探讨国企混改的逻辑、模式和路径。除了作为 EMBA "公司治理"课程的教科书和参考书，本书也是我为中国人民大学金融专硕讲授的"公司治理"课程指定的教科书和参考书。

希望未来有一天，我有幸能从已经成为和希望成为董事长的你们那里得到反馈，在读完本书后，那些积累在你们心中的种种公司治理困惑已得到部分消除。如果通过本书的阅读，结合你的工作实践，你对某一公司治理问题产生新的困惑和疑问，也请及时告诉我。因为那对我而言，将成为本书整理出版的"意外惊喜"。

Contents **目　录**

"现代股份公司之谜"与公司治理问题的提出

一、现代股份公司的兴起

美国加州大学伯克利分校德隆（Bradford DeLong）教授的研究发现，从 250 万年前旧石器时代至今人类社会漫长的岁月中，在 99.99％ 的时间里，世界人均 GDP 基本没什么变化。如果画在以时间为横轴的图上，人均 GDP 看上去像一条水平线。然而，在过去的 250 年中，这条线突然有了一个几乎垂直上升的增长。德隆教授的上述观察间接证明了马克思在《共产党宣言》中提到的"资产阶级在它的不到一百年的阶级统治中所创造的生产力，比过去一切世代创造的全部生产力还要多，还要大"的事实。那么，在过去的 250 年中，人类社会究竟发生了什么从而导致社会财富如此爆发式增长？

美国经济学家、哥伦比亚大学原校长巴特勒（Nicholas Murray Butler）教授把人类社会在如此短的时间内实现财富爆发式增长归因于现代股份公司的兴起。在他看来，现代股份公司是"近代人类历史中一项最重要的发明"，他强调，"如果没有它，连蒸汽机、电力技术发明的重要性也要大打折扣"。人类社会财富爆发式增长显然离不开三次工业革命和正在进行的以互联网技术为标志的第四次工业革命的大力推动。一方面，作为"解决筹集大量资金的一种标准方式"[①]，公司制

---

① 罗斯，等. 公司理财：原书第 11 版. 北京：机械工业出版社，2017：3-4.

企业的兴起使得投资规模得以扩大；另一方面，外部分散股东通过投资现代股份公司来分担企业经营风险，而把经营决策交给专业的职业经理人，实现了资本社会化与经理人职业化二者之间的专业化分工，提升了效率。二者共同构成了社会化大生产开展和工业革命发生的基本要件。正如马克思所描述的，假如必须等待积累再使某些单个资本增长到能够修建铁路的程度，那么恐怕直到今天世界上还没有铁路，但是，通过股份公司集中转瞬之间就把这件事完成了。现代股份公司的出现为高效率社会化大生产开展和工业革命发生提供了生产制度基础和企业组织保障。从上述意义上看，巴特勒认为，现代股份公司是"近代人类历史中一项最重要的发明"（没有"之一"）似乎并不过分。

　　下面简单回顾一下现代股份公司的兴起和发展历程。世界上第一家现代股份公司——荷兰东印度公司诞生于 1602 年。此前的 1560 年，荷兰商人霍特曼曾率领由 249人 4 艘船组成的第一支荷兰远征东方船队到达印度尼西亚万丹。尽管获得了 400% 的高额利润，但船队的代价也是巨大的，整个船队只有89 人生还。无论是开拓海外市场所需的大量的资金投入还是航海过程中的巨大风险都不是仅仅具有航海经验和探险精神的航海家可以独自承担的，他们需要来自外部的资金支持和风险分担。面对航海家外部融资的巨大需求，经过

荷兰东印度公司的办公场所

早期为一次航行而成立的"一次性公司"的实验，1602 年，阿姆斯特丹的 1 143 人和泽兰的 264 人成为新设立的荷兰东印度公司的首批股东。从投资者的构成来看，以商人为主，也包括医生、牧师、公务员、手工艺人和工人等各种职业的人。为了向不满意的投资者提供退出通道，世界上第一个正式的股票交易所于 1611 年在荷兰距离东印度公司办公室不远处成立。

　　作为荷兰东印度公司的最高决策机构，其董事会由 70 多人组成，但真正握有实权的是称为"17 绅士"的十七人会议。该会议通常每年举行三次，每次会议为期 4～8周。荷兰东印度公司董事会的十七人会议成为现代公司治理董事会的历史雏形。

荷兰东印度公司停泊在阿姆斯特丹港口的商船

我国近代第一家股份公司成立于晚晴洋务运动期间，即于 1872 年在上海设立的"官督商办企业"轮船招商局。该公司成立时资本为 100 万两白银，先收 50 万两白银，分为 1 000 股，每股 500 两白银。每百股推荐 1 名商董，轮船招商局的事宜由他们协商决策和负责。首任轮船招商局总办是唐廷枢。在盛宣怀担任督办期间，无论《用人章程》和《理财章程》，轮船招商局的官办色彩加浓，商办色彩减弱。以至于美国耶鲁大学陈志武教授对此不无惋惜地指出，"轮船招商局使中国有了自己的轮船，但并没有由此建立起现代企业制度"。

轮船招商局的纸质版股票

在明清时期旅蒙晋商很早就实行了所谓"东伙分离"的"财东"（股东）的所有权和"掌柜的"（经理人）的经营权分离，这些辉煌了 500 年的晋商商号算不算比轮船招商局成立更早的现代股份公司呢？

以旅蒙晋商第一大商号大盛魁为例。按照秦钺出任大掌柜时推出的"万金账"制度，尽管伙友们的身股达 30 多股，但作为"财东"的王、张、史三家财股（永远身股）合计 3 股半，远达不到资本充分的社会化带来的风险更大范围的分担。同样重要的是，他们的股票缺乏以股票交易所为代表的成熟的资本市场等顺畅的流通渠道。因而 500 年辉煌的晋商商号如果按照现代公司组织法律标准，应该仅仅是合伙制企业，而非现代股份制企业。

旅蒙晋商大盛魁的商号

现代股份公司的兴起和发展，推动了资本主义在全球的风起云涌，为人类历史文明掀开了全新的一页。那么，我们应该如何理解现代股份公司兴起和发展的逻辑呢？

一是专业化分工带来的效率改善。现代股份公司的兴起突破了家庭手工作坊受家庭财富的限制，实现了在全社会范围内的资金融通和风险分担，促使经营者专注于经营管理与技术创新本身，由此带来了资本提供者与经营管理者之间的专业化分工，实现了企业经营效率的改善。回顾人类社会的发展历程，物质文明的每一次进步都离不开社会分工的深化。最初农业与畜牧业的分工如此，手工业与农业的分工如此，今天基于互联网和物流技术正在形成的家政服务的外包同样如此，社会专业化分工的脚步从未停止。正因为专业化分工的重要性，亚当·斯密在《国富论》中以大头针工厂为例讨论了专业化分工对于提升效率的重要性。而借助（经理人）经营权与（股东）所有权分离，现代股份公司实现了经理人职业化与资本社会化之间的专业化分工。因而专业化分工不仅展示了现代股份公司兴起和发展所遵循的核心逻辑，甚至在一定意义上成为现代股份公司的灵魂。

二是基于双方博弈实现的合作共赢。从荷兰东印度公司成立的例子中，我们看到，尽管不排除出资的乡村绅士作为"资本家"希望"剥削"开拓海外市场的航海家的复杂动机，但双方最终的"一拍即合"一定是彼此意识到合作对双方都是有利可图的。乡村绅士可以完成资金的合理配置，从航海家的海外市场扩张中分一杯羹；而航海家则乐意借助乡村绅士的投资扩大经营规模，并与这些乡村绅士共同分担未来经营风险。换句话说，在组建荷兰东印度公司的过程中，乡村绅士与航海家是在充分考量各自利益和相互博弈的基础上，最终选择了可能给双方带来共赢局面的合作。合作由此成为乡村绅士与航海家围绕荷兰东印度公司组建开展博弈的纳什均衡。我们看到，在股东与经理人通过组建现代股份公司实现合作共赢的问题上，400多年前的荷兰东印度公司与今天规模各异的现代股份公司遵循同样的逻辑。

二、"现代股份公司之谜"

尽管乡村绅士与航海家合作组建荷兰东印度公司对双方都是有利可图的，但这些出资的乡村绅士也许很快会意识到，如何在技术上确保自己交给这些出海远航的航海家的资金能够按时收回，并取得合理的回报呢？

一个不容忽视的基本事实是，同样是资金，乡村绅士投入荷兰东印度公司用来分担未来经营风险的资金与这些航海家通过向银行借贷获得的资金性质并不相同。前者在金融工具性质上属于权益融资，而后者则属于债务融资。作为债务融资，银行向荷兰东印度公司提供贷款，除了贷款期限和利息水平在借贷合约中有明确的规定，通常还需要抵押，甚至需要第三方担保。通过上述借贷合同的签订，银行将使向荷兰东印度公司提供的债务融资风险控制在合理的范围内。然而，作为权益融资，在乡村绅士投入荷兰东印度公司资金后，并不能获得荷兰东印度公司提供的抵押和担保，荷兰东印度公司甚至动不动把"除非董事会做出承诺，否则发放股利不应成为公司一项义务"的口头禅挂在嘴边。这意味着荷兰东印度公司对乡村绅士的投资回报并没有做出任何承诺，不仅在公司经营状况不佳时可以拒绝发放股利，甚至可能使乡村绅士的投资血本无归。那么，为什么荷兰的乡村绅士还愿意投资荷兰东印度公司成为股东呢？

换一种更一般的说法，一个投资者为什么愿意把自己的资金交给一个陌生人

（现代股份公司外聘的职业经理人）去追求看上去似乎并没有做出任何承诺的投资回报呢？这就是所谓的"现代股份公司之谜"。像现实生活中存在的其他众多谜团一样，这一问题也曾长期困扰着经济学家。直到 2016 年诺贝尔经济学奖得主哈特（Oliver Hart）于 20 世纪 90 年代发展的现代产权理论才对这一问题给予明确回答。

概括而言，在哈特看来，荷兰乡村绅士与荷兰东印度公司（航海家）围绕外部权益融资签订的合约是不完全的。未来海外市场的开拓会遭遇怎样的风险，这不是在双方签订合约那一刻可以预测的。没有提供抵押和担保的荷兰东印度公司，为了鼓励乡村绅士的投资，承诺这些乡村绅士将享有所有者权益，成为荷兰东印度公司的股东。作为荷兰东印度公司的股东，这些荷兰乡村绅士拥有以下权利：

一是对双方通过购买股票签署的不完全合约未规定的事项，这些乡村绅士有权在股东大会上以投票表决的方式进行最后裁决。这一权利被哈特称为剩余控制权。剩余控制权的拥有解除了这些乡村绅士投资荷兰东印度公司后会被那些航海家"敲竹杠"的顾虑。毕竟，尽管双方签署的合约是不完全的，但不完全事项最后由这些乡村绅士"说了算"。剩余控制权反映的是这些乡村绅士在荷兰东印度公司享有的权利。我们看到，这些荷兰乡村绅士正是在荷兰东印度公司向其做出享有所有者权益后才愿意投资入股成为股东的。

二是这些乡村绅士必须为由此可能做出的错误决策以出资额为限承担相应的责任。这一权利被哈特称为剩余索取权。这集中体现在利润分配时股东的受益顺序排在员工、债权人等其他利益相关者之后。剩余索取权反映的是这些乡村绅士在荷兰东印度公司承担的义务。义务和权利由此在投资者成为股东享有所有者权益后得到了很好的对应和匹配。

在公司的资产负债表中，由公司的资产价值与负债价值二者的差额构成的股东权益，正是公司的资产价值扣减负债价值后的"剩余"。这意味着股东受益顺序排在债权人之后，是承担企业经营风险的最后责任人。我们看到，尽管债权人的负债与股东的所有者权益在资产负债表中被合称为企业拥有的总价值，但同样是出资者，债权人与股东的权益是不同的。前者是合同权益，受到合同法的保护和救济；而后者是所有者收益，受到公司法和公司章程等的保护。

正是通过赋予上述剩余控制权和剩余索取权两方面权利，享有所有者权益的产权安排，这些聪明的荷兰乡村绅士在 400 多年前才愿意投资荷兰东印度公司，成为该公司的股东。股东由此被主流公司治理理论明确为公司治理的权威，在公司治理实践中逐步确立了股东中心导向的公司治理制度安排。股东的权威性集中体现在股东大会作为公司最高权力机构的法律地位和公司法对股东相关权益的保护。

在法律上，经理人向股东负有诚信责任。

对于股东作为公司治理权威的理论和实践认识，我们同时需要避免以下两方面的误解：

一是股东尽管是公司治理的权威，但并不意味着股东的权利不存在边界。股东的权利边界仅限于对不完全合约中尚未规定的重大事项（资产重组等），而在合约中明确规定的事项不属于股东的权利范围。例如，格力电器股东大会可以否决董明珠女士提出的收购新能源汽车项目的议案（涉及战略投资等重大事项），但无权取消完成相关绩效指标的董明珠女士按照事先签订的薪酬合约应该获取的天价报酬，否则将面临董明珠女士提起的格力电器违约的法律诉讼。

二是由于强调股东中心导向的公司治理制度安排，而由此忽略对客户、员工、供货商、债权人、社区和政府等利益相关利益的保护。2019 年 8 月 19 日，由苹果、百事、摩根大通与沃尔玛等全球知名企业共同参与的美国工商团体"商业圆桌会议"（Business Roundtable）发表了题为《公司的目的》的宣言。该宣言强调，"我们每个企业都有自己的企业目的，但我们对所有利益相关者都有着共同的承诺。每个利益相关者都至关重要，我们致力于为所有公司、社区和国家的未来成功创造价值"。通过"商业圆桌会议"宣言，我们看到，企业界再一次发出在公司治理实践中不应忽视其他利益相关者利益保护的善意提醒和美好愿景。

那么，从股东作为公司治理权威确立的过程，我们对现代股份公司组织和控制权的安排可以得到哪些有益的启发呢？一是控制权安排需要实现权力和责任的对称，把权力交给具有责任承担能力的人。股东之所以作为最后责任人，很大程度上是因为他以出资额为限可以为所做出的决策承担（有限）责任。二是控制权与经营权的适当分离，避免控制权对经营权的过度干预。与家庭手工作坊相比，现代股份公司通过经营管理（经理人职业化）与风险分担（资本社会化）的专业化分工，实现了效率的提升。在现代股份公司，"掌柜的做掌柜擅长的事，东家做东家擅长的事"（专业化分工），而不是不懂经营的东家对经营管理指手画脚。股利发放完全取决于董事会的决策，除非公司董事会宣布发放股利，否则股利发放不会成为公司的一项义务。在上述意义上，以所有权和控制权分离为特征的现代股份公司是企业组织制度的一场革命。

三、代理冲突和公司治理问题的提出

在形成高度分散的股权结构之前，列宁眼中的英美等国的典型企业是股权高度集中的托拉斯。这是由许多生产同类商品的企业或产品有密切关系的企业合并组成的资本主义垄断组织形式。例如，洛克菲勒家族控股的标准石油公司在 20 世纪初控制全美 90％的石油产量，当时美国对华出口的一半石油来自标准石油公司。

针对美国在 20 世纪初的环境破坏、垄断带来的政治腐败、经济秩序混乱和贫困化问题，西奥多·罗斯福和威廉·塔夫脱两位总统主导了以"提升效率"和"建立秩序"为目的，涉及政治、经济和社会改革等多方面的进步运动。一方面，通过反垄断避免社会资源集中在少数财阀手中。1890 年，美国国会制定了第一部反托拉斯法——《谢尔曼反托拉斯法》。1911 年，美国最高法院根据《谢尔曼反托拉斯法》将标准石油公司拆分为埃克森美孚、雪佛龙等 34 个独立企业。另一方面，通过向财阀控股的金字塔式控股结构开征公司间股利税和家族信托基金的兴起，鼓励公司股权从集中走向分散，企业组织从庞大的金字塔式股权结构走向扁平。作为进步运动的经济后果之一，到 20 世纪 30 年代初，在美国最大的 200 家公众公司中，由大股东拥有并控制的公司不到 5％，占公司数量 44％的公司和占财产 58％的公司由所有权相当分散的少数股东和管理者拥有。

然而，不幸的是，全球经济大萧条在 1929—1933 年爆发。很多学者反思大萧条为什么会首先在美国爆发。其中伯利（Berle）和米恩斯（Means）于 1932 年出版的《现代公司和私有财产》一书将大萧条的爆发与美国主要公司分散的股权结构和由此形成的所有权与经营权的分离联系在一起。他们认为，外部分散股东由于无法有效地行使控制权，放任职业经理人挥霍，使投资者蒙受了巨大损失，"对过去三个世纪赖以生存的经济秩序构成威胁"，并成为 20 世纪二三十年代爆发的经济大萧条重要外部诱因之一。他们在书中指出，"随着公司财富的所有权变得更加分散，对这些财富的所有权与控制权已经变得越来越少集中于同一个人之手。在公司制度下，对行业财富的控制可以而且正在被以最少的所有权利益来完成。财富所有权没有相应的控制权，而财富的控制权没有相应的所有权，这似乎是公司演进的逻辑结果"。伯利和米恩斯正式提出了公司治理问题。亚当·斯密曾经说过，"作为其他人所有的资金的经营者，不要期望他会像自己所有的资金一样获得精心照顾"。

詹森（Jensen）和梅克林（Meckling）于 1976 年在伯利和米恩斯提出的问题的基础上把委托-代理理论的框架应用到现代股份公司经理人与股东利益冲突的分析中，提出了著名的"代理成本"这一公司治理标准研究范式。在现代股份公司中，股东所有权与经理人经营权的分离导致外部分散股东和经理人存在信息不对称。现代股份公司由此成为信息不对称视角下委托-代理理论的典型和理想应用场景。信息不知情的外部分散股东成为经济学（非法学）意义上的委托人，而信息知情的经理人相应成为代理人，二者由于信息不对称形式的委托-代理关系将产生信息租金并导致非效率的出现。在现代股份公司，代理问题具体化为投资者所面临的确保所提供的资金不被经理人掠夺和浪费在无吸引力项目上的困难。而代理成本指的是作为股东的委托人与作为经理人的代理人利益冲突所产生的交易成本。代理成本由此成为公司治理标准研究范式。公司治理的政策目标从此明确为"缓解代理冲突，降低代理成本"。詹森和梅克林的研究也成为公司治理现代研究的开始。

在企业组织形式从家庭手工作坊向现代股份公司演进过程中，一方面企业生产经营的专业化分工程度不断上升；另一方面外部权益融资导致的所有权与经营权分离产生的代理冲突不断加剧。按照公司专业化分工程度和公司代理问题的严重程度这两个维度，可以将现有企业总结为如表 1-1 所示的四种类型。

表 1-1　按照专业化分工与代理问题严重程度划分的企业类型

	专业化分工程度低（既"管资本"又"管企业"）	专业化分工程度高（外部融资实现、社会风险共担、经理人职业化）
代理问题不严重	家庭手工作坊（新古典资本主义企业）	建立良好公司治理结构的现代股份公司
代理问题严重	国有企业（长的委托代理链条与所有者缺位）	尚未建立良好公司治理结构的股份公司

处于左上的是社会专业化分工程度低但代理问题并不严重的企业类型，称为新古典资本主义企业的家庭手工作坊是这类企业组织类型的典型例子。家庭手工作坊的发展一方面受到自身资金规模的限制，另一方面受到作坊主人的管理经验、管理知识、个人眼界甚至生命周期的限制，在经营风格上往往趋于保守。在这些因素的共同影响下，家庭手工作坊专业化分工程度较低，生产效率相应较低。但由于作坊主既是所有者也是经营者，所有权与经营权是统一的，并不存在外部职业经理人与股东之间的代理冲突，因而代理问题并不严重。

处于右下的是专业化分工程度高但代理问题严重的企业类型。在 20 世纪二三十年代的美国，很多传统托拉斯组织经过进步运动的洗礼，股权高度分散，所有权与经营权分离。但令人遗憾的是，这些公司在完成资本社会化与经理人职业化的专业化分工、效率改善的同时，却没有及时形成合理的治理结构，股东与经理人之间代理冲突严重。潜伏在这些公司的代理问题在 20 世纪二三十年代经济危机萌芽状态中集中爆发，反过来促使席卷全球的经济大萧条的最终形成。受伯利和米恩斯于 1932 年出版的《现代公司和私有财产》一书的影响，现代股份公司的主流意识形态从以往强调专业化分工的正确逻辑，逐步转向对公司控制权占有的逻辑。

处于右上的是专业化分工程度高但代理问题并不严重的企业类型。在这些公司中，一方面是以资本社会化与经理人职业化为特征的高度专业化分工；另一方面则通过基于绩效的经理人薪酬合约设计与股票期权激励计划的推出，规模较小，以独立董事为主（甚至除了 CEO 为唯一内部董事外其余均为独立董事）、董事长与 CEO 两职分离的董事会的构建，同时加强保护投资者权利的法律制度和法律外制度的制度环境的建设，以此来解决经理人与股东之间的代理冲突。经过从 20 世纪二三十年代以来近百年的无数次公司治理革命的洗礼，今天很多股份公司成长为兼具高度专业化分工和良好公司治理结构的公司典范。

处于左下的企业，一方面所有权与经营权没有有效分离，既"管资本"又"管企业"，专业化分工停留在初级阶段；另一方面代理冲突严重。对照我国那些准备和正在进行混改的国有企业，它们恰恰同时具备了上述两个特征。由于在我国国民经济中的独特地位和广泛影响，国企改革始终是中国经济体制改革的中心环节和核心内容，同时也是我们需要面对的我国制度背景下最重要的公司治理问题。在我国为数众多的中央和地方国企中，中央和地方政府除了通过国有资产管理链条"管资本"外，还通过自上而下的人事任免体系和对国企官员晋升考核事实上对企业经营产生实质性影响。除了生产经营创造利润，国企还需要承担包括稳定物价、促进就业、维护社会稳定甚至扶贫等社会责任和公益活动，使国企置身于多任务、多目标等经营管理状态。上述种种"管人、管事、管资产"的制约和限制使得国企所有权与经营权无法真正分离。

与此同时，由于国有企业所有者缺位和长的委托代理链条问题，以及以董事长为核心的中国式内部人控制问题的存在，国有企业代理问题严重。因而，国有企业既没有摆脱家庭手工作坊式的控制权对经营权的干预，无法利用社会专业化分工提高效率，又没有很好解决家庭手工作坊并不存在的代理问题。我们看到，由于预算软约束、模糊的诚信责任、多目标激励冲突和中国式内部人控制等问题的存在，国有企业往往在"红红火火满三年"（厉以宁语）后开始陷入"效益滑坡—连年亏损—债台高筑—政府拉郎配式的并购重组—获得新生"周而复始的恶性循环。因此，目前以混合所有制为特征的国企改革不仅具有现实性，而且具有紧迫性。

与处于右上的专业化分工程度高但代理问题并不严重的"标杆"企业类型相对照，不难看出，国企需要通过引入民资背景的战略投资形成所有制的混合，一方面促使承担控股股东和实际控制人角色的国资委从"管企业"到"管资本"的角色转变，实现控制权与经营权的有效分离，提升管理效率；另一方面需要通过引入盈利动机明确的战略投资，加强监督，解决国企存在的内部人控制问题。在这个意义上，我国国有企业需要一场以控制权与经营权的有效分离为特征的现代公司革命。关于国企混改的逻辑、模式和路径的问题，将在本书第 8 讲集中讨论。

虽然今天很多优秀公司看上去一方面实现了所有权与经营权的有效分离，另一方面构建了完备的公司治理构架，代理冲突并不严重，但这并不意味着对于所有企业的公司治理问题已经得到很好的解决。

在 2002 年安然、世通等会计丑闻爆发后，拉詹（Rajan）和辛格莱斯（Zingales）在 2003 年出版的《从资本家手中拯救资本主义》一书中指出，"最近的丑闻（安然、世通等）表明，即使在最先进的市场经济里，在改善公司治理方面依然大有可为"。

而在 2008 年发生的全球金融风暴中，除了看到金融创新过度、无法有效识别和控制次贷风险外，我们不也能从一些投资银行经理人身上看到由于高能激励手段产生疯狂推销次贷的激励扭曲这一公司治理问题的影子吗？经理人超额薪酬这一新的代理成本形式就是在那一时期引起广泛关注，并逐步成为今天学者开展公司治理研究重要的主题之一的。微观经济学中有"市场失灵"这一词汇，指的是由于垄断、外部性存在、公共品提供和信息不完全等原因导致的市场不能实现资源的最优配置。近年来，在公司治理理论和实务界开始流行一个类似的词"公司治理失败"，指的是看起来董事会、股东大会等基本治理制度都是存在的，但不能发挥预期的监督作用。这就如同尽管市场是存在的，但它没有发挥预期的实现资源最优配置的功能，导致市场的失败。因此，虽然公司治理从伯利和米恩斯开始经过近百年的发展，到今天已经形成了丰富的认识，但我们仍然需要不断更新公司治理知识，来接受目前层出不穷的新的公司治理的挑战。

回顾企业组织形式从家庭手工作坊向现代股份公司演进历程，现代公司治理问题的基本逻辑隐隐贯穿其中，那就是公司治理应该努力实现专业化分工带来的效率提升和代理冲突引发的代理成本之间的权衡。基于资本社会化和经理人职业化实现的专业化分工是现代股份公司与家庭手工作坊相比提升效率的关键和根本，因而专业化分工是现代股份公司的灵魂和精髓，是第一层次的问题。作为实现专业化分工代价引发的职业经理人与股东之间的代理冲突是衍生出来的第二层次的问题。

近年来，以互联网技术为标志的第四次工业革命对创新导向的组织设计和治理制度安排提出了内在要求。为了顺应上述变化，公司治理的目标需要从降低代理成本到缓解代理冲突与鼓励创业团队业务模式创新的人力资本投入二者之间的平衡这一方向进行调整（参见本书第 2 讲的相关讨论）。但公司治理强调的加强专业化分工和缓解代理冲突的这两条逻辑主线始终没有改变。前者是提升效率，解决第一层次的问题；后者是降低（代理）成本，解决第二层次的问题。二者不可偏废，更不可顾此失彼。因此，公司治理，过去不应该，今后也不是出资入股的股东"为了控制而控制"，更不是一味"防火，防盗，防经理人"。

四、从"一股独大"到"股权分散"：治理模式的转变

我国资本市场形成的时间并不长，于 1990 年 1 月成立的上交所和于 1990 年 12 月成立的深圳证券交易所（简称深交所）标志着我国资本市场的形成。20 世纪 80 年代中期，海尔等在境外上市的企业已经开始建立董事会，聘请独立董事，成为我国现代公司治理较早的实践。

表 1-2 展示了 1990—2018 年我国 A 股上市公司的发展概览。1990 年上交所成立时，我国当年上市的公司共有 7 家，且全部是国有控股企业。这与我国资本市场创立的主要目的之一——帮助国企改制有直接关系。以国有控股公司上市为主的现象一直持续到 1999 年。从 1999 年开始，我国民营企业开始上市，并成为目前上市企业的主力。

表 1-2　1990—2018 年我国 A 股上市公司发展概览

年度	上市公司总数	非国有上市公司数量	上市公司总市值（亿元）	非国有上市公司市值（亿元）	上市公司总市值占当年GDP的比例（%）	非国有上市公司市值占当年GDP的比例（%）
1990	7		11.970		0.1	
1991	13		102.006		0.5	
1992	53		1 120.828		4.2	
1993	177		3 730.413		10.6	
1994	287		4 019.214		8.3	
1995	311		3 853.652		6.3	
1996	514		10 677.456		15	
1997	719		18 495.471		23.4	
1998	825		20 571.310		24.4	
1999	930	170	27 924.903	4 533.014	31.1	5.1
2000	1 083	254	50 285.287	10 837.463	50.7	10.9
2001	1 138	288	45 717.159	10 217.231	41.7	9.3
2002	1 205	322	40 470.568	8 628.924	33.6	7.2
2003	1 266	398	45 137.985	9 651.578	33.2	7.1

续表

年度	上市公司总数	非国有上市公司数量	上市公司总市值（亿元）	非国有上市公司市值（亿元）	上市公司总市值占当年GDP的比例（%）	非国有上市公司市值占当年GDP的比例（%）
2004	1 355	500	39 570.956	9 869.243	24.8	6.2
2005	1 357	525	34 407.603	8 399.612	18.8	4.6
2006	1 414	575	10 2452.270	17 354.206	48.3	8.2
2007	1 528	658	39 7089.249	67 691.179	159.1	27.1
2008	1 625	734	121 366.440	60 353.180	38.4	19.1
2009	1 774	793	243 939.123	114 316.200	69.9	32.8
2010	2 129	861	265 422.594	112 396.400	65.9	27.9
2011	2 363	898	214 758.092	86 883.250	45.4	18.4
2012	2 490	955	230 357.622	93 257.622	43.5	17.6
2013	2 470	1 837	239 077.19	163 481.03	41	28
2014	2 592	1 942	372 546.96	249 726.05	58.8	39.4
2015	2 825	1 805	529 366.63	264 430.84	77.2	38.5
2016	3 120	2 072	506 764.53	264 400.91	68.5	35.7
2017	3 496	2 427	566 445.56	310 668.03	69	37.9
2018	3 592	2 504	434 101.78	233 598.91	48.2	25.9

资料来源：CSMAR 数据库。

从服务国企改制建立资本市场的目的出发，为了防范资本市场可能出现的控制权变更风险，保持控股股东的国有性质不变，上市的国有企业一方面都集中了大量的国资股份，形成了国有股"一股独大"的股权结构；另一方面则把股票分为流通股和非流通股两类，实行股权分置。经过2005—2007年历时两年的股权分置改革，我国A股市场进入全流通时代。在股权分置改革完成的当年，我国资本市场的市值一度高达当年GDP的1.5倍，创造了我国资本市场发展的一个辉煌时刻。

1999年后进入A股市场的民企延续了以往国有上市公司"一股独大"的股权结构，以保持家族或个人对上市公司的绝对控制。因此，在很长时期，我国A股市场的上市公司逐步形成在股东层面"一股独大"，在董事会层面控股股东对董事会组织大包大揽的所谓"一股独大"的治理模式。那么，"一股独大"治理模式主导局面何时开始发生动摇和改变的呢？

在万科股权之争爆发的2015年，我国上市公司第一大股东平均持股比例下降到33%左右。需要说明的是，持股比例占1/3在公司治理实践中具有特殊含义，因为重大事项需要获得 2/3 以上的股东支持才能通过是各国公司法和公司章程通行的规则。持股超过 1/3 即意味着该股东可以对不赞同的议案进行"一票否决",从而形成所谓的"相对控股"。因而,发生在 2015 年的我国上市公司第一大股东平均持股比例下降到 33% 左右这一事件,在平均意义和发展趋势上,表明我国上市公司第一大股东已开始失去决定能否"一票否决"的相对控股权。我国资本市场经过长期量的积累,逐步发生质的变化,开始步入分散股权时代。万科 A 和南玻 A 等股权纷争事实上就是在这一大背景下发生的。

概括而言,我国资本市场进入分散股权时代是由以下四个因素共同促进的:

一是从 2005 年开始到 2007 年结束的股权分置改革和股票全流通的完成使公司控制权转让在技术上成为可能。

二是股东权利保护的事实改善和风险分担的意识加强使得原控股股东倾向于选择股权分散的股权结构。传统上,当权利得不到法律应有的保护时,股东倾向于选择集中的股权结构来对抗经理人对股东利益损害的代理行为。这是投资者权利法律保护并不尽如人意的一些大陆法系国家和新兴市场国家选择股权集中治理模式的重要原因。经过多年的发展,我国资本市场不仅具备了一定的分散风险功能,而且能够保护股东权益的各种内外部治理框架和法律体系初见端倪,把较大比例的股份集中在同一家公司显然并非原控股股东的最优选择。

上述两个因素构成了我国资本市场进入分散股权时代的内因。

三是随着可以投资股票的资金比例上限不断提高,保险资金(简称险资)等机构投资者开始大举进入资本市场,甚至通过在二级市场公开举牌(见图 1-1),一度成为一些上市公司的第一大股东。2010 年以来此起彼伏的险资举牌加速了我国资本市场股权分散化的进程(见图 1-2)。

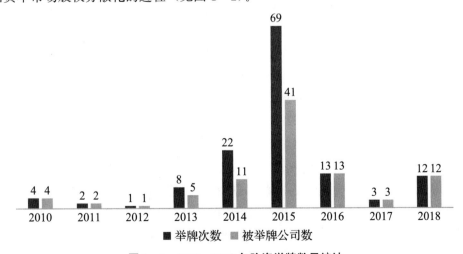

图 1-1　2010—2018 年险资举牌数目统计

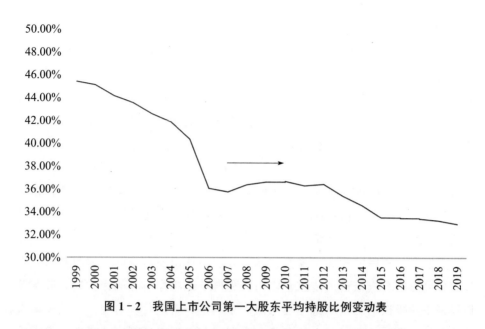

图 1-2　我国上市公司第一大股东平均持股比例变动表

四是正在开展的以吸引民企作为战略投资者为典型特征的国企混合所有制改革将进一步稀释原有相对集中的国有控股股东的股权，从而使我国资本市场分散股权结构的基本态势最终形成。以联通混改为例，在吸引包括中国人寿和 BATJ 等战略投资者持股 35.19% 后，联通集团合计持有中国联通的股份变为目前的 36.67%，而之前则在 60% 以上。

险资举牌和国企混改成为我国资本市场进入分散股权时代的外因。

在上述来自内外部四个因素的共同推动下，原来"一股独大"的国有控股公司的控股股东纷纷减持。例如，被宝能入主后董事会大规模改组、被媒体描述为"董事会遭到血洗"的南玻 A，其第一大股东是北方工业公司。在宝能举牌前，经过几次减持，北方工业公司持有南玻 A 股份的比例从最高时的 17.22% 下降到 3.62%。而 2016 年被恒大"快进快出"的梅雁吉祥的第一大股东持股比例一度仅为 0.6%。

由于万科股权之争受到关注广泛，事件影响深远，我们把 2015 年万科股权之争爆发作为我国资本市场进入股权分散时代的标志。那么，我国资本市场进入分散股权时代，对于公司治理究竟意味着什么呢？

一是"野蛮人"出没和控制权纷争将在我国资本市场进入分散股权时代之后成为常态，如何加强公司控制、防范"野蛮人入侵"成为公司治理制度设计的重要议题。面对似乎在突然之间出现在视野中的"野蛮人"，我们注意到，我国 A 股市场的上市公司中，修改公司章程，提高收购门槛和成本的有之；主要股东达成一致行动协议的有之；利用员工持股计划变相加强公司控制的有之。而在之前

"一股独大"甚至股权分置时代，"野蛮人"似乎只是一个来自其他资本市场的传说。

二是一些积极股东会利用股东大会提出有利于自身利益的新议案，会独立或联合其他股东以否决主要股东提出的议案，发生所谓的"小股东起义"。伴随分散股权时代的来临，为数不少的公司在股权结构中出现了能够彼此相互制衡的力量。与之前大股东提出的议案往往压倒多数地通过不同，未来股东大会将充满更多的剑拔弩张的硝烟味，被否决的议案将比比皆是。

三是在董事会的组织中，一改以往控股股东主导，不仅委派甚至超额委派内部董事，而且董事长和总经理均来自控股股东的提名的模式，股权分散时代董事会组织将建立在主要股东协商和股东大会的严格表决基础上产生。受不同股东委派的董事从所代表的股东利益诉求出发对董事会议案或者支持，或者否决，或者持保留意见。面对来自不同股东委派的内部董事的纷争，利益相对中性、身份独立的独立董事将在董事会相关决议形成过程中扮演重要角色。

四是上述股东层面、董事会层面的变化不仅出现在民营上市公司中，也将出现在通过引入民资背景的战投进行混改、国有股权逐步被稀释的国有上市公司中。

> **思考：**
> 对于分散股权时代，我国上市公司即将或正在发生的上述公司治理含义的变化，你们准备好了吗？

五、总结

以荷兰东印度公司的诞生为标志，现代股份公司的兴起为高效率社会化大生产的开展和工业革命的发生提供了生产制度基础和企业组织保障。通过股东所有权与经理人经营权分离实现的资本社会化与经理人职业化二者之间的专业化分工，现代股份公司不仅扩大了生产规模，而且提升了效率。现代股份公司兴起的背后一方面体现了专业化分工的逻辑，另一方面则体现了合作共赢的逻辑，现代股份公司由此成为"近代人类历史中一项最重要的发明"。

然而，现代股份公司在所有权与经营权分离、实现专业化分工带来的效率提升的同时，也由于所有权与经营权分离，衍生出股东与经理人之间的代理冲突。伯利和米恩斯正是在上述背景下提出现代公司治理问题。

回顾企业组织形式从家庭手工作坊向现代股份公司演进的历程，公司治理一方面需要推动资本社会化和经理人职业化实现的专业化分工，提升效率；另一方面则需要从外部分散股东的权益保护出发，思考如何缓解股东和经理人之间的代理冲突。因而，公司治理的努力目标是实现专业化分工带来的效率提升和代理冲突引发的代理成本之间的权衡。

2015 年万科股权之争的爆发标志着我国资本市场开始进入股权分散时代。面对"野蛮人"出没，如何加强公司控制？如何通过协商平衡力量彼此制衡的股东利益？如何使代表不同股东利益诉求的董事特别是独立董事通过平等协商成为董事会决策的重要纠错机制？这些问题将成为分散股权时代公司治理不得不接受的挑战。我们需要为应对股权分散时代来临带来的公司治理含义的深刻变化进行积极准备。

延伸阅读

"公司的目的"究竟应该是什么？

2019 年 8 月 19 日，由苹果、百事、摩根大通与沃尔玛等全球知名企业共同参与的美国工商团体"商业圆桌会议"发表了题为《公司的目的》的宣言。该宣言鼓励企业界摒弃数十年来的惯例，强调除在维护股东利益外也应该在改善员工福利与教育培训以及环境保护方面进行投入，并且公平对待合作的供应商。宣言写道，"我们每个企业都有自己的目的，但我们对所有利益相关者都有着共同的承诺。每个利益相关者都至关重要，我们致力于为所有公司、社区和国家的未来成功创造价值"。这项宣言获得美国 188 位顶尖企业首席执行官的联合签署。

诺贝尔经济学奖得主约瑟夫·斯蒂格利茨在题为"'利益相关者资本主义'真的又回来了吗？"的文章中对此评论，"美国'商业圆桌会议'全体成员签署支持'利益相关者资本主义'的声明，引起了相当大的震动。毕竟，这些人都是美国最具影响力企业的首席执行官，他们告诉美国人和全世界，商业仅有底线是不够的。这是一个巨大的改变，或者说，这是一个巨大改变吗？"

另一位诺贝尔经济学奖得主迈克尔·斯宾塞在题为"'股东至上'的终结？"一文中同样指出，"'商业圆桌会议'近日的宣言是向多利益相关方模式迈出的重要一步"。他甚至认为，"尽管向多利益相关方模式的转变对于朝其他社会目标取得进展是必要的，但这显然还不够"，"单靠企业无法解决人类最紧迫的全球性问题。企业需要政府的支持，政府有责任为多利益相关模式的企业创造空间，提供工具，帮助企业最大限度地发挥其积极的社会影响"。

那么我们究竟应该如何评价这一在斯蒂格利茨看来"引起了相当大的震动"和在斯宾塞看来"迈出重要一步"的"商业圆桌会议"宣言呢？进一步，回到宣言涉及的实质问题，"公司的目的"究竟应该是什么？是"以股东为中心"还是"以利益相关者为中心"？

应当说，类似通过发布宣言来鼓吹"以利益相关者为中心"的活动在历史上并不是第一次，当然也不会是最后一次。早在20世纪60年代，美国通用电气的首席执行官拉尔夫·科迪纳就强调，"作为受托人，高层管理者的管理责任是在股东、客户、员工、供货商、社区的利益之间实现平衡"。这被认为是利益相关者论的较早提出。

20世纪80年代迎来了利益相关者理论发展的高峰，包括青木昌彦、布莱尔等在内的一批学者利用现代合作博弈等成熟理论分析工具发展了利益相关者理论。他们的核心政策建议是，既然企业的经营决策影响到所有利益相关者，经理人就应该向所有利益相关者负责，而不能只向股东（一部分利益相关者）负责。

在上述理论的影响下，1990年美国宾夕法尼亚州议会一度通过了以利益相关者为中心导向的36号法案。按照该法案，"董事以最有利于公司利益的方式行事，他们无须把任何特定的人群（包括股东）的利益作为公司的主导或控制利益。除非在仔细调查后有清楚和富有说服力的证据表明决策不是在善意下做出的，否则，利益无关的董事所做出的任何决定都被假定符合勤勉标准的要求。同时，除非有欺诈行为和内部交易，董事无须对他们的行为负责"。

这一法案通过后，《华尔街日报》发表评论称这是"一个丑陋的立法"，而《费城资讯报》则认为"这一法律并不是为本州的商业利益而精心设计的，而是为了保护 Armstrong World Industries Inc 和其他几家面临被兼并的公司"。到1990年10月15日，有99家公司宣布退出至少部分条款，这些宣布退出的公司占当时在该州注册上市的公司总数的33%；当时标准普尔500在宾州注册上市的公司有56%宣布退出，而《财富》美国500强中的这一指标则高达61%。

从美国宾州36号法案的案例中我们不难看出，在历史上，利益相关者论甚至比如今"商业圆桌会议"发布宣言和顶级企业CEO联合签署走得更远。我国学术界在20世纪90年代中后期围绕公司治理究竟应该是以股东为中心还是以利益相关者为中心同样展开了激烈持久的学术争论。芝加哥大学梯若尔教授曾指出，"毫无疑问，绝大多数经济学家并不反对鼓吹以利益相关者为中心的学者和实践者所提出的目标。一个科学的争论焦点应该集中于如何实现这些目标，而不是这些目标本身"。不得不说的是，尽管这些优秀的学者和顶尖企业首席执行官对以利益相关者为中心的理论描述和政策宣示不可谓不美轮美奂、惊艳动人，但它面临的最大问题是在公司治理实践中实施的困难。

首先，在利益相关者之间利益冲突的背景下，谁能为做出错误决策承担责任就成为相互冲突的利益"分割"的关键。哈特从投资者与现代股份公司签订的合约不完全这一事实出发，发展了现代产权理论，揭开了投资者愿意成为股东的"现代股份公司之谜"。简单地说，投资者之所以愿意成为股东，是由于现代股份公司向其承诺，在成为股东后投资者将享有所有者权益，有权对资产重组、战略调整等不完全合约中尚未规定的重大事项，以在股东大会上投票表决的方式进行最后裁决。

所谓的所有者权益或者说现代产权，在哈特看来，应该包括以下两重含义：一是剩余索取权，即成为所有者的股东，其受益顺序排在债权人、员工、供货商等合同受益者之后，并以出资额为限承担有限责任。这是股东成为所有者需要履行的义务。二是剩余控制权，即股东有权对（不完全合约中尚未规定的）重要事项以在股东大会上投票表决的方式进行最后裁决。这是股东成为所有者可以享有的权利。我们看到，股东享有剩余控制权的前提是他牺牲了在公司分配剩余时优先获得补偿的权利，成为剩余索取者，进而能够为自己可能做出的错误决策承担责任。一方面，股东作为剩余索取者能够为自己可能做出的错误决策承担责任；另一方面，享有剩余控制权的股东有权对重要事项做出最后裁决。上述产权安排很好地体现了权利与义务匹配的原则。

一些利益相关者论的支持者也许注意到了剩余控制权安排向股东倾斜的这一"不公平"和"不平等"事实，但股东的受益顺序排在其他利益相关者之后，默默承担经营的风险，这对于股东而言，难道不也是一种"不公平"和"不平等"吗？我们也许并不应该只看到剩余控制权分配的"不公平"，而选择性地忽略其后剩余索取权分配的"不公平"。

通过投资而成为股东的投资者不止一位。一位股东持有的股票越多意味着未来承担现代股份公司经营失败的风险就越大。因此，为了使权利与义务得到很好的匹配，股东在对现代股份公司的所有者权益集体所有的基础上，按持有数量的多寡以投票表决的方式对公司重要事项进行最后裁决。2/3多数原则在各国公司法实践中被广泛采用，很大程度和权利与义务匹配的认识理念有关。

正是基于自哈特教授以来学术界形成的对享有剩余索取权和剩余控制权的股东作为公司治理权威的内在认识，在公司治理实践中，以施莱弗和维什尼为代表的主流公司治理理论强调，公司治理的目标是"确保投资者按时收回投资，并取得合理回报"。伊斯特布鲁克和菲谢尔曾经指出，"把环境污染以及其他道德、社会问题看作公司治理问题本身就误导了公司治理的正确方向"。

相信给很多读者形成错觉的是，我们之前之所以强调资本的重要，形成以股东为中心的治理模式，是由于以往资本的稀缺。而目前似乎这一态势已得到根本扭转，在"不差钱"和"21 世纪最金贵的是人才"的今天，人力资本与物质资本相比似乎变得更加稀缺。因此，一些读者想当然地认为，如果资本稀缺时我们应该资本雇佣劳动，那么在人力资本稀缺时，我们是不是应该劳动雇用资本？

前面的分析表明，股东成为公司治理的权威并不是因为资本在众多生产要素中是稀缺的，而是因为只有它才能为自己的行为真正负责，实现责任和权力的匹配。这事实上是美国宾州在 36 号法案通过后，大量企业宣布退出的内在原因。股东投入企业的资本由此成为一个公司之所以成为公司的根源，而离开股东的投资，公司即成为无源之水、无本之木。如果连公司都不存在了，其他利益相关者的利益保护又从何谈起呢？

其次，向所有利益相关者负责为经理人不向任何人负责提供了借口，加剧了经理人的道德风险倾向，甚至成为一些公司内部人控制问题出现的制度诱因。梅西和米勒曾经指出，经理人所负有的诚信责任只有被某一利益相关者独有，而不是被所有利益相关者共享时，诚信的价值才能得到很好的体现。我们知道，由于不同利益相关者的利益并不一致，当损害一类利益相关者的利益时，经理人完全可以以保护另一类利益相关者的利益为借口。例如，同样作为利益相关者，银行储户和贷款人利益变化方向完全相反。银行经理人可以宣称为了保护储户的利益而提高贷款利率，从而使贷款人的利益受到损害；或者，银行经理人也可以宣称为了保护贷款人的利益而降低存款利率，从而使储户的利益受到损害。通常而言，经理人所需要负责的利益相关者越多，经理人实际决策的自由度就越大；对所有人负责，可能意味着对任何人都不需要负责。经理人往往由此成为以利益相关者为中心的公司治理实践的最大受益者。在上述意义上，我们有理由相信，尽管并非每一位 CEO 都能充分意识到利益相关者论的潜在危害，但至少在本能和直觉上他们大多不会反对这一看上去似乎对自身利益并无直接损害的宣言。

我们看到，上述以利益相关者为中心政策实施的困难很大程度上成就了以股东为中心在公司治理实践中的基础地位。正如汉斯曼和克拉克曼曾经指出的，"尽管在公司的治理体系、股权结构、资本市场和商业文化上，不同国家之间存在显著差异，但公司法却在基本形式上表现出高度的一致性"，那就是，"股东优先在公司意识形态中处于不可动摇的地位"。哈佛大学施莱弗教授领导的法与金融研究团队的研究表明，在法律对投资者权利保护好的国家，金融发展水平高，经济增长速度快。这为以股东为中心的公司治理实践提供了直接的证据支持。

我们理解，无论从 20 世纪 60 年代提出利益相关者问题的通用电气首席执行官拉尔夫·科迪纳，还是现在借助"商业圆桌会议"再次发出利益相关者利益保护宣言的美国 188 位顶尖企业首席执行官，很大程度上只是发出在公司治理实践中不应忽视其他利益相关者利益的一个善意提醒和美好愿景。事实上，德鲁克很早就开始倡导企业在商业实践中应该向员工提供工作安全保障和训练设施等。德鲁克对此解释，这样做有助于企业建立公平声誉，由此可以吸收更优秀的员工，使员工与企业建立长期合作关系，实现合作共赢。德鲁克特别强调的是，这与传统以股东为中心的公司目的并不矛盾。

在香港联交所2018年完成上市制度改革和2019年我国上交所科创板开板，允许发行AB双重股权结构股票的背景下，在今天依然坚持以股东为中心的治理范式的理论与实践一个不可回避的问题是，如何合理解释上述转变带来的挑战。例如，2014年在美国上市的阿里巴巴，持股比例远低于持股31⅓的软银和持股15⅓的雅虎的马云和他的创业团队组成的合伙人集体成为阿里巴巴的实际控制人，看似实现了劳动对资本的"雇佣"，不再是"股权至上"。

需要说明的是，即使在"同股不同权"构架在新经济企业中盛行的今天，由于所具有的独一无二的责任承担能力，股东作为公司治理的权威并没有从根本动摇。股东的权威性集中体现在股东大会作为公司最高权力机构的法律地位和公司法对股东相关权益的保护。在发行AB双重结构股票的公司中，"同股不同权"也只是投票权权重向创业团队倾斜，并没有改变股东大会作为公司最高权力机构的法律地位；即使在阿里巴巴，合伙人对阿里巴巴的集体实际控制是取决于阿里巴巴合伙人与主要股东之间达成的股权协议。换句话说，如果没有主要股东的认同和背书，阿里巴巴合伙人并不会取得对阿里巴巴的实际控制。

同样重要的是，把业务模式创新的主导权交给创业团队，并不意味着主要股东对控制权的完全放弃。伴随双重股权结构股票发行，一个公司往往会推出严格的日落条款，以保证控制权在创业团队与主要股东之间状态依存。这意味着，如果创业团队能够带来预期的投资回报，控制权仍由创业团队掌握；但如果未能带来预期的回报，控制权将可能从创业团队重新回到股东手中。

因而，围绕"同股不同权"构架在新经济企业中流行的现象，我们真正应该关注的是，这些股东为什么会心甘情愿放弃原本属于他们的公司控制权？在第四次工业革命浪潮发生、创业团队与外部投资者围绕业务模式发展信息不对称加剧的背景下，我们注意到，一些公司通过发行投票权权重倾斜的股票，股东把自己并不熟悉的业务模式创新主导权交给深谙此道的创业团队。由此，创业团队和主要股东实现了从之前短期雇佣合约向长期合伙合约的转变，深化了社会化的资本和职业化的经理人两者之间的专业化分工程度。管理效率提升后的合作共赢事实上才是这些股东心甘情愿放弃控制权背后的真正原因。换句话说，这些股东之所以"放权"，是因为把控制权交给那些比他们更加熟悉业务模式创新的人手中能够帮他们赚到更多的钱。

虽然上述讨论表明，"同股不同权"构架在新经济企业中的流行并没有从根本上动摇以股东为中心在公司治理实践中的基础地位，但对以股东为中心的坚持并不必然意味着在公司治理实践中可以忽略对其他利益相关者利益保护的重视。政府和社区等所提供公共品性质的诸如基础设施等服务，主要依靠税法透明执法公平下的企业依法纳税；客户、员工和供应商等的权益保护则主要依靠在合同中双方的意思认同的一致、合同的严格履行和事后的法律救济。而"同股不同权"构架在新经济企业中的流行一定程度上表明，在以股东为中心的治理范式下，我们不仅应该而且能够对传统职业经理人这一重要利益相关者的利益加以重视和做出调整。在上述意义上，我们更倾向认为，这次"商业圆桌会议"宣言的发布只是向社会公众发出的不应忽视其他利益相关者利益保护的又一次善意提醒和美好祝愿。

我们注意到，由于利益相关者论的"普惠"观点往往迎合了包括客户、员工、供应商、社区和政府在内的社会各阶层中的大多数，政治的正确使得利益相关者论极具魅惑性和鼓动力。从历史来看，几乎每隔一段时间，利益相关者论就会出现一次不大不小的回潮。需要说明的是，利益相关者论的相关观点在从计划经济向市场经济转型的我国尤受欢迎。20世纪90年代中后期我国学术界为此展开的激烈争论正是在上述背景下发生的。其实，在现阶段，我国上市公司的公司治理面临的最重要的问题是如何规范，而对股东的尊重和股东权威地位的确立恰恰是公司治理规范的开始。

近期发布的"商业圆桌会议"宣言承诺将给予员工公平的薪酬，为员工提供重要的福利与培训教育。该宣言同时宣示将采纳可持续生态的方式保护环境，以及促进职场环境的多元与融合，捍卫每一位员工的尊严及保证他们应得的尊重。我们注意到，这次由众多顶尖企业首席执行官联合签署的"商业圆桌会议"宣言只是对利益相关者利益保护的重视进行了公开宣示，并未在宣言中提及任何行动计划。也许，这场188位顶尖企业首席执行官的联合签署秀仅仅是表明公司治理需要平衡股东与其他利益相关者利益的姿态，强调在以股东为中心的公司治理传统实践中不应该忽略以往被长期忽视的员工和客户等利益相关者利益的保护；也许，他们同样意识到，实施困难的利益相关者论只是向社会各阶层描绘了一幅美轮美奂的图画，发表联合签署宣言可以，制定行动计划具体实施却并不那么容易。

股权结构设计：从"同股同权"到投票权配置权重向创业团队倾斜

一、苹果与谷歌：两种股权结构设计范式

对于股权结构设计这一重要而基础的公司治理问题，我们将从两家享誉全球的高科技企业谈起。其中一家是于 1980 年 12 月 12 日在美国上市的高科技企业苹果公司（Apple Inc.）。上市至今，苹果公司创造了一系列令人瞩目的辉煌。例如，在《财富》世界 500 强排行榜中，苹果公司从 2012 年起连续多年成为全球市值最大公司。

另一家同样来自高科技行业的企业是由拉里·佩奇和谢尔盖·布林共同创建，成立于 1998 年 9 月 4 日的全球最大搜索引擎公司谷歌（Google Inc.）。如同苹果公司一样，这家高科技企业同样创造了一系列令人惊叹的辉煌。从 2015 年开始重返《财富》世界品牌 500 强榜首的谷歌公司，之后一直雄踞榜首，并多次成为 BrandZ 发起的全球品牌价值 100 强第一名。

虽然同为享誉全球的高科技企业，苹果与谷歌却采用了两种完全不同的股权结构设计范式。

1. 苹果公司的股权结构

很多人熟悉苹果公司并不是因为其独具特色的股权结构设计，而是其畅销全球的数码产品。2010 年，富士康集团开始在河南省郑州市兴建 iPhone

郑州苹果城

组装厂。一度拥有 25 万员工的这家工厂是世界上最大的 iPhone 组装厂，全球半数 iPhone 产自这里。

产业链遍布全球、代表全球高端制造业发展方向的苹果公司在股权结构设计上却采用了传统的"一股一票"的以股东为中心的范式。苹果公司创始人乔布斯和现任 CEO 蒂姆·库克尽管在很多人心目中是伟大的企业家和创造奇迹的英雄，但在苹果公司以股东为中心的股权结构设计下，他们只是苹果公司股东所雇佣的职业经理人甚至"打工仔"。在苹果公司的历史上，作为创始人的乔布斯曾一度被股东扫地出门；与如今那些独角兽创始人 IPO 后身价动辄上百数千亿元相比，于 2011 年接替乔布斯担任苹果公司 CEO 的蒂姆·库克，在整个 2018 年财年共收入 1.36 亿美元（约合人民币 9.3 亿元），其中包括 306 万美元的底薪、933 万美元的年终现金奖励和价值 8 920 万美元的股权奖励。此前的 2017 年财年库克的总收入为近 1.02 亿美元。他看上去略显"寒碜"的收入在一项捐献计划实施过程中被进一步证实。在 2015 年 3 月的一项捐赠计划中，他计划捐献其持有的全部苹果股份，其合计价值仅为 1.2 亿美元。

从乔布斯遭遇的变故和库克享受的待遇，我们不难想象，在苹果公司所采用的以股东为中心的股权结构设计中，股东处于不可动摇的中心地位。正如哈特教授在现代产权理论中所总结的那样，（集体享有）所有者权益的苹果公司的股东对（不完全合约中尚未规定的）资产重组等重大事项在股东大会上以投票表决的方式进行最后裁决，同时以出资额为限对（可能做出的错误）最终决策承担有限责任。

苹果公司在股权结构设计上由此成为"同股同权"的典范，完美地诠释了以股东为中心的控制权安排的公司治理实践。我们注意到，尽管苹果公司是享誉全球的高科技公司，但无法改变其在行业细分上属于手机制造业，因而依然属于制造业的事实。这也许是苹果公司选择"同股同权"的股权结构设计范式的原因之一。

2. 谷歌的股权结构

由拉里·佩奇和谢尔盖·布林共同于 1998 年创建的谷歌公司为股权结构设计提供了完全不同于苹果公司的范式。当谷歌公司于 2004 年在美国纳斯达克上市 IPO 时，它发行了两类而不是一类股票。谷歌公司向外部投资人发行的是一股只有一个投票权的 A 类股票①，而谷歌公司的两位共同创始人佩奇和布林及 CEO 施密特则持有每股有 10 个投票权的 B 类股票，投票权配置权重向创业团队倾斜的"同

---

① 一般情况下，双重股权结构中，B 类股票为特殊股权，投票权重较高，比如：京东、脸书、百度等。也有例外，将 A 类股票设置成投票权重较高的，比如：伯克希尔-哈撒韦、小米、优刻得等。本书在介绍双重股权结构一般原理时，均采用 B 类股票为特殊股权，具体到某家公司时，则以该公司的实际情况为准。

股不同权"构架在谷歌公司形成。佩奇、布林和施密特三人一共拥有谷歌公司大约 1/3 的投票权，由此将谷歌控制权牢牢地掌控在创业团队手中。佩奇、布林和施密特三人从不需要像乔布斯一样担心有一天由于无法带来股东预期的回报而被股东无情地辞退。我们注意到，虽然同为高科技企业，但谷歌公司属于标准 IT 行业，而苹果公司很大程度上依然属于需要大量生产设备和人工投入的制造业。

谷歌公司的"同股不同权"构架显然是不同于苹果"同股同权"构架的股权结构设计新范式。那么，这种股权结构新范式是在最近 20 年随着以互联网技术为标志的第四次工业革命浪潮涌起时才出现的吗？

让我们简单回顾一下"同股不同权"构架股票设计和发行实践历史。其实，早在 200 多年前美国纽约州就允许推出一种名为渐减投票权（graduated voting rights）的股票以限制大股东的权利，防范大股东剥削小股东。在这样的设计下，如果股东持股较少，那么股东拥有"一股一票"的投票权；当持股较多，则投票权要打折。例如，当一位股东只有 4 股时，他可以享有"一股一票"；但是当一位股东拥有 20 股时，他只能享有 9 股的投票权，平均每股 0.45 票；当一位股东持股数达到 100 股时，他便只能享有 25 股的投票权，平均每股 0.25 票。希尔特利用纽交所 1826 年的数据开展的经验考察发现，一家公司发行的上述构架股票的渐减程度越大，该公司的市值越高（Hilt，2008）。200 年前的渐减投票权股票的发行的事实表明，"同股"未必必然"同权"，可以根据外部环境的变化因地制宜适当调整权重，毕竟股票交易是一个基于个人意愿的自愿交易行为。

谷歌公司在股权结构设计上采用的双重股权结构股票（dual-class stocks）同样存在了上百年的历史，只不过长期以来这种形式上投票权不平等的范式被认为是不利于外部投资者权益保护的股权结构设计而遭到主流公司治理理论的唾弃。例如，在发行 AB 双重股权结构股票的公司中，B 类股票的市场价值要高于一股具有一票投票权的 A 类股票。利斯（Lease）等提出了一种十分聪明的度量控制权私人收益的方法（Lease et al.，1983；Lease et al.，1984；Nenova，2003）。一个理性的投资者只有预期到通过持有 B 类股票获得公司控制权未来带给他的私人收益超过他为了获取控制权付出的成本，他才有激励花费高于 A 类股票的价格去购买 B 类股票。因而 A 类股票和 B 类股票两者的价格差额成为这个理性投资者获得控制权未来所可能谋求私人收益的理性预期。在利斯等看来，AB 双重股权结构股票的发行显然成为实际控制人获得控制权私人收益的重要工具。双重股权结构股票不利于外部投资者的保护的政策含义在上述度量控制权私人收益方法中不言而喻。

哈特等多位学者在 20 世纪 80 年代完成的理论模型分析中表明，"一股一票"股东投票表决机制有助于减少经理人盘踞和内部人控制问题，保护中小股东权益，因而"一股一票"所反映的"同股同权"被主流公司治理理论认为是股权结构设计应遵循的基本原则（Grossman and Hart，1988；Harris and Raviv，1988）。

直到 20 世纪 90 年代末，在施莱弗教授率领的法与金融研究团队开展的各国法律对投资者权益保护程度评价的工作中，他们仍然把是否实行"一股一票"作为评价法律对投资者权利保护的重要指标（LLSV，1998）。那些没有采用"一股一票"的国家被施莱弗团队认为是法律对投资者权益保护不足的国家。而如果一国法律对投资者权益保护不足，按照法与金融文献的结论和政策含义，意味着该国金融发展水平将受到抑制，进而拖累该国的经济增长。在他们开展国际经验比较的 49 个样本国家和地区中，真正实行"一股一票"的只有 11 个国家和地区；双重股权结构股票在加拿大、丹麦、瑞士、挪威、芬兰、瑞典、意大利、墨西哥、巴西较为普遍，而在英国、法国、澳大利亚、南非和智利不多见；约有 6% 的美国公司采用双重股权结构，其市值约占美国股市总市值的 8%（LLSV，1998）。

然而，当人类进入 21 世纪，随着以互联网技术为标志的第四次工业革命浪潮的兴起，人们突然发现在 20 年前被主流公司治理理论唾弃的双重股权结构股票的发行几乎在一夜之间成为很多高科技企业青睐的股权结构设计范式。于2004 年上市的谷歌公司只是选择发行 AB 双重股权结构股票上市的众多高科技企业之一。

由于允许发行 AB 双重股权结构股票，美国成为全球高科技企业选择上市的目标市场。京东、百度、优酷等大量来自中国的优秀互联网企业相继在美国以发行AB 双重股权结构股票上市。以 2014 年在美国纳斯达克上市的京东为例。在京东同时发行两类股票中，A 类一股具有一票投票权，而 B 类一股则具有 20 票投票权。出资规模只占 20% 的创始人刘强东通过持有 B 类股票，获得京东 83.7% 的投票权，实现了对京东的绝对控制。

在双重股权结构股票发行在一些高科技企业流行的同时，2017 年 3 月 2 日在美国纽交所上市的 Snap 甚至推出三重股权结构股票。其中，C 类股票每股十份投票权，B 类股票每股一份投票权，而并非优先股依然是普通股的 A 类股票甚至没有投票权。分享全部 C 股的两位联合创始人埃文·斯皮格尔和鲍比·墨菲通过上述三重股权结构股票共拥有该公司 88.6% 的投票权，Snap 由此被牢牢掌控在两位联合创始人手中。

除了通过直接发行双重甚至多重股票实现"同股不同权"的股权结构设计，很多企业通过基于创业团队与主要股东达成的股权协议，以及股东背书和认同的其他内部管理制度，变相形成"同股不同权"的构架。来自中国两家互联网企业阿里巴巴和腾讯成为这方面的典型。

二、阿里巴巴的合伙人制度和腾讯的"大股东背书"

1. 阿里巴巴的合伙人制度

2014 年 9 月 19 日，阿里巴巴集团在纽约证券交易所挂牌上市。从阿里巴巴上市时的股权结构来看，其第一大股东为持股 31.8% 的软银。作为综合性的风险投资公司，该公司于 1981 年由日本人孙正义在日本创立，并于 1994 年在日本上市。阿里巴巴的第二大股东为当时持股 15.3% 的雅虎。而阿里巴巴的合伙人共持股 13%，其中马云本人仅持股 7.6%。如果抛开以马云为首的阿里巴巴合伙人与主要股东签订的股权协议和阿里巴巴为了加强公司控制推出的合伙人制度，相信大家会把阿里巴

巴与日资控股的企业联系在一起。我本人曾经不止一次听过，"马云在为日本企业打工"，"今天阿里的成功是新甲午战争的胜利"。那么，阿里巴巴真的是孙正义控股的日资企业吗？

按照阿里巴巴合伙人与主要股东在阿里巴巴上市前达成的股权协议，软银超出 30% 的股票投票权将转交阿里巴巴合伙人代理，在 30% 权限内的投票权将支持阿里巴巴合伙人提名的董事候选人。作为交换，只要软银持有 15% 以上的普通股，即可委派一位董事会观察员，履行投票记录等事宜。雅虎则统一将至多 1.215 亿普通股（雅虎当时所持股的 1/3，约占阿里巴巴总股本的 4.85%）的投票权交由阿里巴巴合伙人代理。我们看到，根据阿里巴巴合伙人与主要股东达成的股权协议，以马云为首的 28 位（截至 2020 年 6 月为 37 位）合伙人有权任命阿里巴巴董事会中的大多数成员，集体成为公司的实际控制人。作为阿里巴巴的内部管理制度，合伙人制度设立的初衷即是淡化创始人的个人色彩，突出合伙人这一领导集体的重要性。在 2009 年阿里巴巴成立十周年之际，"不希望背着荣誉去奋斗"的十八罗汉一起辞去"创始人"身份，组成合伙人，"用合伙人取代创始人"。阿里巴巴集团前执行副主席蔡崇信曾经对此解释道，"一群志同道合的合伙人，比一两个创始人更有可能把优秀的文化持久地传承、发扬"。在阿里巴巴目前由 11 人组成的董事会，其中 5 位执行董事全部由合伙人提名。阿里巴巴大部分的执行董事和几乎全部高管都由阿里巴巴合伙人团队出任。第一大股东软银在阿里巴巴董事会中委派一名没有表决权的观察员。

通过股权协议和合伙人制度，我们看到，阿里巴巴完成了"同股不同权"构架的搭建。一个例证是，在阿里巴巴寻求集团整体上市的过程中，曾经挂牌 B2B 业务的港交所曾是马云和他的团队考虑的首选地。但鉴于当时的港交所尚不能接纳阿里巴巴通过合伙人制度变相实现的"同股不同权"构架，阿里巴巴不得不选择到更加包容的美国纽交所实现整体上市。阿里巴巴在美国上市时时任 CEO 的陆兆禧在阿里巴巴放弃中国香港上市后曾提到，"今天的中国香港市场，对新兴企业的治理结构创新还需要时间研究和消化"。

2. 腾讯的"大股东背书"

除了阿里巴巴，腾讯是另外一家借助股权协议加强公司控制的例子。但与阿里巴巴明确被界定为"同股不同权"构架不同，腾讯 2004 年在香港联交所上市时似乎并没有受到香港监管当局的太多质疑。这一方面是由于是由持股比例并不算太低的腾讯创业团队与来自南非的第一大股东 Naspers 共同分享董事会提名权（2004 年腾讯上市时 Naspers 通过其子公司 MIH QQ（BVI）Limited 持有腾讯37.5％的股份）。而不像在阿里巴巴，持股并不太多的马云和他的合伙人要独享阿里巴巴董事会的提名权，容易给人造成"四两拨千斤"的印象。另一方面腾讯马化腾团队对腾讯董事会组织完全基于与主要股东之间的股权协议，而没有像阿里巴巴把作为内部管理制度的合伙人制度与股权协议捆绑在一起。我们注意到，

深圳腾讯大厦

2004 年腾讯在香港上市时，马化腾和另一腾讯创始人张志东持股比例合计为20.86％，低于第一大股东 Naspers。但按照腾讯创业团队与 Naspers 达成的股权协议，在董事会组织中，创始人提名人数和大股东 Naspers 提名人数要相等，创始人提名的马化腾、刘炽平以及大股东 Naspers 提名的 Jacobus Petrus（Koos）Bekker、Charles St Leger Searle 成为腾讯董事会中四位非独立董事；李东生、杨绍信、Iain Ferguson Bruce、Ian Charles Stone 等四名独立非执行董事的产生延续了类似的逻辑；而公司 CEO 由创始人提名，CFO 由 Naspers 提名。

此外，按照腾讯创始团队与 Naspers 的约定，公司所有股东大会或董事会决议案，必须由股东大会或者董事会出席投票的 75％大多数与会股东或董事通过才有效，而不是简单多数同意即可。我们理解上述设计与在 75％通过才有效的规定下，马化腾和张志东持股比例合计为 20.86％，接近"一票否决"的持股比例有关。与公司治理实践中普遍采用重大事项表决只需要 2/3 赞同即可通过的通常规定相比，上述规定加强公司控制的意味明显。

尽管腾讯并不能被认为是"同股不同权"构架，但其创业团队在董事会组织

中的主导作用无疑和阿里巴巴通过合伙人制度形成的集体实际控制人格局具有异曲同工之妙。

三、为什么高科技企业更加青睐"同股不同权"构架？

如果我们把美国的谷歌和中国的百度 AB 双重股权结构股票的发行理解为直接构建"同股不同权"构架，那么发行单一股票类型的阿里巴巴基于股权协议和合伙人制度则变相实现了"同股不同权"构架的构建。而无论是美国的谷歌和脸书（Facebook），还是中国的百度和阿里巴巴，都是与互联网技术有关的高科技企业。我们的问题是，为什么高科技企业更加青睐投票权配置权重向创业团队倾斜的"同股不同权"构架呢？

1. 第四次工业革命带来的内在需求

以互联网技术为标志的第四次工业革命带来的信息不对称加剧对创新导向的企业权威的重新配置提出了内在需求。

当人类步入互联网时代，大数据的数据采集方式和云计算的数据处理能力在公司现金流识别问题上带来两方面深刻的变化。一方面，它使得资本市场投融资双方的信息不对称问题有所缓解。例如，阿里巴巴集团旗下新零售旗舰银泰商厦基于大数据分析可以将 22～25 岁的女性识别为目标客户，进行精准营销。另一方面，基于互联网技术的新兴产业发展日新月异，投融资双方更关注业务发展模式，从而现金流来源的信息不对称加剧。长期习惯于基于现金流分析、利用净现值（NPV）法则来判断一个项目是否可行的外部投资者突然发现，在一些与互联网技术相关的业务模式中，甚至很难理解现金流是如何产生的。然而，对于新经济企业借助平台提供的捆绑品性质的服务，以往使用起来得心应手的现金流分析进而NPV 法则，突然变得无从下手。例如，一些二手车直卖网的广告是，"买方直接买，卖方直接卖，没有中间商赚差价"。如果这些平台业务开展并非像一些投资者预期的通过赚取卖家和买家之间的价差形成现金流，那么，它们的现金流又是从何而来的呢？没有现金流，NPV（净现值）又如何

能为正？NPV 不为正又如何进行投资？而对于那些提供捆绑品性质的服务的新经济平台，其业务模式创新可能恰恰在于，中介服务也许不赚钱，但和中介业务捆绑在一起的广告以及其他衍生服务是赚钱的。无怪乎近年来在金融圈有一个流行的说法，"做好了就是互联网金融，做不好就是非法集资诈骗"。小米的雷军曾经

有句名言，"只要站在风口，猪也能飞起来"。但问题是，谁有能力识别那只即将飞起来的猪？谁又有能力识别是否站在风口？

以互联网技术为标志的第四次工业革命浪潮导致的信息不对称的影响体现在方方面面。例如，技术产生的不确定性使得不同投资者之间的观点比以往更加不一致，以至于认为股价虚高的股东很容易将所持有的股票转手给认为股价依然有上升空间的潜在投资者，使得现在股东与将来股东之间的利益冲突严重（Bolton et al.，2006）；由于互联网时代专业化分工的深入，那些从事其他专业的外部投资者缺乏专业的会计知识和财务报表分析能力，总体精明程度下降，不得不转而依赖引领业务范式创新的专业创业团队。

我们看到，随着第四次工业革命的深入，外部投资者对现金流来源识别和业务模式创新的信息不对称程度不是减缓了，而是加剧了。于是，投融资双方在互联网时代加剧的信息不对称下的逆向选择问题出现了：一方面希望获得外部资金支持来加速独特业务模式发展的创业团队，由于无法说清楚现金流从何而来，总是被人怀疑是"骗子"，很难获得外部融资；而另一方面"不差钱"的外部投资者则很难找到具有潜在投资价值的项目，资本市场资金"空转踩踏"事件时有发生。

因此，互联网时代对创新导向的企业权威的重新配置提出了迫切需要。一方面，新的治理范式能够向资本市场发出明确的信号，破解逆向选择难题，以寻求外部资金的支持；另一方面，它能够有效避免不知就里的外部投资者的指手画脚、过度干预，把围绕业务模式创新的专业决策交给术业有专攻的创业团队，让专业的人办专业的事。而使对资源配置产生重要影响的权威向创业团队倾斜的不平等投票权的股权结构设计无疑有助于上述目标的实现。我们看到，在上百年的发展历程中，饱受质疑和批评的 AB 双重股权结构正是迎合了第四次工业革命对创新导向的企业权威的重新配置的内在需要，而重新获得了公司治理理论界和实务界的认同。

2. 防范"野蛮人入侵"

技术密集型的高科技企业物质资本权重低，估值波动大，很容易在资本市场上成为接管对象，因此需要建立有效防范"野蛮人入侵"的制度安排，以鼓励创业团队人力资本的持续投入。

在资本市场，固定投入有限从而资本权重不高、题材时髦从而估值波动较大的高科技企业，很容易成为资本市场接管商青睐的并购对象。由于控制权的不当安排，乔布斯一度被迫离开自己亲手参与创办的苹果公司。也许用中国俗语"早知如此，何必当初"来评价乔布斯当时的内心感受是最恰当不过的。如果预期到自己一手创建的企业未来将轻易地被闯入的"野蛮人"占为己有，还有哪个创业团队愿意不辞辛劳夜以继日地打拼呢？创业团队人力资本事前投资激励由此将大为降低。而没有对"野蛮人入侵"设置足够高的门槛，挫伤的也许不仅仅是创业团队人力资本的投资激励，还会伤及整个社会的创新氛围和创新文化。任由"野蛮人"肆虐横行，未来我们在资本市场上观察到的也许更多是巧取豪夺，而不是人力资本的投入和技术创新。

事实上，防范"野蛮人入侵"对于当下中国资本市场发展具有特殊的现实意义。从 2015 年开始，我国上市公司第一大股东平均持股比例低于用于"一票否决"的代表相对控股权的 1/3，我国资本市场进入分散股权时代。一个可以预见的事实是，并购行为将会比以往更加频繁，甚至不惜以相对极端的"野蛮人入侵"和控制权纷争面貌出现。万科股权之争和"血洗"南玻 A 董事会等公司治理事件事实上都是在这一背景下发生的。我国上市公司以往对经理人内部人控制等传统经理人机会主义行为倾向的重视程度，正在由于门外"野蛮人入侵"等股东机会主义行为的存在而削弱。包括我国在内的全球公司治理理论和实务界迫切需要探索互联网时代公司治理制度设计，以积极应对"野蛮人入侵"的股东机会主义行为频繁发生的问题。

在资本市场为"野蛮人"设置门槛的理论和实践意义就像在研发领域设立保护和鼓励创新的专利制度一样。不平等投票权由此成为在互联网时代保护和鼓励人力资本投入的一种"资本市场上的专利制度"。

正是在上述两个方面的现实背景下，过去的 20 年见证了高科技企业股权结构设计理念从"同股同权"到投票权配置权重向创业团队倾斜的"同股不同权"转变。同股不同权下的不平等投票权股票的发行从被认为不利于外部投资者权益保护，到如今成为各国鼓励创新型企业快速发展的普遍政策工具；一度视作违背"同股同权"原则而被拒绝上市到今天各国和地区纷纷修改上市规则"拥抱"发行不平等投票权股票的新经济企业。

以"同股不同权"构架为标志的投票权配置权重向创业团队倾斜正在演变为
高科技企业的股权结构设计的流行范式。
曾一度拒绝阿里巴巴上市的香港联交所
在 2018 年 4 月完成了号称"25 年以来
最具颠覆性的上市制度改革"，宣布允许
"同股不同权"构架的公司赴港上市。
2018 年 7 月 9 日小米成为以 AB 股在港
上市的第一家内地企业。2019 年 11 月
26 日，阿里巴巴以第二上市的方式回到曾经一度拒绝上市申请的香港联交所，实现回归亚洲市场的凤愿。在此前的 2018 年 1 月，新加坡股票交易所率先允许"同股不同权"构架上市。

而围绕如何使"独角兽"回归到 A 股，我国内地于 2019 年初出台政策允许在境外上市的"独角兽"企业同时在内地发行中国存托凭证（CDR）。2019 年 7 月上交所科创板开板。除了试水注册制，其中一项十分重要的改革举措是允许发行"同股不同权"构架股票上市。

四、"同股不同权"股权结构的设计理念和相关实践

1. "同股不同权"股权结构的设计理念

从哈特的不完全合约视角出发，由于股东能够以所出资的可承兑收入为所做出的错误决策承担责任，因而股东成为公司治理的权威，进而在传统公司治理实践中长期奉行以股东为中心的公司治理范式并不在很多人的预料之外。然而，投票权配置权重向创业团队倾斜这一新的股权结构设计范式背后又体现了哪些股权设计的现代理念呢？概括而言，有以下四个方面：

第一，通过"同股不同权"的股权结构设计，以往作为代理冲突的双方——股东与经理人实现了从短期雇佣合约向长期合伙合约的转化。苹果公司的权威配置模式可以理解为一种短期雇佣合约，股东与经理人之间的关系可以描述为"流水的经理人，流水的股东"。例如，苹果公司前 CEO 乔布斯任何糟糕的业绩表现都会成为股东罢免他的理由。而"同股不同权"构架形成的投票权配置权重向创业团队倾斜将"流水的经理人，流水的股东"演变为"铁打的经理人，流水的股东"。对于一些进行长期价值投资的战略投资者，甚至演变为"铁打的经理人，铁打的股东"。因此"同股不同权"构架实质上完成了创业团队与外部投资者从短期雇佣合约向长期合伙合约的转化，由此在两者之间建立了合作共赢的长期合伙关系。以阿里巴巴合伙人制度为例，在"长期合伙合约"下的阿里巴巴合伙人成为阿里巴巴事实上"不变的董事长"或者说"董事会中的董事会"。由此阿里巴巴不仅是软银、雅虎等主要股东的，也是马云和他的合伙人的。这为阿里巴巴合伙人与软银、雅虎等主要股东长期合伙、合作共赢打下了坚实的制度基础。

亚当·斯密在《国富论》中描述了被雇佣的"打工仔"和作为主人的"合伙人"在心理以及行为上的差异。"在钱财的处理上，股份公司的董事是为他人尽力，而私人合伙公司的伙员，则纯为自己打算。所以，要想股份公司的董事们监视钱财用途，像私人合伙公司伙员那样用意周到，那是很难做到的。犹如富家管事一样，他们往往拘泥于小节，而殊非主人的荣誉，因此他们非常容易使他们自己在保有荣誉这一点上置之不顾了。于是，疏忽和浪费，常为股份公司业务经营上多少难免的弊端。"

　　第二，通过"同股不同权"的股权结构设计，负责分担风险的股东和负责业务模式创新的经理人两者之间的专业化分工进一步加深，实现管理效率的提升。在本书第 1 讲中提到过，现代股份公司由于实现了资本社会化和经理人职业化的专业化分工，与控制权与经营权不分的新古典资本主义企业相比，极大地提升了管理经营效率，带来了人类财富的快速增长。一方面，在"同股不同权"构架下，通过投票权配置权重向持有 B 类股票的创业团队（阿里巴巴合伙人）倾斜，使创业团队掌握公司实际控制权，专注业务模式创新；另一方面，面对基于互联网技术的新兴产业快速发展日益加剧的信息不对称，A 类股票的持有人（软银、雅虎等）则"退化"为类似债权人的普通投资者，把自己并不熟悉的业务模式创新决策让渡给 B 类股票持有人，而使自己更加专注风险分担。让专业的人做专业的事，从而使资本社会化和经理人职业化之间的专业化分工在更深层面展开。这事实上是现代股份公司诞生以来所秉持的专业化分工逻辑的延续。"同股不同权"的股权结构设计对专业化分工加深的重视和强调，也标志着公司治理理论和实务界逐步在理念和行动中走出伯利和米恩斯以来逐步形成的公司治理理念的认识误区，从以往片面强调控制权占有，转向追求如何在专业化分工带来效率改善与缓解代理冲突降低代理成本两者之间实现平衡。

　　第三，"同股不同权"的股权结构设计为创业团队防范"野蛮人入侵"设置重要门槛，鼓励创业团队围绕业务模式创新进行更多人力资本投入，迎合了互联网时代对创新导向的企业组织重构的内在需求。这一点对于进入分散股权时代的我国资本市场现实意义尤为重大。当万科创始人王石率领的管理团队由于险资宝能的举牌而焦头烂额、寝食难安时，刘强东、阿里巴巴合伙人通过直接发行双重股权结构股票或推出合伙人制度，将京东、阿里巴巴等的控制权牢牢掌握在自己手中，可以心无旁骛地致力于业务模式的创新，致使业务发展一日千里。我们看到，一方面是王石团队与宝能等围绕"谁的万科"争论不休；另一方面是"阿里巴巴不仅是软银、雅虎的，而且是马云创业团队的，是大家的"。这事实上同样是双重股权结构股票在经历了近百年的"不平等"指责后重新获得公司治理理论界与实务界认同背后的重要原因之一。

　　第四，面对资本市场中众多的潜在投资项目，"同股不同权"的股权设计向外部投资者展示了创业团队对业务模式创新的自信，成为投资者识别独特业务模式和选择潜在投资对象的信号。正如前面分析所指出的，新兴产业日新月异的发展，使得创业团队与外部投资者之间围绕业务发展模式创新的信息不对称日益加剧。一方面，希望获得外部资金支持来加速独特业务模式发展的创业团队却很难获得外部融资的支持；另一方面，外部投资者则很难找到具有投资价值的项目，出现逆向选择的困境。旧车市场靠质量担保传递旧车质量的信号来解决逆向选择问题，资本市场则很大程度上是通过"不平等投票权"股票的发行，向外部投资者传递实际控制人对业务模式创新自信的信号，来解决资本市场新的逆向选择问题。在上述意义上，"不平等投票权"股票的发行构成了博弈论中所谓的分离战略，成为创业团队传递业务模式独特性的重要信号。这一信号使创业团队与"同股同权"等传统股权结构设计模式相区别，从而吸引外部投资者选择创业团队的项目作为投资对象。

总结"同股不同权"的股权结构设计理念，我们看到，它是在长期合伙基础上实现的合作共赢，不是简单的"谁雇佣谁"。在阿里巴巴，马云合伙人绝不是被软银和雅虎的"资本"简单雇佣的"劳动"。同样，软银和雅虎的"资本"也不是被马云合伙人"劳动"简单雇佣的"资本"。雇佣关系背后体现的主仆关系很难形成平等的合作伙伴关系，长期合伙下的合作共赢更是难上加难。

事实上，被称为"不平等投票权"股票的"同股不同权"构架虽然在形式上是"不平等"的，却给投资者带来更多的长期回报，实现了股东收益最大化，最终使合作双方在结果上是"平等"的。阿里巴巴2014年上市时的市值为1 700亿美元，到2018年仅仅四年的时间，其市值超过4 000亿美元。软银的孙正义曾经表示，在他投资的800多个项目中很多项目的投资是失败的，但投资阿里巴巴的成功使其长期保持日本的首富地位。而2004年腾讯上市时仅仅投资3 200万美元的大股东Naspers在2018年上半年第一次减持时每股收益翻了上百倍，成为真正意义上的价值投资。给定投资者是否愿意购买和以什么价格购买与B类股票投票权不同的A类股票完全是市场行为，我们可以把外部股东之所以愿意放弃坚持资本市场通行的"同股同权""股权至上"等原则而购买"同股不同权"的股票，理解为外部投资者愿意向创业团队的人力资本投入支付溢价。

我们注意到，仅仅发行单一类型股票的阿里巴巴没有发行AB双重股权结构股票，但通过股权协议和合伙人制度变相实现了"不平等投票权"股票的发行，成为股权结构设计的重要制度创新。同时也为新兴产业快速发展过程中面对信息不对称和合约不完全问题时如何自发形成市场化解决方案提供了重要的借鉴。

2. "同股不同权"股权结构的相关实践

为了更好地突出上述设计理念，在投票权配置权重向创业团队倾斜的股权结构设计实践中，我们应该重点关注以下几个问题：

第一，成为合作一方的创业团队需要以真金白银的投入作为可承兑收入，以便至少部分能为自己可能做出的错误决策承担责任。在阿里巴巴的股权结构设计中，集体成为实际控制人的阿里巴巴合伙人团队共同持有阿里巴巴13％的股份，其中马云本人持股7.6％。上述投入构成软银和雅虎愿意与阿里巴巴合伙人合作并同意形成"同股不同权"构架的可承兑收入。因为上述可承兑收入的存在，软银和雅虎意识到，做出错误的决策损失的不仅仅是他们，还有马云和他的合伙人本身。在阿里巴巴合伙人与软银、雅虎的股权协议中有这样的规定：如果马云持股比例低于 1%，则相关投票委托协议不再有效。

可承兑收入在说服主要股东同意投票权配置权重向创业团队倾斜中十分重要，而以马云为首的合伙人的卓越表现和良好声誉同样构成双方建立长期合伙合约关系的基础。创立于 1999 年的阿里巴巴经过 20 年的发展已成为享誉全球的企业间电子商务（B2B）的著名品牌；2004 年推出的第三方支付平台——支付宝使阿里巴巴进一步在互联网移动支付业务中声名鹊起；而从 2009 年起人为打造的双十一网购狂欢节，逐年刷新 11 月 11 日当日全天交易额纪录，这不仅成为中国电子商务行业的年度盛事，而且其影响开始扩大到国际电子商务领域。

第二，通过日落条款的设计实现控制权在创业团队和股东之间的状态依存。所谓"日落条款"，是在《公司章程》中对创业团队所持 B 类股票转让退出和转为A 类股票[①]，以及创业团队权力限制的各种条款的总称。由于投票权配置权重倾斜可能对外部分散股东的利益造成损害，日落条款在"同股不同权"构架下的重要性自不待言。以在我国 A 股科创板上市的第一只"同股不同权"构架股票优刻得为例，季昕华、莫显峰及华琨三人通过《一致行动协议》而成为优刻得的实际控制人。三位实际控制人持有的 A 类股份每股拥有的表决权数量为其他股东所持有的 B 类股份每股拥有的表决权的 5 倍，在 IPO 完成后合计直接持有 19% 股份的三位实控人因此获得 55% 的表决权。通过建立上述投票权配置权重倾斜的股权结构安排，季昕华、莫显峰及华琨对公司的经营管理以及对需要股东大会决议的事项具有绝对控制权，限制了除共同控股股东及实际控制人外的其他股东通过股东大会对发行人重大决策的影响。

为防范实际控制人 A 类股份表决权的滥用或损害公司及其他中小股东的利益，优刻得的《公司章程》对配置权重倾斜的 A 类股票相关事项作了如下规定：一是公司股东对下列事项行使表决权时，每一 A 类股份享有的表决权数量应当与每一B 类股份的表决权数量相同。（1）对《公司章程》作出修改；（2）改变 A 类股份享有的表决权数量；（3）聘请或者解聘公司的独立董事；（4）聘请或者解聘为公司定期报告出具审计意见的会计师事务所；（5）公司合并、分立、解散或者变更公司形式。二是公司股票在交易所上市后，除同比例配股、转增股本情形外，不得在境内外发行 A 类股份，不得提高特别表决权比例。A 类股份不得在二级市场进行交易。三是出现下列情形之一的，A 类股份应当按照 1：1 的比例转换为 B 类

---

① 此处采用的是双重股权结构的一般情况，即 B 类股票为特殊股权。下文中的优刻得的双重股权结构与一般情况不同。

股份：持有 A 类股份的股东不再符合《上海证券交易所科创板股票上市规则》及《优刻得科技股份有限公司关于设置特别表决权股份的方案》规定的资格和最低持股要求，或者丧失相应履职能力、离任、死亡；持有 A 类股份的股东向他人转让所持有的 A 类股份，或者将 A 类股份的表决权委托他人行使。

日落条款的规定目前几乎成为所有推出"同股不同权"构架的通例。例如，在谷歌公司"同股不同权"的股权结构设计下，当佩奇等人手中的 B 类股票选择上市流通时，这些 B 类股票将自动转换为 A 类股票。这意味着，如果创业团队对公司业务模式创新的引领依然充满信心，就继续持有 B 类股票，通过投票权配置权重的倾斜而成为公司的实际控制人，继续引领业务模式的创新和公司的持续发展；如果创业团队对业务模式创新和新兴产业发展趋势不再具有很好的理解和把握，选择把 B 类股票出售转为 A 类股票，则意味着创业团队重新把控制权"归还"给股东，在"一股一票"和"同股同权"的框架下，按照公司治理最优实践来选择能够为股东带来高回报的全新管理团队。谷歌公司的实际控制权于是在佩奇等创业团队和股东之间实现了所谓的"状态依存"。

即使在日落条款色彩并不明显的阿里巴巴的《公司章程》中，按照相关规定，只有当马云持股不低于 1% 时，合伙人才对阿里巴巴董事会拥有特别提名权，可任命半数以上的董事会成员。这意味着，如果马云本人持股低于 1%，体现合伙人集体成为阿里巴巴实际控制人的阿里巴巴合伙人在董事会组织中的主导作用，将重新回到软银、雅虎等主要股东手中。

尽管几乎在奉行"同股不同权"构架的所有公司中都会有不同的日落条款，但由于投票权配置权重的倾斜对外部股东权益保护的潜在挑战，"同股不同权"构架无论在理论还是实践中都存在一定的争议。作为对上述潜在的挑战的市场调节，我们观察到，"同股不同权"构架的股票往往比"同股同权"构架的股票的价格波动更大。例如，在香港联交所完成上市制度改革后，登陆香港市场的独角兽企业如小米、美团、众安在线、雷蛇、易鑫、阅文、平安好医生等，无一例外地遭遇在 IPO 后股价下跌甚至跌破发行价的尴尬局面。

第三，即使在"同股不同权"构架在高科技企业中盛行的今天，由于所具有的独一无二的责任承担能力，股东作为公司治理的权威并没有从根本上动摇。股东的权威性集中体现在股东大会作为公司最高权力机构的法律地位和公司法对股东相关权益的保护。"同股不同权"构架只是投票权配置权重向创业团队倾斜，但并没有改变股东大会作为公司最高权力机构的法律地位。即使在阿里巴巴，合伙人对阿里巴巴的集体实际控制取决于阿里巴巴合伙人与主要股东之间达成的股权协议。把业务模式创新的主导权交给创业团队，并不意味着主要股东对控制权的完全放弃。伴随双重股权结构股票发行，一个公司往往会推出严格的日落条款，以保证控制权在创业团队与主要股东之间状态依存。

第四，注意发挥类似阿里巴巴合伙人等制度创新在股权结构设计上的独特作用。在 2019 年 9 月 10 日阿里巴巴 20 周年年会上，宣布正式退休的马云说，"今天不是马云的退休，而是一个制度传承的开始；今天不是一个人的选择，而是一个制度的成功"。合伙人制度无疑是马云推动阿里巴巴传承计划顺利进展的关键制度之一。作为阿里巴巴的内部管理制度，合伙人制度设立的初衷是淡化创始人的个人色彩，突出合伙人这一领导集体的重要性。在 2009 年阿里巴巴成立 10 周年之际，"不希望背着荣誉去奋斗"的十八罗汉一起辞去创始人身份，组成合伙人，"用合伙人取代创始人"。

通过股权协议，在主要股东软银和雅虎的背书和支持下，阿里巴巴合伙人集体成为阿里巴巴的实际控制人。阿里巴巴合伙人由此成为阿里巴巴"董事会中的董事会"和"不变的董事长"。这意味着，成为阿里巴巴实际控制人并非某一具体的创始人，而是阿里巴巴合伙人集体。马云的退休并不会波及阿里巴巴合伙人集体对阿里巴巴的实际控制。从 2014 年在美国纽交所上市时的 28 人已经扩大到 2019 年底的 38 人的阿里巴巴合伙人成为阿里巴巴未来领导产生稳定的人才储备库。而成为阿里巴巴的合伙人必须首先满足在阿里巴巴工作五年以上等一系列苛刻条件。新合伙人候选人通过特定提名程序和为期一年的考察后，最终需要获得 75% 以上合伙人的支持，才能有望成为新的合伙人。合伙人形成的"人才蓄水池"的一个客观效果是，使阿里巴巴管理团队成员提前完成新团队组建过程中不可避免的磨合过程，降低了以往无论空降还是内部晋升，新团队组建过程中彼此磨合所带来的各种隐性和显性成本。而事前组建的管理团队，通过预先共同认同的价值文化体系的培育和股权激励计划的推行，使公司治理制度设计通常面临的代理冲突在一定程度上得到化解。

由此可见，阿里巴巴 2014 年在美国上市时，软银、雅虎等主要股东之所以愿意放弃对企业而言至关重要的控制权，在一定意义上是在向事前组建管理团队和公司治理机制前置的阿里巴巴合伙人集体支付溢价。如同在电商和第三方支付业务等方面的重大创新一样，合伙人制度成为阿里巴巴在公司控制权安排和企业传承中十分重要的制度创新。

五、Snap 三重股权结构股票设计的启示

投票权配置权重向创业团队倾斜无疑是公司治理中股权结构设计的一项重要创新。在公司治理实践中，股权结构设计创新的步伐从未停止。在投票权配置权重倾斜的股权结构设计中，一些公司推出了没有投票权的普通股，而一些公司甚

至在 AB 双重股权结构股票的基础上进一步推出了 ABC 三重股权结构股票。这些股权结构设计的创新为我们从新的角度理解和把握股权结构设计的边界以及所应遵循的原则带来启发。

2012 年 4 月 13 日，谷歌公司推出无表决权的股票（non-voting share），旨在缓解由于股票或期权补偿导致的创业团队控制力下降的问题。其首席执行官拉里和联合创始人布林表示："我们已经为谷歌奋斗了很多年，还希望能为它奋斗更长时间。因此，我们希望公司的架构可以确保我们实现改变世界的愿望。"需要说明的是，谷歌公司和下文将介绍的 Snap 发行的没有投票权的股票不是本来就没有表决权的优先股，而是普通股。这种无表决权的普通股发行代表了公司治理实践中投票权向创业团队配置权重倾斜的一种更为激进的尝试。

从目前的资料看，首次发行三重股权结构股票的是一个名叫 Zynga 的社交游戏公司。成立于 2007 年 6 月的 Zynga 一度创造了社交游戏的奇迹。在 2011 年上市时，Zynga 发行的股票分为三类，从而形成所谓的 ABC 三重股权结构。在由 CEO 马克·平克斯设计的三重股权结构中，平克斯拥有的 C 类股票每股有高达 70 个投票权，控制公司投票权的 36.2%，IPO 前进入公司的私募投资人持有的 B 类股票每股拥有 7 个投票权，而普通股东持有的 A 类股票每股仅拥有 1 个投票权。在 2012 年不到一年的时间里，Zynga 的股价暴跌了 75%，公司为此流失了大量人才。CEO 马克·平克斯一度上榜"2012 年度最差 CEO"。Zynga 对于股权结构设计创新的尝试可以说以失败告终。

另一家尝试发行 ABC 三重股权结构的公司是著名的摄影类手机应用 Snap。Snap 在 2011 年由两名斯坦福大学在校学生埃文·斯皮格尔和鲍比·墨菲注册成立。由于他们所创造的"阅后即焚"模式很好地使用户在隐私权的保护和观点分享的愿望满足之间找到了一种平衡，Snap 在 App 商店上架之后立即受到 18～34 岁年轻群体的热烈欢迎。Snap 2017 年在美国上市前，投行 Piper Jaffray 完成的一项调查显示，当年每天有平均 1.58 亿人使用 Snap，每天有超过 25 亿个"snap"被创造出来；Snap 已经超越 Instagram、推特和脸书，成为当时最受美国青少年欢迎的网络社交平台之一。

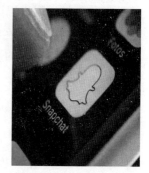

2017 年 3 月 2 日，Snap 在美国纽交所上市。在其所设计的 ABC 三重股权结构股票中，埃文·斯皮格尔 C 类股票每股 10 个投票权（类似于双重股权结构股票中的 B 类股票），B 类股票每股 1 个投票权（类似于双重股权结构股票中的 A 类股

票），而 A 类股票没有投票权。C 类股票在两位联合创始人埃文·斯皮格尔和鲍比·墨菲之间分享。此外，两位联合创始人还持有为数不少的 A 类股票，用于必要时流通变现。通过上述股权结构设计，持股比例 43.6％的两位创始人合计拥有该公司 88.6％的投票权，Snap 由此被牢牢掌控在两位联合创始人手中。

Snap 所推出的上述 ABC 三重股权结构股票，一个积极的方面在于两位联合创始人向资本市场传递了极为明确和强烈的信号：他们对公司未来业务模式创新和公司发展前景充满信心，不愿为"野蛮人入侵"留下任何可乘之机。利兰和派尔的研究表明，看似作为激励手段的管理层持股事实上向投资者传递了管理层对公司发展前景充满信心的信号。管理层持股比例越大，未来所承担的经营风险就越大，表明管理层对公司的发展前景越有自信，从而向投资者传递的信息含量就越大。

那么应该如何评价 Snap 所尝试的股权结构设计创新呢？概括而言，Snap 所设计的股权结构在防御"野蛮人入侵"上有余，而在不同类型股票持有人之间建立长期合作关系、实现合作共赢方面则显得不足。

首先，持有 A 类股票的外部投资者与持有 C 类股票的两位创始人人为地割裂成两个彼此对立的阵营。持有 A 类股票的外部投资者在两位联合创始人寻求外部资金支持（IPO）时慷慨解囊，参与分担风险以"共苦"，却没有最基本的投票表决机制来保证他们未来一定可以分享企业发展的红利以"同甘"。被"剥夺"投票权的 A 类股票股东显然并不打算长期持有 Snap 的股份，而是随时等待"以脚投票"时机的出现，甚至不惜在两位创始人最需要帮助的时候。通过上述股权结构设计，可以看出，两位联合创始人在最大程度巩固了自己不可挑战的控制权持有地位的同时，也将 Snap 未来的经营管理成败与两位联合创始人的个人命运紧紧地绑在一起，使他们的决策不能存在些许失误，否则将面临巨大风险。因而，上述三重股权结构股票并没有很好地实现经过投票权配置权重的倾斜预期出现的使持有不同类型股票持有人从各自的专长（例如风险分担或业务模式的创新）出发，实现专业化分工基础上的长期深度合作的局面。

其次，不同类型股票之间缺乏顺畅的身份转化和退出机制，使公司未来的发展片面依赖持有 C 类股票的联合创始人，使控制权安排的风险陡然增加。按照Snap 三重股权结构的相关设计，当两位创始人持有的 C 类股票数量低于 IPO 时持有数量的30％时，C 类股票将会全部转为 B 类股票；在持有者去世 9 个月后，B 类股票才会自动退出成为 A 类股票；C 类和 B 类股票最终退出成为没有表决权的 A 类股票。可以看出，在从 C 类股票转为 A 类股票的过程中，不仅有很高的限制，而且还夹杂着"一股一票"的 B 类股票。上述设计使得仿佛在 A 类和 C 类股票之间存在不可逾越的鸿沟。由此，上述不够明确清晰的日落条款进一步削弱了外部股东在不同状态下有望获得控制权的预期。

因此，三重股权结构股票的发行既没有在持有不同类型股票的股东之间建立长期合作关系以提高管理效率，也没有通过建立控制权状态依存的退出转换机制降低未来营运风险。在上述两种因素的叠加下，购买 Snap A 类股票的外部投资者就像是在"下赌注"。

不难预测 Snap 后面发生的故事。在 Snap 成功 IPO 不久，股价一路下跌，很快跌破 IPO 当日开盘价，进入长期低位徘徊。

Snap 所尝试的 ABC 三重股权结构给我们带来的积极启发是：

第一，创业团队与外部股东投票权的差异不宜过大，控制在合理的范围，避免人为地将股东割裂成彼此对立的阵营。因为投票权配置权重倾斜的根本目的是，把短期雇佣合约转化为长期合伙合约，通过在股东和创业团队之间建立长期合伙关系，实现合作共赢。在这个意义上，无论是 Zynga 一股 70 票的表决权还是 Snap 外部股东持有的没有表决权的股票，都是投票权配置权重倾斜设计的极端例子。

第二，需要在不同类型的股票之间建立顺畅的转换和退出机制，以实现控制权安排在创业团队和股东之间的状态依存。缺乏同甘共苦的诚意和回到传统"一股一票"和"同股同权"公司治理构架的困难，往往使得持有 A 类股票的外部投资者投机性十足。投票权配置权重倾斜的股权结构设计，使原本期望建立的长期合伙关系演变为一次或数次包括 IPO 在内的赌注。

从 Zynga 和 Snap 的三重股权结构股票设计的创新实践可以看出，并非所有在投票权配置权重倾斜的股权结构设计创新都可以得到市场的认可。因而，在对股权结构设计的认识上，一个更加科学的态度也许是：推行不平等投票权并非对投资者利益最不好的保护，而"一股一票"也并非对投资者利益最好的保护。

我们把严格体现以股东为中心的"一股一票"股权结构、近 20 年重新兴起的 AB 双重股权结构和新近出现的三重股权结构，在现金流权与控制权的分离程度、对业务模式前景的信号传递强弱等表现形式的差异比较总结在表 2-1 中。

表 2-1　不同股权结构设计范式表现形式的差异

表现形式	一股一票	双重股权结构	三重股权结构
现金流权与控制权的分离程度	不分离	中度分离	高度分离
对业务模式前景的信号传递强弱	无信号	强信号	超强信号
风险分担与业务模式创新专业化分工程度	中度分工	高度分工	极度分工
风险的分担	股东独自承担	同甘共苦	只共苦不同甘
退出机制和控制权的状态依存	以脚投票＋公司治理机制	控制权的状态依存	实控人缺乏退出机制，投资者投机色彩浓郁

从现金流权与控制权的分离程度来看，在"同股同权"构架下，一方面股东对重大事项以"一股一票"投票表决的方式在股东大会上进行最后裁决，另一方面则以出资额为限为可能做出错误决策承担责任，因而股东的现金流权与控制权是对称的，并未出现分离。一个例外是，在金字塔式控股结构下，处于金字塔顶端的实际控制人会借助金字塔结构实现对所控股的子公司和孙公司现金流权与控制权的分离。围绕这一问题我们会在第 3 讲集中讨论。在双重和三重股权结构这两类"同股不同权"构架下，通过投票权配置权重向创业团队倾斜，创业团队实现了现金流权与控制权的分离，其中，三重股权结构形成的两者分离程度更高。

从创业团队通过股权结构设计所传递的业务模式前景的信号强弱来看，"同股同权"构架下的"一股一票"在互联网时代加剧的信息不对称下导致外部融资的逆向选择问题；双重股权结构则向资本市场传递了创业团队对业务模式创新充满信心的信号；而通过引入甚至没有投票权的股票类型，三重股权结构则向资本市场传递了更加强烈的不愿为"野蛮人入侵"留下任何可乘之机的信号。

从风险分担与业务模式创新专业化分工程度来看，虽然在"一股一票"下，职业经理人对日常的经营管理做出决策，但重大事项仍需股东以集体表决的方式进行最后裁决，因而股东的风险分担与创业团队的业务模式创新两者仅实现了专业化的中度分工。而在双重和三重股权结构中，通过投票权配置权重向创业团队倾斜使创业团队专注业务模式的创新，股东在一定意义上退化为仅承担风险的普通投资者，无权对创业团队主导的业务模式创新"指手划脚"，专业化分工程度得到进一步提升。其中在三重股权结构中，专业化分工程度甚至达到持有没有投票权的 A 类股票的外部投资者无染指可能的极致。

从风险分担来看，在"同股同权"构架下，受益顺序排在最后的股东作为剩余索取者承担企业经营的全部风险。而在"同股不同权"构架下，为了说服外部股东接受投票权配置权重向创业团队倾斜，创业团队往往需要持有一定比例的股份作为可承兑收入，由此形成创业团队与外部股东共同分担风险的格局。但在三重股权结构中，被剥夺投票权、排斥在长期合伙人之外的 A 类股票持有人往往并不打算长期持有这家公司的股份，而是随时准备"以脚投票"，因而只是做到了承担经营风险的"共苦"，但缺乏相应的投票表决机制实现"同甘"。

从退出机制和控制权的状态依存来看，"同股同权"构架下的股票可以借助资本市场实现自由的流通和控制权的转移，但需要通过建立规范的公司治理构架来监督约束经理人。而在"同股不同权"构架下，通过引入日落条款，实现了控制权的状态依存。但在三重股权结构下，由于不同类型股票之间缺乏顺畅的身份转化和退出机制，外部投资者购买没有投票权的 A 类股票就像是在"下赌注"，投机色彩浓郁。

六、总结

股权结构设计和控制权安排，是协调股东与经理人代理冲突的基础性的公司治理制度安排。在现代股份公司从荷兰东印度公司开始400多年的发展历程中，股权结构设计从两个维度展开：一是股权的集中与分散。中国资本市场从2015年开始进入分散股权时代，尽管为数不少的上市公司依然保持传统"一股独大"。二是在分散股权结构下，一家公司体现公司控制权的投票权配置既可以选择权重平衡的"同股同权"构架，也可以选择权重倾斜的"同股不同权"构架。

在"同股不同权"构架的实现方式上，既可以选择直接发行双重或三重股权结构股票，也可以通过基于股权协议或获得股东背书和认同的内部管理制度变相形成"同股不同权"构架。本讲提到的谷歌、京东和小米等是直接发行双重股权结构股票构建"同股不同权"的例子，而阿里巴巴则是通过股权协议和合伙人制度变相完成构建"同股不同权"的例子。

在"同股不同权"构架诞生至今近百年的历史中，由于违反了被视作公司治理正统的"同股同权"原则，长期被认为不利于股东权益的保护而受到主流公司治理的唾弃。直到最近的20年，随着越来越多的高科技企业选择"同股不同权"构架上市，这种被称为"不平等投票权"的股权结构设计范式重新引起公司治理理论和实务界的重视。

"同股不同权"构架的核心是通过投票权配置权重向创业团队倾斜，实现创业团队与外部投资者之间从短期雇佣合约到长期合伙合约的转化，深化了股东分担风险和创业团队主导业务模式创新这一传统的专业化分工，提升了管理效率。上述构架由于顺应了以互联网技术为标志的第四次工业革命对创新导向的企业权威重新配置的内在要求，而受到诸多高科技企业在股权结构设计时的青睐。

然而，配置权重倾斜的股权结构设计潜在的风险是，对外部分散股东利益的损害。因此，在确保控制权状态依存的日落条款成为"同股不同权"股权结构设计的标配的同时，市场以比"同股同权"股票价格更大的波动幅度和频率来对这种投机色彩更加浓郁的股票做出调整。

需要说明的是，基于投资者投资意愿而选择购买的"同股不同权"构架股票，并没有从根本上动摇以股东作为公司治理权威地位的股东中心主义，只是股东与创业团队为了建立长期合作伙伴关系，实现合作共赢，而使投票权在特定状态限定下向创业团队倾斜。尽管相比较而言，高科技企业更加青睐"同股不同权"构架，但这并不意味着传统的"一股一票"下的"同股同权"构架由此变得一无是处。

　　我们注意到，同样是高科技企业，微软、亚马逊等同样采取传统的"同股同权"构架上市。因而，对股权结构设计的一个正确理念是，"同股不同权"并非对投资者利益最不好的保护，而"一股一票"也并非对投资者利益最好的保护。

一、阿里巴巴：资本市场发展走过的这 20 年

　　成立于 1999 年的阿里巴巴已经走过 20 年的发展历程。从当初稚气未脱的少年，如今步入充满青春活力的青年。除了在电商（淘宝和天猫）、第三方支付（支付宝）和新零售（盒马鲜生）等领域的业务模式创新的持续推动，阿里巴巴 20 年的快速发展始终离不开资本市场的强大助力。根据阿里巴巴集团于 2019 年 5 月发布的 2019 财年（从上年的 4 月 1 日开始，至次年的 3 月 31 日结束）数据显示，阿里巴巴财年收入总额为 3 768.44 亿元，其中第四季度营收为 934.98 亿元，同比增长 51%，净利润为 200.56 亿元。

　　阿里巴巴资本市场 20 年发展历程可以概括为以下三个阶段：

　　第一阶段，从接触私募投资到 2007 年在香港联交所挂牌上市。如今在阿里巴巴持股比例较高的股东大多是那时以私募投资的方式成为其早期的投资者。例如，在阿里巴巴 2014 年美国上市后持股比例高达 31.8% 的软银，早在 2000 年就向阿里巴巴投资 2 000 万美元，4 年后又进一步投资淘宝 6 000 万美元。持股比例 15.3% 排名第二的雅虎，在 2007 年阿里巴巴即将挂牌香港联交所前夕，以 10 亿美元的现金和雅虎中国业务换取了阿里巴巴的部分股份。

　　2007 年 11 月，阿里巴巴旗下 B2B 公司（股票代码为 1688.HK）在香港联交所挂牌上市，共募集资金 116 亿港元，创造了当时中国互联网公司 IPO 融资规模的最高纪录。挂牌上市后，公司股价曾飙升至发行价的 3 倍，成为当年港股新股王，近千名阿里巴巴员工由此成为百万富翁。就在阿里巴巴上市后不到一年，全球金融风暴全面爆发。从香港资本市场募集的资金不仅帮助阿里巴巴从容抵御金融风暴的冲击，而且在之后全球经济调整阶段帮助阿里巴巴迅速步入高速成长的新赛道。

　　第二阶段，从阿里巴巴 B2B 业务香港退市到在美国纽交所重新上市。在阿里巴巴 B2B 业务在香港上市后的几年时间里，马云在阿里巴巴的股权逐渐被稀释。到 2013 年在美国上市前，整个阿里巴巴创业团队手中的股权加起来仅有 24%，马

云个人仅占 7%，而雅虎和软银分别占到 24% 和 36%。尽管当时的主要股东软银和雅虎对阿里巴巴日常经营管理并没有太多的干涉，但马云和他的团队已经感受到丧失公司控制权的巨大威胁。

一方面是出于扩大融资规模满足融资需求的现实需要，另一方面则出于加强公司控制的考虑，从 2010 年开始，整体上市战略在 B2B 业务在香港联交所挂牌不久后开始进入阿里巴巴核心团队的议事日程。马云当时提出的一个大胆想法是，以 28 个早期创始员工组成合伙人，通过与其他股东达成股权协议，在阿里巴巴整体上市后使合伙人集体成为公司的实际控制人。

2012 年 2 月，阿里巴巴宣布将在香港联交所挂牌的 B2B 业务私有化，启动从香港联交所退市程序，同年 6 月完成退市。在阿里巴巴寻求集团整体上市的过程中，曾经挂牌 B2B 业务的香港联交所曾是马云和他的团队的首选地。但鉴于当时的香港联交所尚不能接纳阿里巴巴通过合伙人制度变相实现的"同股不同权"构架，阿里巴巴不得不选择到更加包容的美国纽交所实现整体上市。

2014 年 9 月 19 日，阿里巴巴在美国纽交所成功上市，股票代码为"BABA"。阿里巴巴 IPO 时发行价为 68 美元，开盘价则为 92.70 美元，最终完成 250 亿美元的融资规模，一度成为各国资本市场发展史上规模最大的一次 IPO。

我们知道，股东通过签署一致行动协议将投票权集中在某个股东手中，使该股东成为实际控制人，这样的做法在资本市场实践中并不鲜见。但不同于以往实际控制人往往为松散的创业团队甚至个人，马云独具匠心地推出合伙人制度，希望创业团队作为整体，集体履行阿里巴巴实际控制人的职责。他为这一实际控制人集体取名为"阿里合伙人"。

需要注意的是，这一合伙人的概念既不同于与有限责任公司等企业组织形式相对照的"合伙"这一法律概念，也不同于一些房地产企业项目跟投时作为持股平台推出的事业合伙人制度中的合伙人。在一定意义上，合伙人制度只是阿里巴巴的内部管理制度，但这一制度如同阿里巴巴在电商和第三方支付业务等方面的重大创新一样，同样成为公司控制权安排中十分重要的制度创新。

这一又称为"湖畔花园合伙人制度"的内部管理制度，最早创立于 2010 年 7 月。制度设立的初衷是希望通过合伙人制度的推出，在创业团队内部打破传统管理体系固有的科层等级制度，改变以往简单雇佣关系，使创业团队成员成为具有共同价值体系和发展愿景的合伙人，以此提升阿里巴巴的管理效率。

除了提升管理效率，合伙人制度成为马云与软银、雅虎等阿里巴巴主要股东在控制权安排中获得实际控制人地位十分重要的组织构架。不断吐旧纳新动态调整的合伙人团队，成为阿里巴巴"董事会中的董事会"和"不变的董事长"，推动了阿里巴巴目前"铁打的经理人与铁打的股东"甚至"铁打的经理人与流水的股东"的治理格局的最终形成。按照与主要股东在阿里巴巴上市前达成的股权协议，软银超出 30％ 的股票投票权将转交阿里巴巴合伙人代理，在 30％ 权限内的投票权将支持阿里巴巴合伙人提名的董事候选人。作为交换，只要软银持有 15％ 以上的普通股，即可委派一名董事会观察员，履行投票记录等事宜。雅虎则统一将至多 1.215 亿普通股（雅虎当时所持的 1/3，约占阿里巴巴总股本的 4.85％）的投票权交由阿里巴巴合伙人代理。

应该说，由于阿里巴巴在新经济中的巨大影响，它的资本市场发展之路总是伴随着种种误读。例如，持股比例高达 31.8％ 的软银实际控制人是日本的孙正义，而第二股东雅虎则是来自美国的资本。我们看到，阿里巴巴恰恰通过合伙人制度和相关股权协议，实现了"中国劳动"对"外国资本"的雇佣，因为阿里巴巴合伙人才是阿里巴巴集团的实际控制人。

第三阶段，在美国上市后的阿里巴巴采取更加灵活务实的外部融资策略，在香港联交所进行"第二上市"，以扩大融资途径、分散风险和降低融资成本。

作为资本市场全球布局和全球化发展战略的一部分和回归亚洲市场的夙愿实现，2019 年 11 月 26 日阿里巴巴集团（09988.HK）在香港以"第二上市"的方式重新回到 B2B 曾经挂牌的香港联交所。在上市交易第一天，阿里巴巴开盘价 187 港元，较发行价上涨 6.25％。这一定程度上表明，阿里巴巴在坚持资本市场全球化战略的前提下优先选择回归亚洲市场的战略坚持，得到了亚洲市场的积极回馈。按照招股书的披露，阿里巴巴在香港联交所融资 1 012 亿港元（约合 130 亿美元），成为 2019 年全球最大规模的新股发行。

2014 年 9 月，一度希望继续在 B2B 曾经挂牌的香港联交所上市的阿里巴巴，由于违反该市场当时奉行的"同股同权原则"，被迫远赴美国纽交所上市。很多媒体不断引述香港联交所行政总裁李小加的评论，"阿里百分之百会回来，只是时间长短问题"。4 年后，曾一度拒绝阿里巴巴上市的香港联交所在 2018 年 4 月完成了号称"25 年以来最具颠覆性的上市制度改革"，宣布允许"同股不同权"构架的公司赴港上市，为阿里巴巴最终以第二上市地、重新回归亚洲市场铺平了道路。在 2019 年 7 月 15 日召开的阿里巴巴股东大会上批准了公司普通股"一拆八"的分拆方案，将 40 亿股扩大至 320 亿股，为在香港联交所上市进行积极准备。

阿里巴巴通过选择在香港联交所"第二上市"，实现了纽交所和香港联交所双市场融资，分担了以往依赖单一市场融资的风险。双市场融资模式下的阿里巴巴可以通过在两个市场间选择合理的融资窗口和融资渠道，为未来业务开展和事业发展筹集充足的资本。在来自亚洲市场在文化和商业理念上更认同阿里巴巴业务模式、更愿意支付高的溢价的投资者的支持下，双市场融资的阿里巴巴未来融资成本将有望进一步降低。值得注意的是，在全球经济下行、股市疲软之力和香港社会发展局势动荡不安的背景下，阿里巴巴依然成为2019年全球最大规模的新股发行，这一定程度上表明，全球资本市场对阿里巴巴商业模式的认同，同时也是对马云退休和张勇继任后的阿里巴巴传承顺利的认同。

我们知道，阿里巴巴在香港"第二上市"是2014年9月19日在美国"第一上市"时形成的公司治理构架的延续，并不会改变"第一上市"时形成的治理构架的基础性地位。香港联交所通过上市制度的修改，接纳发行单一类型股票的阿里巴巴通过合伙人制度变相实现的"同股不同权"构架。因而，阿里巴巴在香港联交所"第二上市"并不涉及太多公司治理制度的调整和变革，延续了阿里合伙人通过董事会组织的主导作用集体成为阿里巴巴实际控制人的格局。由于仅仅是外部融资规模的扩大和流通渠道的拓宽，因此阿里巴巴"第二上市"在公司治理制度建设中的重要性要远小于"第一上市"的首次公开发行。在一定意义上，我们可以把"第二上市"理解为，已经完成IPO的公司增发新股，只不过不是继续在原来IPO时的市场，而是选择了一个新的市场。

但像其他选择两地上市的企业一样，阿里巴巴未来必然在监管、投资者权益保护甚至股价联动风险等方面面临诸多挑战。

首先，两地上市意味着阿里巴巴未来将同时面对两个资本市场的监管。对于两个市场的监管当局而言，对在两地上市的阿里巴巴，是以第一上市地监管为主，还是各自独立监管，又或者双方协调监管，无疑需要在阿里巴巴未来的监管实践中围绕具体的事由在两个市场监管当局之间达成谅解。阿里巴巴则需要围绕包括信息披露等在内的常规监管义务履行在上市时间并不统一的两个市场之间进行微妙平衡，触发违规操作的可能性增加。

值得庆幸的是，选择在香港联交所"第二上市"，阿里巴巴并非第一家。已经于2000年在加拿大多伦多证券交易所挂牌的赫斯基能源集团，选择于2010年5月赴香港联交所进行"第二上市"。我们有理由相信，香港作为国际金融中心有接纳在其他市场"第一上市"的公司选择在香港进行"第二上市"的成熟经验。

其次，阿里巴巴在两个市场的投资者权益受到不同的法律体系保护。尽管在公司法互相学习借鉴的过程中，上述两个市场相关法律制度趋同的趋势明显，但毫无疑问，在具体的投资者权益保护实施环节，依然需要围绕司法诉讼和法律执行等方面在两个市场之间进行协调和沟通，而不同市场投资者文化差异和商业理念认同的差异将增加相关协调和沟通的成本。我们看到，像所有两地上市的公司一样，阿里巴巴未来围绕两地上市的监管适应和股东权益保护协调将耗费一定的精力。

再次，两地上市建立的股价自然联动会导致阿里巴巴在一个市场股价的波动传导到另一市场，引发另一市场相应的股价波动。而开市时间的差异甚至使上述传导在一定程度上演变为滚动传导，加剧和放大股价波动的幅度。特别地，阿里巴巴上市的时机选择至少目前看并非最佳。香港不稳定的社会局势使阿里巴巴在香港市场股价波动存在可能性。而股价波动会通过上述股价联动机制传导到"第一上市"的纽交所，将加剧阿里巴巴股价整体的波动幅度和持续时间。我们看到，阿里巴巴新一轮融资策略中选择两地上市的出发点之一是，希望借助两地上市分散风险，但却有可能使阿里巴巴股市面临的整体风险一定程度上增加。

最后，一个不容忽视的因素是，阿里巴巴在香港联交所"第二上市"后，作为中国互联网企业的两大巨头，存在"瑜亮情结"的阿里巴巴和腾讯由原来的隔空对话变为同台对垒。之前至少在股市的波动上彼此割裂的两大巨头随着同台竞技，在厚此薄彼的投资者投资策略的变更中往往成为互替性选项。因而，腾讯和阿里巴巴除了作为互联网企业传统的竞争关系，开始在股价波动之间建立起一种十分微妙"联系"的可能性，比如，当一方股价无缘无故或有缘有故高涨时，另一方股价或许会莫名其妙下跌。

因而，在阿里巴巴以回归亚洲市场为起点展开的新一轮资本市场国际化战略实施中，在香港联交所的"第二上市"仅是开了一个好头，未来前进道路上依然面临诸多挑战。

阿里巴巴过去 20 年在资本市场发展的成功经验总结为以下两点：

一是在尊重资本市场游戏规则的基础上，通过公司治理制度创新寻求稳定的控制权，为阿里巴巴业务模式的持续创新奠定坚实的公司治理制度基础。在阿里巴巴，没有"野蛮人入侵"的担忧，更没有"城头变幻大王旗"的困扰，基于合伙人制度形成的稳定发展预期成为阿里巴巴稳步发展持续创新的制度保障。

二是灵活务实的融资策略促使阿里巴巴不断拓宽新的融资途径，降低融资成本，实现风险分散。阿里巴巴已经成为今天开放中国的缩影，开放的中国和包容的世界需要看到务实开放和稳健发展的阿里巴巴。

在阿里巴巴走过 20 年资本市场发展历程之际，它的创始人马云也在 2019 年教师节后选择退休，回归教育。马云和他的阿里巴巴留给这个世界的不仅仅是购物支付的轻松和生活的便捷，也为如何完成企业有序传承和实现企业基业长青带来积极的思考和启迪。

资料来源：郑志刚. 阿里：资本市场发展走过的这二十年. FT中文网，2019-09-11.

二、在分散股权时代，如何加强公司控制权？

控制权无疑是重要的。正是由于投资者相信通过包括控制权安排在内的公司治理制度可以确保他们"收回投资并取得合理的回报"（施莱弗语），他们才愿意成为股东。因此，作为公司治理的权威，股东一方面对公司并购重组、战略调整等重大事项以投票表决的方式在股东大会上进行最后裁决；另一方面则需要以出资额为限为可能做出的错误决策承担（有限）责任。

但控制权的实现方式是复杂的。传统上公司控制权有哪些实现方式呢？概括而言，主要有三种方式：

一是最基本也最重要的是持股比例所反映的股东在股东大会上的表决权。例如，在我国资本市场发展早期，我国国有上市公司绝对控股形成的"一股独大"成为我国治理模式的典型特征之一。

二是实际控制人委派或直接兼任董事长。作为只是董事会召集人的董事长，固然在董事会的表决中并不比其他董事多一票，但出于在企业文化中对权威的尊重，董事长无疑在相关议案的提出或撤销、通过或否决上具有其他董事所不具有的影响力。

三是近20年来公司治理学术界关注和讨论的以金字塔式控股结构、交叉持股等方式实现的现金流权与控制权的分离。控制权反映的是实际控制人在上市公司股东大会上以投票表决方式实现的对重大决策的影响力，现金流权则反映的是以实际投入上市公司出资额为表征的责任承担能力。

其实在涉及公司控制实现和加强的几乎所有制度安排中，我们总能或多或少看到"现金流权与控制权分离"的影子。也许，在公司治理实践中，我们需要更多关注和思考的是，能否把两者分离导致的消极因素更多转变为积极因素。这就如同现代股份公司总是无法回避股东的所有权与职业经理人的经营权分离导致的代理冲突，但一个有效的治理安排应该考虑的，不是如何从根本上消除代理冲突，而是如何利用两者分离形成的专业化分工（经理人职业化和资本分担风险社会化）所带来的效率提高，去平衡、抵消两者代理冲突所产生的代理成本。

从2015年开始，以宝万股权之争为标志，我国资本市场进入一个特殊时代：分散股权时代，意味着未来在我国资本市场有更多的"野蛮人"出没，控制权纷争将成为常态。因此，在此现实背景下，观察和思考我国上市公司控制权的实现和加强方式将具有特别重要的现实性和紧迫性。那么，在我国资本市场进入分散股权时代，我们应该如何实现和加强公司控制，又如何看待伴随公司控制的实现和加强可能带来的现金流权与控制权的分离呢？

下面来看三个我国公司治理实践中实施和加强公司控制的故事。

故事一：实际控制人超额委派董事

在南玻A于2016年11月14日举行的第七届董事会临时会议上，三名由第一大股东宝能系委派的董事陈琳、叶伟青和程细宝在会议现场临时提出了《关于由陈琳董事代为履行董事长职责》的提案，并最终以 6 票同意、1 票反对和 2 票弃权的结果通过，包括公司董事长曾南在内的多名高管随后集体辞职。这一事件被媒体称为 "血洗南玻 A 董事会"。从南玻 A 当时董事会构成来看，9 名董事会成员中，除了 3 名独立董事，持股总计 26.36％ 的宝能系却委派了 6 名非独立董事中的 3 名，占到全部非独立董事的 50％。而万科 A 于 2017 年 6 月 30 日举行的董事会换届选举产生的 11 名成员中，除了 5 名独立（或外部）董事外，持股比例为 29.38％ 的第一大股东深圳市地铁集团有限公司（简称深圳地铁）提名了 6 名内部董事中的 3 名，同样占到全部非独立董事的 50％。无论宝能系还是深圳地铁，作为实际控制人，其委派非独立董事的比例都远超其所持有的股份比例，形成了所谓的 "实际控制人超额委派董事" 现象。

在英美上市公司股权高度分散的治理模式下，董事会中除 CEO 外其余全部为外部（独立）董事，超额委派董事问题并不典型。而拥有绝对控股地位的亚欧家族企业则往往会大量引进职业经理人，以弥补家族成员管理才能的不足，超额委派董事问题同样不突出。然而，对我国 A 股 2003—2015 年企业样本观察，17％ 的上市公司中存在不同程度的实际控制人超额委派董事现象。因而，实际控制人超额委派董事成为我国资本市场制度背景下十分独特的公司治理故事。

需要指出的是，实际控制人超额委派董事与金字塔式控股结构以及实际控制人委派或兼任董事长一样，在有助于实际控制人实现和加强公司控制的同时，形成了现金流权与控制权的分离。只不过金字塔式控股结构是利用控制链条层层控制实现的控制权和现金流权的分离，而超额委派董事则是实际控制人利用董事会中提名更多董事，形成董事会重大决策的实际影响力与其持股比例所反映的责任承担能力的分离而实现的。但无论是金字塔式控股结构还是超额委派董事，都意味着实际控制人所承担责任与所享有权力的不对称，为其挖掘掏空公司资源、损害外部分散股东的利益提供可能。

那么，作为与金字塔式控股结构一样的加强公司控制的实现方式，哪些公司治理特征和因素会导致实际控制人超额委派董事呢？超额委派董事与金字塔式控股结构、实际控制人委派或兼任董事长等传统公司控制加强的实现方式有什么样的关系？实际控制人超额委派董事给上市公司究竟带来哪些经济后果？我们应该如何评价这一现象呢？

我们的研究表明，当实际控制人的持股比例较低（没有达到相对控股）、金字塔式控股结构实现的现金流权与控制权分离程度越高，以及在实际控制人委派或兼任董事长等情形下，实际控制人超额委派董事的可能性越大，超额委派董事的比例越高。因而超额委派董事、委派或兼任董事长以及构建金字塔式控股结构成为实际控制人实现和加强公司控制的三种力量，三者共同帮助尚未相对控股的实际控制人加强对公司的控制。

作为导致现金流权与控制权分离的加强公司控制的实现形式，我们当然需要检验超额委派董事是否会带来使中小股东利益受到损害的实际控制人挖掘掏空上市公司的行为。以往的研究表明，在金字塔式控股结构下，现金流权与控制权的分离导致实际控制人以资金占用、资产转移和关联交易等方式掏空转移上市公司资源。我们的研究发现，在超额委派董事比例越高的企业，实际控制人以关联交易等方式进行的隧道挖掘行为越严重，企业未来的经济绩效表现也就越差。而在非国有企业中不稳定的金字塔式控股结构下和实际控制人持股比例较低时，实际控制人超额委派董事伴随着更加严重的隧道挖掘行为和更差的经济绩效表现。为此我们提出的政策建议是，在董事会的组织结构安排上应该合理地设置主要股东提名董事的上限，以确保其责任承担能力与控制能力的对称。

故事二：主动防御型员工持股计划的实施

长期以来，员工持股计划一直被认为是协调员工与股东利益、激励员工的重要手段。然而，在我国资本市场进入分散股权时代后，员工持股计划有时也会被实际控制人用来充当实现和加强公司控制的手段，以防范"野蛮人入侵"。

面对陡然增加的被收购风险，安利股份于2017年推出员工持股计划。在其所拟筹集的总额达6 000万元的资金中，员工自筹资金不超过800万元，控股股东安利投资向员工借款达5 200万元，同时安利投资对员工自筹资金年化收益率提供保底承诺。这一操作被多家媒体评价为作为实际控制人的控股股东安利投资抵御"野蛮人入侵"的"连珠弹"之一。

我们注意到，同期很多公司推出的员工持股计划都具有高融资杠杆比例和实际控制人提供担保等这些使被激励员工持股成本显著降低的设计特征。容易理解，与直接增持和引入"白衣骑士"相比，实际控制人推出初衷为激励员工的员工持股计划，往往更容易获得监管当局的认同和其他股东的背书。因而，面对外部"野蛮人入侵"的威胁，我们并不能排除这些公司打着推行激励员工的员工持股计划的幌子，以不太为市场和监管当局关注的隐蔽和间接的方式，增持了本公司股票，构筑防御"野蛮人入侵"壁垒的可能性。

围绕我国上市公司推行的员工持股计划，我们的研究发现，上市公司股权结构越分散，实际控制人持股比例越低，面临被收购风险的可能性越高，则该公司推出员工持股计划的动机就越强。而上述员工持股计划的实施，一方面将降低上市公司未来被收购的可能，延长了董事长任期，由此巩固了内部人控制格局；另一方面，随着员工持股计划的实施，实际控制人未来转移掏空上市公司的隧道挖据行为会加剧，公司绩效依然不高，员工持股计划的推出并没有很好地实现预期的协调员工与股东利益、激励员工的目的。在具有高融资杠杆比例和存在实际控制人担保行为等设计特征的员工持股计划中，上述加强公司控制的色彩更加浓郁。我们把具有上述特征的员工持股计划称为主动防御型员工持股计划。因此，需要注意的是，员工持股计划除了具有激励员工的功能，有时还会与实际控制人的自利动机联系在一起，成为分散股权时代面对"野蛮人入侵"，实际控制人加强公司控制的重要的隐蔽实现方式。

故事三：在 IPO 时创业团队所签订的一致行动协议

2011 年通信领域的佳讯飞鸿公司在我国 A 股上市。其主要股东和创业团队林菁、郑贵祥、王翊、刘文红、韩江春等签署了《一致行动协议书》，约定在行使召集权、提案权、表决权时，采取一致行动共同行使公司股东权力。通过签署上述一致行动协议，持股仅 20.7% 的第一大股东、兼任董事长和总经理的林菁获得了全体协议参与人合计持有的 66.1% 的表决权，使林菁在董事会和股东大会上相关表决中的影响力变得举足轻重。观察发现，2007—2017 年，1 590 家非国有上市公司招股说明书中披露实际控制人签订一致行动协议的公司有 263 家，占到 16.5%，其中将近一半来自高科技企业。或者由于经济影响之外的政治影响的存在，或者由于本身是国有控股企业，实际控制人签订一致行动协定行为在国有上市公司中并不典型。

我们注意到，与金字塔式控股结构、超额委派董事以及双重股权结构等一样，实际控制人通过签署一致行动协议同样实现了现金流权与控制权的分离。一个自然的担心是，一致行动协议是否会像金字塔式控股结构等一样成为实际控制人加强内部人控制的手段？

需要说明的是，超额委派董事是在公司完成 IPO 后所进行的公司控制权设计，而一致行动协议的签订是在公司 IPO 前进行的公司控制权设计。超额委派董事是在公司完成 IPO 实现外部融资后，迫于外部紧张形势（例如，面临接管威胁，甚至"野蛮人入侵"）下所采取的具有事后道德风险倾向的加强公司控制的手段，因而是事后的公司控制权安排。而一个公司在上市 IPO 时选择一致行动协议需要在招股说明书中予以充分信息披露，投资者购买该公司发行股票的决定是在充分评估控制权倾斜配置可能对自己投资收益和安全影响的基础上，对实际控制人权力大于责任具有充分预期，甚至安排了相应防范和救济措施下做出的，因而一致行动协议属于事前的公司控制权安排。

作为事前的公司控制权安排，一致行动协议的签订更多用来向市场传递创业团队对业务模式充满自信的信号和保护鼓励创业团队人力资本投资。在互联网时代，高科技公司的创新业务模式对外部投资者的专业知识和分析能力形成极大挑战。面对创业团队与外部投资者围绕业务模式创新的信息不对称加剧，一方面需要资金支持的公司无法实现外部融资，另一方面投资者无法找到具有潜在投资价值的公司，逆向选择问题发生。而一致行动协议的签订表明，该公司独特的业务模式不是头脑发热的少数人的"一意孤行"，而是称得上该领域专家的"一群人"的共同认同和集体背书。这一可观测和可证实的信号在公司 IPO 时将在招股说明书中进行严格信息披露。一致行动协议的签订由此向外部投资者传递了创业团队对业务模式发展充满信心的积极信号，有助于解决信息不对称导致的逆向选择问题。与此同时，公司在 IPO 前签订一致行动协议将一定程度上避免在成为公众公司后，一些接管商通过二级市场"染指"公司控制权，甚至以极端的"野蛮人"方式入侵的可能性。由于对未来的控制权安排形成稳定的预期，一致行动协议的签订有助于保护和鼓励创业团队人力资本的持续投入。一致行动协议的签订因而高度契合了互联网时代对创新导向的组织架构的内在需求，成为鼓励和保护创业团队的人力资本投资的有效制度安排之一。我们对此做出的一个猜测是，一个有效的资本市场将对这一举措做出积极反应，投资者愿意为该企业创业团队签订一致行动协议行为支付高溢价。这集中体现在一个创业团队签订一致行动协议的公司在 IPO 时折价率将显著降低。

围绕一致行动协议，我们的研究表明，当创业团队核心成员持股比例较低时，高科技企业在 IPO 时更可能签订一致行动协议。从短期经济后果来看，高科技行业创业团队签订一致行动协议能有效降低 IPO 折价率，因而市场愿意支付高溢价；从长期经济后果来看，签订一致行动协议的高科技企业在研发队伍建设投入的占比保持高位的同时，并未发现实际控制人隧道挖掘上市公司资源行为显著增加的迹象，企业未来绩效反而表现良好。

我们看到，尽管签订一致行动协议在形式上呈现了现金流权与控制权相分离的特点，但作为事前的公司控制权安排，其经济后果与金字塔式控股结构、超额委派董事等事后控制权安排显著不同。在鼓励创业团队人力资本持续投入方面，一致行动协议的签订类似于专利制度：看起来采用排他性条款限制了专利的自然外溢，但专利保护却鼓励了专利发明者的研发投入，最终导致更多专利的涌现。因而，在上述意义上，我们倾向于认为，一致行动协议的签订一定程度上演变为高科技企业快速发展可凭借的一种资本市场上的专利制度。

上述三个故事带来的思考和启发体现在以下方面：

第一，在我国资本市场进入分散股权时代后，面对频繁出没的"野蛮人"，加强公司控制的理论研究和实践应对变得重要而紧迫。我国资本市场急剧变化的时代背景也为我们讲述原汁原味的中国公司治理故事带来了丰富的研究素材。

第二，除了（相对或绝对）控股、金字塔式控股结构、实际控制人委派或兼任董事长等传统实现方式，面对监管的加强和资本市场的成熟，实际控制人为了实现和加强公司控制，倾向于采取更加复杂隐蔽的控制权加强方式。其中，超额委派董事和主动防御型员工持股计划的推出是已被证明的实际控制人采用的加强公司控制的重要实现方式。

第三，我们的研究区分了从形式上看都会导致现金流权与控制权分离的两种不同的加强公司控制的实现类型。金字塔式控股结构的构建、超额委派董事和主动防御型员工持股计划的推出等是在 IPO 完成后实现外部融资的公司迫于接管威胁等外部治理环境的变化，主动或被动进行的事后公司控制权安排，往往具有严重的道德风险倾向；而一致行动协议的签订与双重股权结构股票的发行则是在 IPO 前进行的事前公司控制权安排。投资者购买公司股票的决定，是基于在招股说明书中充分信息披露的相关信息，在已形成对实际控制人权利大于责任的预期下，充分评估控制权倾斜配置可能对自己投资收益和收回安全的影响，甚至安排了相应防范和救济措施下做出的。因而，相对于事后加强公司控制的实现方式，建立在透明规则和理性预期上的事前控制权安排的道德风险倾向相对较小。而区分控制权安排是事后还是事前的关键，是外部投资者集体决定是否购买一家公司股票并成为其股东的 IPO。

第四，作为事前的公司控制权安排，一致行动协议的签订有助于向外部投资者传递创业团队对业务模式充满信心的信号，保护和鼓励创业团队人力资本持续投入，成为资本市场的专利制度。

资料来源：郑志刚. 在分散股权时代，如何加强公司控制权？. 清华金融评论，2019（9）.

三、如何为独角兽企业进行公司治理制度设计？

2019 年 9 月 27 日，上交所科创板上市委在召开的第 27 次审议会议中审议通过了优刻得等企业的首发上市申请，这意味着在中国的公有云市场份额排名第 6 位的优刻得成为我国 A 股第一家采用"同股不同权"构架的独角兽企业。

按照种子轮基金 Cowboy Venture 创始人艾莉·李的定义，所谓独角兽企业，指的是成立不超过十年、接受过私募投资、估值超过 10 亿美元、发展速度快而且企业数量少的初创型企业。其中估值超过 100 亿美元的企业甚至被称为"超级独角兽"。随着以互联网技术为标志的第四次工业革命浪潮的深入，符合上述标准的企业在高科技或者新经济领域大量涌现。因此，所谓的独角兽企业，其实只是投资视角下的高科技或者新经济企业。

新经济企业的典型特征

识别新经济企业与传统企业特征的差异是我们讨论独角兽或者新经济企业的公司治理制度安排的基础和前提。概括而言，与传统企业相比，新经济企业具有以下典型特征：

第一，新经济企业的创业团队与外部普通投资者围绕业务模式创新存在更为严重的信息不对称。对于传统企业，外部普通投资者习惯于应用净现值（NPV）来判断一个项目是否可行。然而，对于新经济企业借助平台提供的捆绑品性质的服务，基于净现值甚至无法了解现金流从何而来。例如，一家著名的二手车直卖网，其广告词是"买方直接买，卖方直接卖，没有中间商赚差价"。既然没有中间商赚差价，那么提供中介服务的平台的现金流从何而来？中介服务也许不赚钱，但和中介业务捆绑在一起的广告以及其他衍生服务是赚钱的。对于新经济企业能够赚钱的广告以及其他衍生服务的现金流的测算显然要比传统企业复杂得多，也难得多。

于是，围绕业务模式创新，新经济企业在外部普通投资者与创业团队之间，存在着与传统企业相比更为严重的信息不对称，由此导致了新经济企业外部融资的逆向选择困境。一方面，经过经济学家的长期科普，在那些坚信"没有免费午餐"的普通投资者眼中，新经济企业的创业团队更像是"空手套白狼"的骗子，很难获得普通投资者的信任；另一方面，这些"不差钱"的投资者却苦于找不到潜在优秀的项目进行投资。那么，新经济企业如何才能摆脱由于上述信息不对称所遭遇的外部融资逆向选择困境呢？

一是依靠独具慧眼的私募投资的介入。与普通投资者相比，私募投资往往具有独特的专业背景和丰富的投资经验，特别是在布局多元化的投资组合中，"把鸡蛋放在不同的篮子里"，完成风险分散后，私募投资可以考虑把部分"鸡蛋"放在某一特定独角兽"这只篮子"中。私募投资由此成为化解新经济企业外部融资逆向选择困境的潜在途径之一。例如，如今在阿里巴巴持股比例较高的股东大多是早期以私募投资的身份进入的。在阿里巴巴2014年美国上市后持股比例高达31.8%的软银早在2000年就向阿里巴巴投资2 000万美元，四年后又进一步投资淘宝6 000万美元。持股比例15.3%、排名第二的雅虎在2007年阿里巴巴B2B业务即将挂牌香港联交所前夕，以10亿美元的现金和雅虎中国业务换取了阿里巴巴的部分股份。

二是谋求资本市场上市。上交所科创板之所以被称为开启了"中国纳斯达克之路"，一个重要的原因是通过把审核制改为注册制、降低上市盈利门槛以及接纳"同股不同权"的双重股权结构股票发行，它将降低新经济企业的上市门槛，为新经济企业实现外部权益融资带来便捷。

　　这里需要说明的是，新经济企业谋求资本市场上市，不是说原来的信息不对称下的逆向选择问题由此得到了根本解决，而是说它为解决这一问题创造了积极条件，提供了有利途径。其中，发行双重股权结构股票成为解决逆向选择问题可以利用的一种重要信号。发送信号是解决事前信息不对称导致的逆向选择问题的潜在途径之一。通过向潜在的旧车购买者提供质量担保，使自己的旧车与不敢提供担保的旧车区分开，旧车车主于是向潜在的旧车购买者发出自己的旧车品质优良的信号，信息不对称导致的逆向选择问题得以解决。而发行双重股权结构股票无疑同样向投资者传递了新经济企业的创业团队对业务模式创新充满自信的信号：对于一家毫无价值可言的新经济企业，创业团队有什么理由去保留控制权？愿意长期持有，甚至不愿意别人 "染指"，不就是因为看好新经济企业的潜在价值吗？

　　在上述意义上，科创板设立的一个应有之义即允许新经济企业选择发行双重股权结构股票，发送独特信号，以解决信息不对称导致的逆向选择问题。香港联交所从 2014 年拒绝 "同股不同权" 构架的阿里巴巴上市，到四年后的 2018 年 4 月完成了所谓 "25 年以来最具颠覆性的上市制度改革"，其中重要的内容就是包容 "同股不同权" 构架。2018 年 7 月香港联交所迎来了第一家发行双重股权结构股票的中国内地企业小米。而现在我们高兴地看到，我国 A 股市场推出的第一只 "同股不同权" 构架股票优刻得的诞生。

　　第二，新经济企业创业团队有限的资金投入与主导业务模式创新所需要的控制权的现实需求之间存在显著矛盾。新经济企业的创业团队尽管需要来自私募投资和资本市场的资金投入，但通常他们并不情愿把业务模式创新的主导权简单交给并不熟悉相关业务的外部资本。换句话说，一个始终困扰新经济企业创业团队的问题是，如何在有限资金投入下实现 "劳动" 雇佣 "资本"？

　　我们看到，表决权配置权重倾斜的 "同股不同权" 构架股票同样为实现上述目的带来便捷。围绕如何有效实现 "劳动" 雇佣 "资本"，在资本市场实践中出现了很多值得观察和思考的公司治理制度创新，比如小米发行的双重股权结构股票，美国 Snap 发行的普通投资者甚至没有表决权的三重股权结构股票等。

　　上述投票权配置权重倾斜的股权结构设计除了有助于创业团队在有限资金投入下长期主导业务模式创新，一个客观好处是可以有效防范 "野蛮人入侵"，而这一点对于我国资本市场具有特殊含义。从 2015 年开始，我国上市公司第一大股东的平均持股比例低于标志相对控股权的 1/3，我国资本市场以万科股权之争为标志进入分散股权时代。面对频繁出没的 "野蛮人" 带来的潜在控制权丧失威胁，投票权配置权重向创业团队倾斜的股权结构设计相信将受到越来越多的新经济企业的青睐。

那么，在有限的资金投入下，新经济企业的创业团队可以采用哪些手段来加强公司控制、防御"野蛮人入侵"呢？首先，在新经济企业的创业团队之间签署一致行动协议。例如，在 A 股上市的佳讯飞鸿，持股仅 20.7% 的第一大股东林菁通过签署一致行动协议，获得了全体协议参与人合计持有的 66.1% 的表决权。2007—2017 年，我国 A 股 1 761 家新上市公司中，约占 15% 的 265 家公司的创业团队签订了一致行动协议，其中将近一半的公司来自高科技领域。其次，前面提及的发行投票权配置权重向创业团队倾斜的股票，实行"同股不同权"。例如，雷军持有小米公司 31.4% 的股份，却拥有公司 53.79% 的表决权。最后，通过股权协议使创业团队成为新经济企业的实际控制人。例如，2014 年在美国上市的阿里巴巴，尽管第一大股东软银和第二大股东雅虎分别持有阿里巴巴 31.8% 和 15.3% 的股份，远超阿里合伙人持有的 13%（其中马云本人仅持股 7.6%），但基于阿里巴巴合伙人与主要股东的股权协议，阿里合伙人在阿里巴巴董事会中发挥主导作用，集体成为阿里巴巴的实际控制人。

总的来说，新经济企业呈现出与传统企业相比不同的特征。新经济企业的创业团队资金投入有限与对控制权现实需要之间存在矛盾，这在一定程度上是由新经济企业的创业团队与外部普通投资者围绕业务模式创新信息不对称严重这一根本特征衍生出来的。而这一切都离不开以互联网技术为标志的第四次工业革命浪潮带来的巨大冲击。在上述意义上，第四次工业革命浪潮向新经济企业提出了以创新为导向的公司治理结构变革的内在现实需求。

新经济企业的公司治理制度安排

从"确保投资者按时收回投资，并取得合理回报"这一基本的公司治理目的出发，任何公司治理制度安排都不能离开对投资者权益保护这一公司治理的逻辑出发点。但前面对新经济企业特征的分析表明，为了迎合互联网时代对企业创新导向公司治理制度变革的内在需求，投票权配置权重有必要向创业团队倾斜。因此，新经济企业公司治理制度安排需要遵循的基本原则是，在鼓励创业团队主导业务创新的组织设计与保障外部分散股东权益之间进行平衡。新经济企业公司治理的目的并不应该像传统企业公司治理的制度设计那样，实际出资的股东"为了控制而控制"，更不是一味"防火，防盗，防经理人"。

那么，我们究竟应该如何为新经济企业设计公司治理制度呢？

第一，在股东大会上，投票权的配置权重向创业团队倾斜，成为新经济企业基本的公司治理构架。上述构架将有助于创业团队主导业务模式创新，以此顺应第四次工业革命浪潮对创新导向的公司治理制度变革的内在需求。

这里需要说明的是，上述看似不平等的"同股不同权"构架却通过带给外部投资者更多的回报，来补偿其丧失控制权的“荣誉”损失，在一定程度上实现了收益的“平等”。我们可以从以下视角来理解：

一是通过形成投票权配置权重倾斜的治理构架，创业团队与股东完成了从短期雇佣合约向长期合伙合约的转化，为双方建立长期合伙关系，实现合作共赢打下了坚实的公司治理制度基础。例如，在通过合伙人制度变相实现双重股权结构股票发行的阿里巴巴，不断吐故纳新动态调整的合伙人团队成为阿里巴巴“董事会中的董事会”和“不变的董事长”，使阿里巴巴形成目前“铁打的经理人与铁打的股东”的治理格局。

二是通过形成投票权配置权重倾斜的治理构架，创业团队和股东之间实现了专业化深度分工。在双重股权结构下，一方面创业团队通过持有 A 类股票掌握控制权，专注业务模式创新；另一方面外部投资者则把自己并不熟悉的业务模式创新决策让渡给创业团队，而使自己更加专注风险分担。现代股份公司资本社会化和经理人职业化之间的传统专业化分工由此在投票权配置权重倾斜的治理构架下得以深化。这事实上是现代股份公司诞生以来一直秉持的专业化分工逻辑的延续。

三是无论是签署一致行动协议还是发行双重股权结构股票，新经济企业所形成的投票权配置权重倾斜的治理构架属于事前的公司控制权安排，需要在 IPO 时发布的招股说明书中予以充分信息披露。购买该公司发行股票的决定，是一个具有充分信息的投资者，在充分评估投票权配置权重倾斜配置可能对自己投资收益和收回安全影响的基础上，对实际控制人权力大于责任具有充分预期，甚至安排了相应防范和救济措施下做出的。因而，相比在董事会中实际控制人事后超额委派董事等加强公司控制的行为，上述投票权权重倾斜的治理构架道德风险倾向要小得多。

正是由于以上三个方面实现的效率提升，被称为“不平等投票权”的“同股不同权”构架并没有像其字面理解和想象得那样，由于投票权的“不平等”而使外部股东利益受到严重损害，而是在一定程度上通过带给外部投资者更多的回报，补偿其丧失控制权的“荣誉”损失，实现了收益的“平等”。

第二，尽管在股东大会上投票权的配置权重向创业团队倾斜，但新经济企业创业团队将受到来自私募投资和大股东的协议制约。例如，按照上市前分别持有公司 50% 股份的腾讯主要创始人与来自南非的 MIH 达成的股东协议，双方向腾讯集团任命等额董事，而且在上市公司主体中双方任命的董事人数总和构成董事会的多数；尽管按照与主要股东在阿里巴巴上市前达成的一致行动协议，软银超出 30% 的股票投票权将转交阿里合伙人代理，在 30% 权限内的投票权将支持阿里合伙人提名的董事候选人，但作为交换，只要软银持有 15% 以上的普通股，即可提名一位董事候选人出任董事会观察员，履行投票记录等事宜。事实上，在一些发行双重股权结构股票的新经济企业中，部分私募投资本身持有一部分投票权配置权重倾斜的股票。

第三，除了受到来自私募投资和大股东的协议制约，来自创业团队内部的制衡和监督同样是一种避免投票权配置权重倾斜可能导致对外部分散股东利益损害的公司治理力量。仍然以阿里巴巴的合伙人制度为例。每年可以推选一次的合伙人需要由现任合伙人向合伙人委员会推荐和提名，并须获得至少 3/4 合伙人的同意，才能成为新的合伙人。阿里巴巴在 2014 年美国上市时合伙人的成员仅为 27 人，经过几轮推选，目前合伙人成员已达 38 人。在成为合伙人后，合伙人被要求任期前三年持股总数不能低于任职日所持股票的 60%，三年后则不得低于 40%。通过对合伙人持股的相关限定，不断吐故纳新动态调整的合伙人团队集体成为阿里巴巴"董事会中的董事会"和"不变的董事长"。阿里合伙人制度由此将所有合伙人与软银、雅虎等主要股东利益紧紧捆绑在一起，共同承担阿里巴巴未来的经营风险。

第四，在董事会组织中，以来自外部、利益中性和注重声誉的独立董事为主，同时董事长在签署一致行动协议的成员之间进行轮值，避免出现"一言堂"和内部人控制的局面。与经理人职业发展关联更为紧密的内部董事如果向董事会议案进行挑战，其成本通常远高于来自外部的、兼职性质同时更加注重声誉的独立董事。在越来越多的国家，除了 CEO 以外，其他董事会成员全部为独立董事成为董事会组织的主流。以独立董事为主的董事会构成一定意义上也决定了对 CEO 的监督将从以内部董事为主的事中监督，转化为以独立董事为主的事后（董事会会议期间）监督，从短期监督转化为长期监督。上述改变一方面有助于从制度上保障创业团队对业务模式创新的主导作用发挥；另一方面从程序上保障以独立董事为主，董事会独立性加强后的董事会对 CEO 有效监督。而董事长在签署一致行动协议的成员之间，甚至董事会主要成员之间进行轮值，则有利于营造全体董事民主协商的氛围和治理文化，防范固定董事长职位通常导致的"一言堂"局面进而内部人控制问题的出现。借助商议性民主，综合全体董事智慧下的董事会决议将超越特定董事长个人能力和眼界的局限，形成未来经营风险相对准确的预判，防患于未然。

第五，最后但并非不重要的是，与传统企业相比，新经济企业将面对外部分散股东更加频繁的"以脚投票"。传统上，"以脚投票"是公司治理实践中维护股东权益"最后的武器"。这一招有时看似无奈，却往往很致命。由于投票权配置权重倾斜构成对外部分散股东权益的潜在威胁，以及创业团队与外部股东围绕业务模式创新的严重信息不对称，与传统企业相比，独角兽企业股价波动更加频繁，波动幅度更大。一个典型的例子是，在香港联交所完成上市制度改革后，登陆香港的独角兽企业小米、美团、众安在线、雷蛇、易鑫、阅文、平安好医生等无一例外地遭遇在 IPO 后股价跌回甚至跌破发行价的尴尬局面。

我们究竟应该如何认识独角兽企业？

2018 年 7 月在众多内地独角兽企业蜂拥登陆刚刚完成上市制度改革的香港联交所之际，我在《财经》刊登了一篇题目为"独角兽：其实只是一只普通的羚羊"的文章。文中，我提醒读者，那只看起来"具有神奇力量和可怕野性的厚皮动物"，甚至能够成功阻止大军入侵的神兽——独角兽，其实只是一只由英国驻尼泊尔的外交官罗德逊考证的被称为"罗德逊羚羊"的特殊羚羊，甚至只是一只长了畸形羊角的普通羚羊。其实，独角兽如此，独角兽企业大抵同样如此。

资料来源：郑志刚. 如何为独角兽企业进行公司治理制度设计？. 财经，2019 - 10 - 16.

拓展案例

一、阿里的合伙人制度与创业团队控制权安排模式选择

2014 年 9 月 19 日，阿里巴巴在美国纽交所成功上市。从阿里的股权结构来看，第一大股东软银（日本孙正义控股）和第二大股东雅虎分别持股 31.8% 和 15.3%，远超阿里合伙人团队所共同持有的 13%，而马云本人持股仅 7.6%。然而，根据阿里巴巴《公司章程》的规定，以马云为首的 34 位合伙人有权任命董事会的大多数成员，成为公司的实际控制人。传统上，我们习惯把外部分散股东对管理团队的聘用概括为"资本雇佣劳动"，而把上述管理团队成为实际控制人概括为"劳动雇佣资本"。

无独有偶，最近十多年来包括谷歌、脸书等越来越多的新兴企业，选择发行具有不平等投票权的双重股权结构股票来实现创业团队对公司实际控制的目的，频繁演绎互联网时代"劳动雇佣资本"的经典案例。而美国等一些国家由于允许发行双重股权结构股票，成为百度、奇虎、搜房、优酷、猎豹移动、YY 语音等中国知名企业选择上市的目标市场。以京东为例，2014 年在美国纳斯达克上市时发行了两类股票，A 类股票一股具有一票投票权，而 B 类股票一股则具有 20 票投票权。出资规模只占 20% 的创始人刘强东通过持有 B 类股票，获得 83.7% 的投票权，实现了对京东的绝对控制。

由于合伙人制度和双重股权结构等通过不平等投票权的控制权安排，在形式上似乎突破了以往流行的以股东为中心的范式，被认为是公司治理从传统以股东

为中心范式转向以利益相关者为中心范式的新证据。然而，上述控制权安排模式呈现出一些与利益相关者理论和预测不尽相同的特征。第一，在双重股权结构和合伙人制度推出之前，无论马克思从阶级斗争的视角揭示资本对劳动的剥削，还是布莱尔（Blair，1995）呼吁应该由利益相关者共同治理，都反映了一个基本事实：资本对公司控制权的放弃显得不情不愿。而合伙人制度这一新控制权安排模式的出现则表明，主要股东软银和雅虎心甘情愿地把阿里的实际控制权交给马云创业团队。第二，通过合伙人制度和双重股权结构所实现的不平等投票权，并非像利益相关者理论所预期的那样由利益相关者共同分享控制权，经理人向全体利益相关者共同负责（Blair，1995），而是将控制权更加集中地掌握到阿里合伙人团队或持有B股的创业团队手中。上述新特征迫使我们去思考以不平等投票权为特征的新的控制权安排模式出现的现实合理性和理论逻辑。

阿里创业团队在进行以业务模式创新为特征的人力资本投资时，同时面临信息不对称和合约不完全问题。借助合伙人制度，阿里完成了创业团队与外部投资者之间的长期合伙合约对短期雇佣合约的替代，实现了信息不对称下的信息共享和合约不完全下的风险分担，最终降低了交易成本。面对一些有潜质的项目存在被外部投资者逆向选择的可能性，合伙人制度首先成为信息不对称下外部投资者在众多潜在项目中识别阿里独特业务模式的信号和双方建立长期合作共赢合伙人关系的开始；而面对创业团队具有谋取私人利益损害股东利益的道德风险倾向，通过合伙人制度实现的长期合伙合约对短期雇佣合约的替代，外部投资者可以放心地把自己无法把握的业务模式相关决策交给具有信息优势同时值得信赖的合伙人马云创业团队；而对于由于合约不完全导致的创业团队未来遭受外部"野蛮人入侵"等股东机会主义行为的可能性增加的问题，合伙人制度通过对未来剩余分配具有实质影响的特殊的控制权安排，把马云创业团队与大股东之间的雇佣与被雇佣关系转变为风险共担的合伙人关系，由此鼓励他们在充满不确定性的阿里业务发展模式中积极进行人力资本投资。与此同时，长期合伙合约下的马云合伙人团队成为阿里事实上的"不变的董事长"或"董事会中的董事会"，实现了管理团队事前组建和公司治理机制前置。前者通过优秀人才的储备和管理团队磨合成本的减少，后者通过雇员持股计划的推出和共同认同的企业文化的培育，共同使阿里的管理效率极大提升，进而使交易成本进一步降低。在一定意义上，阿里主要股东软银和雅虎之所以愿意放弃对同股同权原则和传统以股东为中心的控制权安排模式的坚持，事实上是向具有业务模式发展引领者的良好声誉和拥有以与员工、供货商、银行和政府建立长期稳定关系为特征的巨大社会资本，同时通过管理团队事前组建和公司治理机制前置极大提升管理效率的阿里创业团队——阿里合伙人团队支付溢价。

虽然在管理团队事前组建和公司治理机制前置等方面优于双重股权结构，然而，合伙人制度并不具有后者从 B 股转为 A 股的退出机制。合伙人制度中依靠文化和价值观形成的软约束，以及创始人独一无二、不可替代的作用，都会为未来合伙人制度的执行带来某种不确定性。

1. 理论假说的发展

长期以来，公司治理实践围绕公司控制权的安排存在着股东利益保护和利益相关者利益保护两种不同的导向。在 20 世纪 90 年代美国发生的 29 个州公司法变革被认为是公司治理实践中利益相关者利益保护导向新的开始。按照 1990 年美国宾州议会通过的 36 号法案，董事应考虑受他们决策影响的所有利益相关者的利益，"高层管理者是受托人，其管理责任是在股东、客户、员工、供货商、社区的利益之间求得最好的平衡"。由于包括合伙人制度和双重股权结构实现的不平等投票权控制权安排看似突破了以往股东利益保护导向，而被一些学者认为是公司治理从传统股东利益保护导向转向利益相关者利益保护导向的新证据。

利益相关者理论强调，既然企业的经营决策影响到所有利益相关者，经理人就应该对所有利益相关者负责，而不能只对股东（一部分利益相关者）负责（Aoki，1980，1984；Donaldson and Preston，1995）。企业决策应该是平衡所有利益相关者的利益。在公司治理的目标选择上应该遵循利益相关者价值最大化原则，而不是传统的股东价值最大化原则。

我国学术界在 20 世纪 90 年代后期围绕公司治理的股东价值导向和利益相关者价值导向同样展开了激烈的争论。崔之元（1996）认为，美国 29 个州公司法的变革将使各方利益相关者都能参与经济过程的控制和收益，因而美国公司法变革的大方向是经济民主化，公司法改革突破了似乎是天经地义的私有制逻辑。张维迎（1996）则指出，由于混淆了财产所有权与企业所有权等概念，同时没有汲取现代产权理论和委托代理理论新的研究成果，崔之元（1996）所提出的"要求公司经理为公司所有的利益相关者服务"的政策建议将在实际操作中引起混乱，是对公司治理理论和实践的误导。

事实上，对于 1990 年美国宾州议会通过的喧嚣一时的 36 号法案，《华尔街日报》认为，这是"一个丑陋的立法"；《费城资讯报》则认为，这一法律并不是出于保护本州商业利益的目的而精心设计的，而是为了保护 Armstrong World Industries Inc. 和其他几家面临被兼并命运的公司。到 1990 年 10 月 15 日，有 99 家公司宣布至少退出部分条款，占在该州注册上市的公司总数的 33％；在宾州注册上市的标准普尔 500 公司中有 56％宣布退出，而《财富》500 强公司中的这一指标则高达 61％。从 1989 年 10 月 12 日美国国内首次对此议案开始报道到 1990 年 1 月 2 日该议案提交州议会为止，在宾州注册上市公司的股票业绩比标准普尔 500 公司大约逊色 5.8%，这项法案的颁布导致在该州注册上市公司的股价平均下降了 4%（郑志刚，2016）。

正如伊斯特布鲁克和菲谢尔（Easterbrook and Fischel，1993）所说，"把环境污染以及其他道德、社会问题看作治理问题，本身就误导了公司治理的正确方向"。梯若尔（Tirole，2001）区分了两种不同的利益相关者论。德鲁克等（Drucker et al.，1974）管理学家从建立公平声誉的角度，大力倡导企业在商业实践中应该向雇员提供工作安全保障和训练设施等。而企业形成公平声誉的目的恰恰是吸收更优秀的员工，鼓励员工与企业建立长期的关系，使员工有激励进行更多专用性投资。由于上述做法仅仅是股东通过牺牲短期利益来换取长期利益，因此其本质上仍与股东价值导向的目标一致。而真正与股东价值导向冲突的是强调社会负责的利益相关者论。梯若尔（2001）把其特征概括为经理人广泛的任务和利益相关者之间控制权的分享。

从布莱尔（1995）开始，利益相关者理论沿着以下两个方向扩展：一是对决定控制权安排的专用性资产概念内涵的延拓。专用性资产被认为是决定公司控制权的核心因素（Hart，1995，2000）。新的利益相关者理论强调，不仅物质资本是专用性资产，而且经理人和雇员的人力资本同样是专用性资产，因而控制权应该在不同的利益相关者之间分享，而不是由股东独享。二是资源依赖理论（Pfeffer and Salancik，1978）。该理论强调组织的存在依赖于其所处的环境中的资源。对于在企业环境里可以提供对企业持续生存所必需的重要资源的人，企业组织必须关注这些人的需求；企业组织需要也应该尽量满足那些在企业环境中掌握关键资源的组织、团体的需求。

利益相关者理论从资产专用性和资源关键程度的新扩展，看似可以用来部分解释为什么持股比例微弱的马云及其合伙人团队却可以获得对阿里的实际控制。例如，马云创业团队的人力资本与软银和雅虎的投资一样都是阿里的专用性资产。不仅如此，马云创业团队的人力资本还成为对于在企业环境里可以提供对企业持续生存所必需的重要资源的人，因而企业组织必须关注这些人的需求。按照上述理论的一个简单预测是，由于马云创业团队资产专用性和资源关键程度的提高，阿里的控制权应该由马云创业团队与软银、雅虎等股东分享，而不是由软银、雅虎等股东独享。

然而，以不平等投票权为特征的新兴控制权安排模式选择实践却呈现出与利益相关理论预期相反的一些特征。

（1）在双重股权结构和合伙人制度推出之前，无论马克思从阶级斗争的视角揭示资本对劳动的剥削，还是布莱尔（1995）呼吁企业应该由利益相关者"共同治理"都反映了一个基本事实：资本对公司控制权的放弃显得不情不愿。1990 年美国宾州议会通过36号法案后很多企业宣布"退出"的反应很好地表明了这一点。而合伙人制度、双重股权结构这些新兴控制权安排模式的出现却表明，不仅阿里主要股东软银、雅虎心甘情愿把控制权交给马云的创业团队，而且愿意购买并持有A股股票的外部分散股东用行动表明愿意接受持有B股的创业团队对公司实际控制的事实。

（2）通过双重股权结构和合伙人制度所实现的不平等投票权，并非像利益相关者理论预期的那样由利益相关者共同分享控制权，经理人向全体利益相关者共同负责，而是将控制权更加集中地掌握到合伙人或持有B股的创业团队手中。问题在于，难道软银、雅虎等股东不再认为其投资还具有专用性，或者说不再认为其投资是阿里的关键资源？为什么软银、雅虎心甘情愿（而不是不情不愿）地放弃控制权而与马云创业团队分享？

（3）在利益相关者之间并不能通过简单的控制权分享来实现各自利益的保障（Hart，1995；2000）。如果没有资金投入的其他利益相关者（诸如普通雇员等）与软银和马云合伙人团队一起分享阿里控制权，由于他们缺乏足够的可承兑收入来表明其所做出的未来承担风险的承诺是可置信的，则将对软银等股东未来投资激励产生影响。

（4）让经理人向所有利益相关者负责将加剧经理人的道德风险倾向。向所有利益相关者负责的结果是使经理人具有一个扩大的诚信责任，原本在法律上难以证实的诚信责任变得更加模糊和无法证实。由于不同利益相关者的利益并不一致，当损害一个利益相关者的利益时，经理人完全可以以保护另一个利益相关者的利益为借口。经理人所负责的利益相关者越多，其实际决策的自由度就越大；对所有人负责，则可能意味着对任何人都不必负责。

（5）利益相关者理论新扩展中所提出的资产专用性程度和资源关键程度，由于缺乏可检验的意蕴和明确的公司治理政策含义而在实践中缺乏可操作性。不难理解，确定哪个资源在企业环境中更重要，事实上如同确定哪种投资是专用性资产一样困难，企业的利益相关者各方将围绕资产专用性程度的高低和资源关键程度陷入无休止的争论中。因此，我们有必要发展新的理论来解释以不平等投票权为特征的新兴控制权安排模式出现的现实合理性和理论逻辑。

从公司治理控制权安排新实践，我们看到，以不平等投票权为特征的新兴控制权安排模式选择一定意义上已经超越了资产"谁"更专用，或资源"谁"更重要的孰优孰劣的争论和"优方"雇佣"劣方"，或"劣方"被迫让渡部分控制权给"优方"的模式，而是开启了"合作共赢"的新模式。马云创业团队不仅作为阿里股份的实际持有人具有可承兑收入，而且通过与员工、供货商、银行和政府建立长期稳定关系形成巨大的社会资本，同时长期以来在新兴产业形成业务模式发展引领者的良好声誉。这些因素共同构成了阿里创业团队与软银、雅虎等股东构建长期合伙合约关系的基础。而借助合伙人制度，阿里最终从以下三个方面完成了马云创业团队与软银、雅虎等股东从短期雇佣合约到长期合伙合约的转换，实现了交易成本的降低。

（1）通过合伙人制度，马云创业团队成为软银、雅虎等投资者值得信赖的合作伙伴，由此缓解了由于信息不对称引发的逆向选择和道德风险问题。伴随着新兴产业的快速发展，阿里创业团队与外部投资者之间围绕业务发展模式的信息不对称程度加剧。这使得阿里创业团队不仅面临一些有潜质的项目存在被外部投资者逆向选择的可能性，而且创业团队本身具有谋取私人利益损害股东利益的道德风险倾向。而合伙人制度成为外部投资者在众多潜在项目中识别阿里独特业务模式的信号，进而成为马云创业团队与软银等股东建立长期合作共赢的合伙人关系的开始。借助合伙人制度所实现的长期合伙合约对短期雇佣合约的替代，软银等股东可以把自己无法把握的业务模式相关决策交给具有信息优势同时值得信赖的合伙人马云创业团队，实现信息的分享。

（2）合伙人制度成为合约不完全下阿里创业团队防御"野蛮人入侵"等股东机会主义行为的重要门槛，因而成为鼓励创业团队进行更多人力资本投资的控制权安排模式。除了信息不对称，马云创业团队与软银、雅虎等外部投资者所签订的合约是不完全的，这使得创业团队未来遭受包括"野蛮人入侵"等股东机会主义行为的可能性增加。而合伙人制度的出现通过对未来剩余分配具有实质影响的特殊的控制权安排，把马云创业团队与软银等股东之间雇佣与被雇佣关系转变为风险共担的合伙人，由此鼓励他们在充满不确定性的阿里业务发展模式中积极进行人力资本投资。

（3）长期合伙合约下的马云合伙人团队事实上成为阿里"不变的董事长"或"董事会中的董事会"，通过管理团队事前组建和公司治理机制前置，实现交易成本的进一步降低。前者通过优秀人才的储备和管理团队磨合成本的减少，后者通过雇员持股计划的推出和共同认同的企业文化的培育，共同使阿里的管理效率得到极大提升。在一定意义上，阿里主要股东软银和雅虎之所以愿意放弃对同股同权原则和传统股东主导的控制权安排模式的坚持，事实上是向具有业务模式发展引领者的良好声誉和拥有以"与员工、供货商、银行和政府建立长期稳定关系为特征"的巨大社会资本，同时通过管理团队事前组建和公司治理机制前置极大提升管理效率的阿里创业团队——阿里合伙人支付溢价。

基于以上讨论，尝试提出以下理论假说：以不平等投票权为特征的新的控制权安排模式选择通过从短期雇佣合约向长期合伙合约的转换，实现了交易成本的降低。

2. 案例介绍：阿里合伙人制度

2014年9月，阿里在美国纽交所上市。按照公司章程，在开曼群岛注册的阿里巴巴集团可变利益实体（VIE）① 通过股权或协议（直接或间接）控制阿里巴巴集团旗下的320个子公司及其在中国运营不同网站的许可证和牌照等。图2-1为阿里的VIE组织架构，其中实线为股权控制，虚线为协议控制。可以看到，阿里在纽交所发行的并非双重股权结构模式，而是普通股，实行"一股一票"。

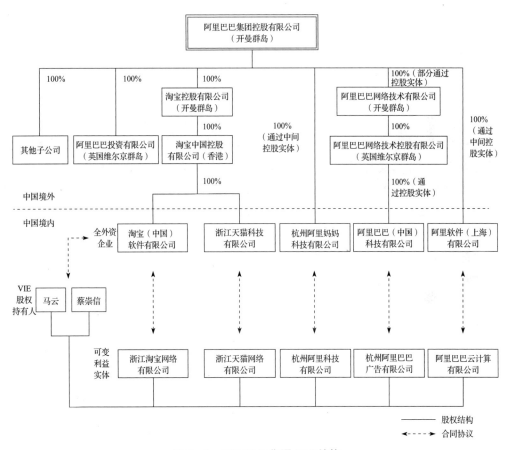

图2-1 阿里巴巴集团 VIE 结构

资料来源：阿里巴巴 2014 年年报。

从持股比例看，软银和雅虎分别持股 31.8% 和 15.3% 成为阿里的第一和第二大股东。阿里永久合伙人马云和蔡崇信分别持股 7.6% 和 3.1%，其他高管和董事

---

① VIE 是指境外上市实体与境内运营实体相分离，境外上市实体通过协议的方式控制境内运营实体，使该运营实体成为上市实体的可变利益实体。这种安排可以通过控制协议将境内运营实体的利益转移至境外上市实体，使境外上市实体的股东（即境外投资人）实际享有境内运营实体经营所产生的利益。一方面将利润、资产的合并报表呈报给境外投资者；另一方面以境内运营实体的身份面对法律和监管。

个人持股均低于1%。阿里合伙人团队合计持股达13.1%。我们看到，无论马云本人，还是阿里合伙人团队整体，持股比例不仅远低于第一大股东软银，还低于第二大股东雅虎。虽然在公司治理制度层面，在美国上市的阿里同样设立了董事会、董事会委员会和高级管理层，但如果这里按照"一股一票"的传统思维把软银理解为阿里控股股东，因而阿里董事会的实际组织和运行受到软银的影响，那就误入歧途了。原因是，马云和他的永久合伙人蔡崇信与软银和雅虎在阿里上市前达成了一致行动协议。按照一致行动协议，软银超出30%的股票投票权将由马云、蔡崇信代理，而在30%权限内的投票权将支持阿里合伙人提名的董事候选人。作为交换，只要软银持有15%以上的普通股，即可提名一位董事候选人出任董事会观察员，履行投票记录等事宜。该候选人将得到马云、蔡崇信的投票支持。雅虎则统一将至多1.215亿普通股（雅虎当时持股的1/3，约占阿里总股本的4.85%）的投票权交由马云、蔡崇信代理。以上协议在马云持股比例低于1%时自动终止。上述一系列一致行动协议最终以公司章程等法律文件形式公布于众，并在软银、雅虎等主要股东的支持下得到了股东大会的批准。按照阿里公司章程，以马云为首的合伙人团队拥有对董事的特别提名权，可任命半数以上的董事会成员。而上述规定只有在获得95%以上的股东选票（本人或代理）方可修改。通过上述制度安排，阿里确立了以马云为首的合伙人团队对阿里董事会组织发挥重要影响，从而实际控制阿里的法律地位和股东认同。这事实上构成阿里合伙人制度运行的制度基础。

需要说明的是，阿里合伙人制度并非为了在美国上市而临时推出的制度安排。这一制度最早创立于2010年7月。因其创建于湖畔花园，故阿里合伙人制度又称为"湖畔花园合伙人制度"。制度设立的初衷是延续马云等联合创始人最初创立公司的理想，实现公司既定的使命和愿景，希望通过合伙人制度的推出打破传统管理体系的等级制度，改变以往合伙人之间简单雇佣关系的治理模式，使不同合伙人形成共同的价值观和愿景反过来培育阿里独特的企业文化，以提升阿里的管理效率。

按照阿里合伙人制度的相关规定，合伙人每年可以推选一次。推选时，需要由现任合伙人向合伙人委员会推荐和提名，并须获得至少3/4合伙人的同意，才能成为新的合伙人。阿里巴巴在2014年美国上市时合伙人成员仅为27人，经过几轮推选，截至2020年6月合伙人成员已达37人。被推荐的候选合伙人需要满足以下基本要求：（1）品德高尚，正直诚实；（2）认同阿里巴巴企业文化和价值观；（3）在阿里巴巴或附属公司至少连续工作五年；（4）对阿里巴巴有突出贡献；（5）持有一定比例的阿里巴巴股票。不容忽视的是，在成为合伙人后，要求任期前三年持股总数不能低于任职日所持股票的60%，三年后则不得低于40%。

　　按照 2014 年阿里巴巴发布的有合伙人年龄信息的公告，在当时的 30 位合伙人中，合伙人的平均年龄为 43.6 岁，平均工作年限为 13.3 年。2015 年后新增的 4 位合伙人全部为 80 后，因此阿里合伙人年轻的优势保持不变。在阿里巴巴目前的 37 位合伙人中，有 28 人来自阿里巴巴管理层，8 人来自蚂蚁金服管理层，1 人来自 Amap 管理层（见表 2-2）。

表 2-2　截至 2020 年 6 月阿里合伙人基本信息

姓名	性别	入职年份	在阿里巴巴集团或关联公司的职位
Jingxian CAI（蔡景现）	男	2000	阿里巴巴集团高级研究员
Li CHENG（程立）	男	2005	蚂蚁金服集团首席技术官
Trudy Shan DAI（戴珊）	女	1999	阿里巴巴集团 B2B 事业群总裁
Luyuan FAN（樊路远）	男	2007	阿里巴巴数字媒体及娱乐事业群总裁
Yongxin FANG（方永新）	男	2000	阿里巴巴集团钉钉事业部总经理
Felix Xi HU（胡喜）	男	2007	杭州蚂蚁未来科技有限公司执行董事兼总经理
Simon Xiaoming HU（胡晓明）	男	2005	蚂蚁金服首席执行官
Fang JIANG（蒋芳）	女	1999	阿里巴巴集团副首席人力资源官
Jiangwei JIANG（蒋江伟）	男	2008	阿里云智能基础产品事业部高级研究员
Eric Xiandong JING（井贤栋）+	男	2007	蚂蚁金服集团董事长
Zhenfei LIU（刘振飞）	男	2006	高德集团总裁
Jack Yun MA（马云）+	男	1999	阿里巴巴集团创始人兼董事
Xingjun NI（倪行军）	男	2003	蚂蚁金服集团支付宝事业群总裁
Lucy Lei PENG（彭蕾）+	女	1999	蚂蚁金服集团董事，支付宝中国区董事长兼总裁，Lazada 董事长
Sabrina Yijie PENG（彭翼捷）	女	2000	蚂蚁金服集团首席市场官兼 CEO 办公室负责人
Xiaofeng SHAO（邵晓锋）	男	2005	阿里巴巴集团副总裁
Jie SONG（宋洁）	女	2000	阿里巴巴集团副总裁
Timothy A. STEINERT（石义德）	男	2007	阿里巴巴集团总法律顾问
Lijun SUN（孙利军）	男	2002	阿里巴巴集团社会责任总经理
Judy Wenhong TONG（童文红）	女	2000	阿里巴巴集团首席人才官
Joseph C. TSAI（蔡崇信）+	男	1999	阿里巴巴集团执行副主席
Jian WANG（王坚）	男	2008	阿里巴巴集团技术指导委员会主席

续表

姓名	性别	入职年份	在阿里巴巴集团或关联公司的职位
Lei WANG（王磊）	男	2003	阿里巴巴集团本地服务总裁
Shuai WANG（王帅）	男	2003	阿里巴巴集团营销公关委员会主席
Winnie Jia WEN（闻佳）	女	2007	阿里巴巴集团董事长办公室副总裁
Sophie Minzhi WU（吴敏芝）	女	2000	阿里巴巴集团首席客户服务官
Maggie Wei WU（武卫）	女	2007	阿里巴巴集团首席财务官
Eddie Yongming WU（吴泳铭）	男	1999	阿里健康非执行董事
Zeming WU（吴泽明）	女	2004	阿里巴巴集团新零售技术总裁
Sara Siying YU（俞思瑛）	女	2005	阿里巴巴集团副总法律顾问
Yongfu YU（俞永福）	男	2014	阿里巴巴集团 eWTP 投资工作组组长
Sam Songbai ZENG（曾松柏）	男	2012	蚂蚁金服集团资深副总裁
Jeff Jianfeng ZHANG（张建锋）	男	2004	阿里云智能事业群总裁
Daniel Yong ZHANG（张勇）+	男	2007	阿里巴巴集团董事会主席兼首席执行官
Yu ZHANG（张宇）	女	2004	阿里巴巴集团副总裁
Ying ZHAO（赵颖）	女	2005	阿里巴巴集团全球化领导小组组长
Jessie Junfang ZHENG（郑俊芳）	女	2010	阿里巴巴集团首席风险官兼首席平台治理官

注：+为合伙人委员会成员。

需要说明的是，在阿里合伙人内部，并非没有科层等级，虽然合伙人制度推出的初衷是打破传统管理体系的等级制度。阿里合伙人至少可以分为三个层次：第一层次为目前只有马云、蔡崇信两人的阿里永久合伙人。永久合伙人可一直作为合伙人直到其退休、身故、丧失行为能力或被选举除名。永久合伙人在达到最低持股比例要求的合伙人中由即将退休或现任的永久合伙人指定产生。第二层次是作为阿里合伙人中的"常设机构"的合伙人委员会。目前该委员会由马云、蔡崇信、彭蕾、张勇和井贤栋五名合伙人组成。该委员会负责主持合伙人遴选及其年终奖金分配等事宜。三年任期的合伙人委员会成员，经合伙人投票差额选举产生，可以连选连任。选举时，在目前合伙人委员会人数的基础上按照超额三人的人数限制提名下一届合伙人委员会成员候选人名单，票数最少的三人将无缘合伙人委员会，剩余候选人将组成新一届合伙人委员会。第三层次才是在合伙人委员会下面目前人数为 37 人的合伙人。不同于永久合伙人，一般合伙人一旦年满 60 岁或离职就必须退出合伙人。正常情况下，满足一定的年龄条件或服务要求的合伙人在退出后可被合伙人委员会推举成为荣誉合伙人。荣誉合伙人有权获得延期奖金作为退休金，但不具有合伙人的相应权利。对于那些未能履行合伙人义务，不能践行公司的使命、愿景和价值观，存在欺诈、严重不当行为或重大过失的合伙人，可以经过半数出席的合伙人同意，免去其合伙人资格。通过以上三个层次，阿里巴巴事实上建立了以马云为核心的层级式的合伙人组织结构。图 2-2 描述了阿里合伙人层级式组织结构。

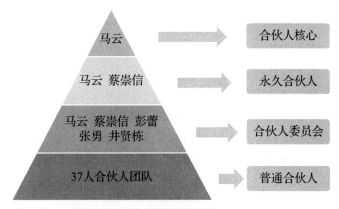

图 2-2　阿里合伙人内部架构

合伙人的收入由两部分组成：一部分是承担阿里管理层实际工作获得的岗位薪酬；另一部分是作为合伙人的分红收入。作为阿里管理层的一员，合伙人岗位薪酬部分的薪酬计划制定和实施与其他高管一样由阿里董事会决定。除了岗位薪酬，合伙人另外一个重要的收入来源是从合伙人奖金池中拿到的分红收入。每年年终，该分配比例由合伙人委员会按照每位合伙人对阿里文化、价值观、使命的贡献程度决定。合伙人资金池则是从公司累计留存收益中按照与股东事先商定的比例并经董事会同意注入。从上述薪酬和奖金分配顺序上，合伙人排在非合伙人的管理层之后，成为阿里的剩余索取者。通过上述收入分配构架和对合伙人持股的相关限定，阿里合伙人制度将所有合伙人团队成员与软银、雅虎等股东的利益紧紧捆绑在一起，共同作为剩余索取者和最后责任人来承担阿里未来的经营风险。

按照阿里在美国上市后发布的公司章程，合伙人对阿里董事会拥有特别提名权，可任命半数以上的董事会成员。被提名的董事候选人在股东大会上接受股东的投票选举。如果阿里合伙人提名的董事候选人未通过股东大会的批准，或因任何原因在选举后退出董事会，阿里合伙人则有权推荐新的人选出任临时董事填补空缺，直至下一次股东大会召开。而由阿里合伙人提名的董事候选人或临时指派者原则上需为阿里合伙人成员，且需要获得半数以上合伙人同意。包括独立董事在内的阿里其他董事则由阿里董事会中的提名与公司治理委员会提名，并经年度股东大会以简单多数原则表决同意产生。值得注意的是，公司章程规定，阿里合伙人的提名权等相关条款只有获得95％以上的股东选票（本人或代理）方可修改。这意味着马云合伙人团队对阿里的实际控制格局在正常情形下很难撼动。

表2-3报告了截至2020年6月阿里巴巴董事会和管理层组成情况。在组成阿里董事会的11位董事中，5位执行董事全部由阿里合伙人提名。不仅如此，除了总裁 Michael Evans 外，其余4位执行董事均由阿里合伙人出任。合伙人身份的执行董事占到全部执行董事的80％。董事会中5位非执行的独立董事的提名则由阿里董事会提名和公司治理委员会负责。董事会成员中还同时包括由第一大股东软银提名和委派的董事会观察员。在阿里集团的董事和高管中，除了阿里合伙人提名的4名执行董事由合伙人出任外，其他诸如首席财务官、首席客户服务官等主要高管同样来自阿里合伙人。表2-3的阿里董事会和管理团队的构成和来源表明，合伙人在阿里管理团队的组建和维持阿里正常营运中处于举足轻重的地位。按照2019财年报告的相关说明，董事会分为三个组，每组任期3年。

表2-3 阿里董事会和管理层的情况

	姓名	年龄	职位	董事会所在委员会	是否合伙	由谁提名
董事会	Jack Yun MA（马云）	54	创始人兼董事	提名和公司治理委员会	是	合伙人
	Joseph C. TSAI（蔡崇信）	55	董事会执行副主席	薪酬委员会	是	合伙人
	Daniel Yong ZHANG（张勇）	47	董事会主席	—	是	合伙人
	J. Michael EVANS	61	董事	—	—	合伙人
	Eric Xiandong JING（井贤栋）	46	董事	—	是	合伙人
	Masayoshi SON（孙正义）	61	董事	—	—	软银
	Chee Hwa TUNG（董建华）	82	独立董事	提名和公司治理委员会	—	提名和公司治理委员会
	Walter Teh Ming KWAUK（郭德明）	66	独立董事	审计委员会，薪酬委员会	—	提名和公司治理委员会
	Jerry YANG（杨致远）	50	独立董事	薪酬委员会，提名和公司治理委员会	—	提名和公司治理委员会
	Börje E. EKHOLM	56	独立董事	审计委员会	—	提名和公司治理委员会
	Wan Ling MARTELLO（龚万仁）	61	独立董事	审计委员会	—	提名和公司治理委员会

续表

姓名	年龄	职位	董事会所在委员会	是否合伙	由谁提名
Daniel Yong ZHANG（张勇）	47	董事会主席兼首席执行官	—	是	—
Joseph C. TSAI（蔡崇信）	55	执行副主席	—	是	—
J. Michael EVANS	61	董事兼总裁	—	—	—
Maggie Wei WU（武卫）	51	首席财务官兼投资部负责人	—	是	—
Judy Wenhong TONG（童文红）	48	首席人才官	—	是	—
Jeff Jianfeng ZHANG（张建锋）	45	阿里云智能事业群总裁	—	是	—
Sophie Minzhi WU（吴敏芝）	43	首席客户服务官	—	是	—
Timothy A. STEINERT	59	首席法务官兼秘书	—	是	—
Jessie Junfang ZHENG（郑俊芳）	45	首席风险官兼首席平台治理官	—	是	—
Chris Pen-hung TUNG（董本洪）	49	首席市场官	—	是	—
Trudy Shan DAI（戴珊）	42	B2B事业群总裁	—	是	—
Fan JIANG（蒋凡）	33	淘宝天猫总裁	—		—
Yvonne Yifen CHANG（张忆芬）	53	阿里妈妈总裁	—		—
Luyuan FAN（樊路远）	45	阿里巴巴数字媒体与娱乐总裁	—	是	—

（管理层）

3. 基于阿里合伙人制度案例的理论假说检验

从以上案例介绍中不难发现，阿里合伙人制度呈现出与以往控制权安排模式不同的新特点：（1）与传统模式由某一特定自然人成为公司董事长不同，阿里以合伙人团队集体履行正常董事会组织中的董事长的部分功能；（2）主要由合伙人团队成员出任阿里的董事和高管，负责管理团队的组建和维持正常营运管理；（3）阿里合伙人收入分配构架和对合伙人持股的相关限定将所有合伙人团队成员与软银等股东的利益紧紧捆绑在一起，共同作为剩余索取者和最后责任人来承担阿里相应的经营风险。我们看到，以马云为首的阿里创业团队通过合伙人制度这一特殊的控制权安排形式，以有限的出资额，实现了对资产规模庞大的阿里集团的控制。

下面基于阿里合伙人制度的案例来检验前文提出的理论假说。

（1）构建长期合伙合约的基础：阿里创业团队作为业务模式发展引领者的良

好声誉。

在 2014 年美国上市使合伙人制度引起关注之前，创立于 1999 年的阿里早已成为驰名全球的企业间电子商务（B2B）的著名品牌。由于在 2004 年推出第三方支付平台——支付宝，阿里进一步在互联网移动支付业务声名鹊起。从 2009 年起人为打造的双十一网购狂欢节，在 2019 年 11 月 11 日创下全天交易额 2 684 亿元的纪录。它不仅成为中国电子商务行业的年度盛事，而且逐渐影响到国际电子商务行业。这些电子商务业务发展"领头羊"的良好声誉使得阿里在与外部投资者合作的讨价还价中居于十分有利的地位。此外，马云创业团队不仅作为阿里股份的实际持有人具有可承兑收入，而且通过与员工、供货商、银行和政府建立长期稳定关系形成巨大的社会资本。这些因素共同构成了阿里创业团队与软银、雅虎等股东构建长期合伙合约关系的基础。

（2）长期合伙合约替代短期雇佣合约：信息不对称下的信息共享。

当外部投资者习惯于基于现金流分析利用净现值法来判断生命周期特征明显的传统产业项目是否可行时，以互联网为代表的新兴产业快速发展使得他们甚至很难理解特定业务模式的现金流是如何产生的。我们看到，一方面，技术产生的不确定性使得投资者之间观点变得更加不一致，以至于认为股价虚高的股东很容易将所持有的股票转手给认为股价依然有上升空间的潜在投资者，使得现在股东与将来股东之间的利益冲突严重；另一方面，由于缺乏专业的知识和分析能力，外部投资者总体精明程度下降，不得不转而依赖引领业务模式创新的创业团队。因而，在互联网时代，大数据的出现在使投融资双方的信息不对称问题有所减缓的同时，新兴产业快速发展反而使创业团队与外部投资者之间围绕业务发展模式的信息不对称加剧。

在围绕新兴产业业务发展模式上，马云创业团队与外部投资者之间同样面临信息不对称问题。与外部投资者相比，马云创业团队长期引领业务模式的创新，对业务模式的现状及未来发展趋势具有更多的了解和把握。因而，阿里创业团队对业务发展模式拥有更多的私人信息。面对资本市场各种鱼龙混杂的项目，希望寻找到具有潜在投资价值的项目的外部投资者由于信息不对称将面临逆向选择问题。可以把寻求外部资金支持的阿里创业团队与软银、雅虎等寻找具有潜在投资价值项目的外部投资者之间围绕信息不对称产生的逆向选择问题描述为如下的博弈过程：当马云并非以合伙人制度实现的"不平等投票权"而是传统的股权至上、同股同权控制权安排模式来进行外部融资时，由于信息不对称，业务模式的独特之处并不为外部投资者所知的阿里创业团队不得不向外部投资者让渡与出资比例对称的控制权，以换取外部资金支持。而失去控制权进而失去独特业务模式开发的主导权（这一问题事实上还与合约不完全下的控制权安排有关，在接下来的讨论中展开）显然并非马云创业团队愿意看到的。信息不对称所导致的逆向选择的后果是，一方面希望获得外部资金支持来加速独特业务模式发展的阿里创业团队却很难获得外部融资；另一方面外部投资者则很难找到具有投资价值的项目。此时，鼓吹合伙人制度的阿里面对对业务模式缺乏了解的外部投资者则发出了不同于同股同权控制权安排模式的新信号。通过要求"不平等投票权"实现的对公司实质控制，马云创业团队明确无误地告诉外部投资者，"业务模式你们不懂，但我们懂，你们只需要做一个普通出资者就够了"。这一信号使阿里与基于同股同权的传统控制权安排模式的项目相区别，并在众多的项目中脱颖而出。我们看到，合伙人制度之所以成为识别具有潜质项目的信号，与阿里创业团队所具有的良好声誉和巨大社会资本不无关系。在识别马云创业团队通过合伙人制度发出的信号后，外部投资者将进一步通过研究机构的分析和媒体的解读建立对马云创业团队进一步的信任，最终为马云创业团队与外部投资者建立长期合作共赢的"合伙人"关系打下坚实的基础。

从媒体报道看，软银成为阿里第一大股东具有一定的戏剧性和偶然性（例如，孙正义和马云的合作始于 2000 年的一次谈话，而且双方仅仅谈了 6 分钟）。但我们相信，包括软银在内的阿里股东之所以愿意选择阿里作为投资对象和合作伙伴，甚至不惜放弃控制权，离不开对马云创业团队所拥有的良好声誉和巨大社会资本的了解和信任。而这一过程中，马云创业团队所推出的合伙人制度无疑成为向这些外部投资者发送的重要信号之一。合伙人制度由此成为外部投资者在潜在项目中识别阿里独特业务模式的信号，并进一步成为与马云创业团队建立长期合作共赢的"合伙人"关系的开始。

除了可能导致的逆向选择问题，马云创业团队与外部投资者之间围绕业务模式的信息不对称，在传统的股权至上的控制权安排模式下，还可能使创业团队通过隐蔽的业务流程进行关联交易以谋取私人利益。我们看到，围绕业务模式的信息不对称在创业团队与外部投资者之间开展的新的博弈均衡是：一方面，软银等股东理性地选择把无法把握的业务模式相关决策交给具有信息优势的阿里创业团队；另一方面，引领业务模式创新的马云合伙人团队为软银等股东带来更加丰厚的投资回报①。换句话说，在信息不对称条件下，软银和雅虎等外部投资者以放弃控制权的方式向具有业务发展模式私人信息的阿里合伙人团队支付"信息租金"，鼓励他们"讲真话""办实事"，以此来改变他们可能具有的道德风险倾向。于是，

---

① 据新浪科技报道，2000 年，软银向当初仍然是一家小型电子商务公司的阿里巴巴投资 2 000 万美元，获得阿里巴巴 34.4% 的股份。然而 14 年后，当阿里巴巴在美国纽约证券交易所上市时，孙正义的软银所持有的股份市值达到 580 亿美元，孙正义一夜暴富，成为日本首富。该报道同时提到，股神巴菲特从 14 岁开始投资，到 83 岁近 70 年的时间，个人财富才超过 580 亿美元，而孙正义在阿里巴巴的投资仅 14 年就达到了 580 亿美元。

在马云创业团队和软银、雅虎等股东之间通过认同合伙人制度彼此确立了长期合作共赢的"合伙人"关系，实现了从短期雇佣合约向长期合伙合约的转化。这事实上是我们观察到的随着以互联网为代表的新兴产业的快速发展，外部投资者开始逐渐放弃对同股同权和股权至上原则的坚持，转而接纳并允许创业团队以双重股权结构、合伙人制度等方式实现"不平等投票权"控制权安排背后的原因。

我们注意到，在解决围绕新兴产业业务发展模式的信息不对称引发的道德风险和逆向选择问题上，双重股权结构具有与阿里合伙人制度类似的功能。一方面，双层股权结构构成持有B股的创业团队向外部投资者发出识别项目潜在投资价值的信号的市场解决方案，成为分别持有A股和B股的股东建立长期合作共赢的"合伙人"关系的开始；另一方面，面对眼花缭乱、应接不暇的新兴产业业务模式创新，把具有更大投票权比例的B股交给引领业务模式创新的创业团队持有将是外部投资者的理性选择。由此在持有B股的创业团队和持有A股的外部分散股东之间建立起长期合作共赢的"合伙人"关系。通过借助创业团队对业务发展模式的把握，外部投资者从基于互联网的新兴产业快速发展中分到一杯羹。上述功能的存在使得双重股权结构在美国等一些国家不仅没有由于受到对外部投资者权利保护不足指责而衰减，反而逆势上涨，成为很多新兴产业创业团队优先考虑的控制权安排模式。

（3）长期合伙合约替代短期雇佣合约：合约不完全下的风险分担。

除了信息不对称，马云创业团队面临同样重要的挑战是，与外部投资者签订的合约总是不完全的。传统的合约不完全理论主要用来解释为什么股东以在股东大会投票表决的方式对公司资产重组等重要事项进行裁决，而成为现代股份公司的最终控制者。容易理解，在决定是否投资该公司的一刻，无论是投资者还是现代股份公司所聘用的职业经理人，都无法预期企业未来是否会发生重大资产重组和经营战略的调整，因而外部投资者与职业经理人之间签订的投资合约总是不完全的。由于合约不完全，一旦投资，投资者将遭受职业经理人以资产重组等的名义进行掏空公司的机会主义行为。预期到这一点，投资者显然并不愿意出资，这使得利用资本社会化和经理人职业化提升效率的现代股份公司无法形成。反过来，如果外部投资者享有该公司受法律保护的剩余控制权，即投资者有权通过股东大会投票表决的方式对未来可能出现的诸如资产重组等事项进行最终裁决，投资者就愿意出资成为该公司的股东。通过上述控制权安排，现代股份公司一定程度上解决了以往由于合约不完全所导致的投资者专用性投资激励不足的问题，名副其实地成为"近代人类历史中一项最重要的发明"。

传统不完全合约理论的理论分析和政策含义主要针对资本相对稀缺，在与经理人形成的委托代理关系中投资者处于信息劣势，因而资本处于资源配置中心的所谓"资本雇佣劳动"的制度背景。随着人类社会财富的积累和资本市场的成熟，特别是互联网金融时代所带来的基于大数据等数据基础和云计算等分析技术使得信息不对称程度得以缓解，外部融资门槛降低，以往相对稀缺的资本退化为普通的生产资料。需要资金支持的项目可以借助基于互联网的多种新金融模式实现外部融资，而不再受资本预算瓶颈的限制。业务模式竞争背后更多反映的是人力资本的竞争。"劳动（创新的业务模式）雇佣资本（通过互联网实现外部融资）"的时代悄然来临。在"劳动雇佣资本"时代，作为创业团队的人力资本逐渐成为稀缺资源，合约不完全所引发的事前专用性投资激励不足问题，从传统经理人机会主义行为倾向，逐步被股东机会主义行为威胁所代替。可以把上述分析总结为不完全合约理论在互联网时代的新扩展。

随着人类社会从"资本雇佣劳动"主导演进到"资本雇佣劳动"和"劳动雇佣资本"并重，甚至"劳动雇佣资本"占据主导，控制权安排的关键从倾向于物质资本到倾向于人力资本。但这并不意味着不完全合约理论的逻辑发生了根本改变。合约不完全下的控制权安排的重点依然在于，解决面临机会主义行为威胁下专用性投资一方投资激励不足的问题。即通过把控制权交给进行专用性投资一方，使其避免未来由于合约不完全被敲竹杠，以此鼓励其进行专用性投资。只不过这里的专用性投资既可以指物质资本，也可以指人力资本。在"资本雇佣劳动"范式下，物质资本成为专用性投资的激励对象，而在"劳动雇佣资本"范式下，人力资本则成为专用性投资的激励对象。

不完全合约下控制权安排的关键发生的上述转变还与"野蛮人入侵"的频繁发生有关。发生在 20 世纪七八十年代美国的并购浪潮，不仅使人们认识到并购重组在缓解产能过剩、接管威胁在改善公司治理的重要作用，同时也使人们意识到外部接管对创业团队人力资本投资的巨大威胁。比如，乔布斯由于控制权的不当安排一度被迫离开自己亲手创办的苹果公司。如果预期到辛勤打拼创建的企业未来将轻易被"野蛮人入侵"，以业务模式创新为特征的创业团队的人力资本投资激励将大为降低。因而，没有对"野蛮人入侵"设置足够高的门槛挫伤的不仅是创业团队人力资本投资的积极性，甚至会伤及整个社会创新的推动和效率的提升。

"野蛮人入侵"如同重大资产重组和经营战略调整一样，都是合约无法预期和涵盖的内容，因而一定程度上都与合约的不完全有关。那么，面对合约不完全下"野蛮人入侵"等股东机会主义行为威胁，如何改变创业团队由于担心被扫地出门而人力资本投资激励不足的现状呢？经历接管并购浪潮和对"野蛮人入侵"现象的反思，一度被认为违反同股同权原则、不利于投资者权利保护的双重股权结构重新获得认同，并成为以互联网为代表新兴产业中创业团队流行的控制权安排模式。

而阿里在美国上市采用的合伙人制度很大程度上类似于脸书、京东等采用的双重股权结构，即以有限的出资额实现了对公司的实际控制。给定面对不完全合约下创业团队未来被控股股东随时扫地出门等风险，以马云为首的创业团队并不情愿进行太多的以业务模式创新为特征的人力资本投资，这使得阿里未来发展后劲不足。而这同样不是软银和雅虎等股东愿意看到的。在软银、雅虎等股东的认同下，阿里创业团队以合伙人制度实现对阿里的实际控制，使得他们可以对不完全合约中尚未涉及的事项的事后处置具有重要的影响力。按照公司章程，合伙人对阿里董事会拥有特别提名权，可任命半数以上的董事会成员。在阿里由11人组成的董事会中，其中5位执行董事全部由合伙人提名，阿里大部分的执行董事和几乎全部高管都由阿里合伙人团队出任。而阿里合伙人团队的董事提名权等相关条款只有获得95%以上的股东选票（本人或代理）方可修改。这意味着合伙人团队对阿里的实际控制格局正常情形下难以撼动。阿里合伙人团队预期到阿里未来的运营管理将牢牢地控制在自己手中，不再担心未来被控股股东扫地出门甚至"野蛮人入侵"等，由此他们将以极大的热情进行人力资本投资，不断创新业务模式。面对不完全合约，在"资本雇佣劳动"范式下为了鼓励资本的专用性投资应通过产权安排使其成为拥有剩余控制权和剩余索取权的股东，在"劳动雇佣资本"范式下则应鼓励创业团队通过合伙人制度或双重股权结构等控制权安排来对公司未来不确定情形的事后处置具有更大的影响力。合伙人制度由此和双重股权结构一样不仅构成了防御"野蛮人入侵"等股东机会主义行为的重要门槛，也成为不完全合约下激励创业团队人力资本投资的重要控制权安排的实现形式。

在一定意义上，不完全合约理论在互联网时代的新扩展，是对利益相关者理论关于专用性资产概念和内涵的延拓，以及对资源依赖理论等思想的借鉴。但需要说明的是，与利益相关者理论强调控制权在不同利益相关者之间根据资产专用性程度或资源关键程度进行分享，遵循不完全合约理论的传统不同，这里强调控制权安排在给定的状态下是排他的，只不过在不同的状态下控制权安排可以进行状态依存。以提名主要董事为特征的阿里控制权，在企业经营正常时由马云创业团队掌握，在马云持股低于1%时由软银、雅虎等主要股东掌握，但绝不会出现控制权同时在阿里创业团队、股东以及普通雇员等其他利益相关者中分享，从而管理团队同时向所有利益相关者共同负责的局面。之所以是马云创业团队与软银、雅虎等股东之间控制权的状态依存，而不涉及其他利益相关者，与普通雇员等其他利益相关者缺乏足够的可承兑收入有关。按照哈特（1995，2000）的观点，如果没有投入资金的其他利益相关者同样成为剩余权利的所有者，由于其缺乏足够的可承兑收入来使外部投资者相信他们所做出的承担未来风险的承诺是可置信的，将影响外部投资者未来投资的激励。

（4）长期合伙合约替代短期雇佣合约：通过"董事会中的董事会"实现管理效率的提升。

前面的分析表明，合伙人制度与双重股权结构有共同之处，但它们也有各自的独特之处。

1）与通常由某一特定自然人成为公司董事长不同，阿里合伙人团体集体履行正常董事会组织中的董事长的部分功能。按照公司章程，阿里合伙人不仅负责董事会中执行董事的提名，而且对董事会成员的更迭过程负有责任。例如，董事会成员任期内由于意外原因无法履行董事职责，阿里合伙人需要负责从合伙人团队中推荐新的人选出任临时董事，完成过渡，直至依据公司章程的相关规定产生新董事。上述规定使得阿里创业团队不再以雇佣者身份而是以合伙人（合作伙伴）身份成为阿里中事实上的"不变的董事长"或者"董事会中的董事会"，实现了"铁打的经理人，流水的股东"的局面。

2）通过管理团队的事前组建，合伙人制度提升了阿里的管理效率。绝大多数的公司是按照在上市时根据公司章程的相关规定，由代表不同股东利益的董事会提出候选管理团队名单，经股东大会批准这一流程来组建管理团队的。假设阿里由第一大股东软银主导在公司成立时通过全球招聘形成一只管理团队，来自不同地域和文化、个性鲜明甚至桀骜不驯的高管，在形成一个高效的管理团队前不可避免需要经过长时间的磨合，在磨合过程中形成的各种隐性和显性成本最终将由股东"埋单"。例如，股东往往需要向经理人提供比较强的薪酬激励计划，以协调经理人与股东之间的代理冲突等。然而，观察阿里管理团队建立过程，在美国上市之前，阿里很早就开始运行合伙人制度，因而是典型的"先有管理团队，后有公司上市"。按照阿里公司章程，由阿里合伙人提名的董事候选人或临时指派者原则上均须为阿里合伙人成员，且须获得半数以上合伙人同意。表 2-3 表明，在阿里 11 人组成的董事会中，5 名执行董事全部由阿里合伙人提名；阿里 80% 的执行董事和几乎全部高管均由阿里合伙人出任。我们看到，合伙人团队不仅事前形成阿里上市时管理团队的基本构架，而且成为阿里未来管理团队稳定的人才储备库。

3）通过事前组建的管理团队，合伙人制度同时实现了公司治理机制的前置。对于无法回避的公司治理问题，现代股份公司通过董事会监督、经理人薪酬合约设计等机制来减缓代理冲突，降低代理成本。而阿里通过事前组建的管理团队，预先通过共同认同的价值文化体系的培育和雇员持股计划的推行，使公司治理制度设计试图降低的私人收益不再成为合伙人追求的目标，从而使代理问题一定程度上得以事前解决。我们看到，成为阿里合伙人的高管往往来自公司的核心团队，工作年限平均在 10 年以上。经过长期磨合，其文化价值观念与公司保持一致。这使得公司文化理念得以传承，延续公司的价值创造力成为可能。同样重要的是，阿里合伙人团队成员同时是雇员持股计划的实施对象，持有公司为数不少的股票。阿里合伙人制度由此通过事前长期共同文化价值体系的构建、收入分配构架和对合伙人持股的相关限定，在美国上市前，将所有合伙人从精神到物质（利益）紧紧捆绑在一起，与软银、雅虎等股东共同作为阿里的最后责任人来承担未来经营风险。通过公司治理机制的前置，阿里进一步实现了管理效率的提升。

以上四个方面的讨论一定程度上支持了前文提出的理论假说。

4. 合伙人制度面临的挑战

与双重股权结构相比，阿里合伙人制度作为控制权安排的实现形式主要存在以下不足。

（1）缺乏明确规范的退出机制。脸书在发行双重股权结构股票时规定：持有B股的股东在上市之后选择出售股份，将自动转换为A股。这意味着，如果创业团队对未来业务模式的创新仍然有信心，那就由创业团队继续成为公司的实际控制人，引领公司向前发展；如果创业团队对业务模式创新和新兴产业发展趋势不再具有很好的理解和把握，适时的退出则成为明智之举。此时，通过把B股转为A股，创业团队重新把控制权"归还"给股东，由股东根据利益原则以及相关公司治理最优实践来选择能够为股东带来高回报的全新管理团队。因此，对于双重股权结构，控制权是在持有B股的创业团队与持有A股的外部分散投资者之间状态依存的。与合伙人制度相比，在双重股权结构中，不平等投票权在鼓励创业团队进行人力资本投资的同时，还设置了功能完善自由转换的退出机制，实现了从人力资本投资激励保护到物质资本投资保护的自然过渡。

（2）制度中充斥"软"的标准。除了实现公司控制的目的外，阿里合伙人制度设计的初衷还包括避免官僚主义和等级制度，有利于保证合伙人精神，确保公司的使命、愿景和价值观的持续。按照阿里合伙人制度的相关规定，新的合伙人将依据品德、价值观、对公司的贡献等产生，合伙人既是公司的营运者、业务的建设者，又是文化的传承者，同时还是股东。然而，上述"软"的、无法在法律上证实甚至不可观察的标准和规定很难在实际执行过程中形成共识，势必影响执行效果。这将为未来的阿里合伙人制度的持续推行带来某种不确定性。

（3）具体实施时需要满足声誉良好等先决条件。并非所有的创业团队都可以通过合伙人制度来实现对公司的实际控制，而是需要满足一些先决条件。例如创业团队在新兴市场是否已经具有类似于阿里的业务模式发展引领者的良好声誉，形成了以"与员工、供货商、银行和政府建立长期稳定关系"为特征的巨大社会资本。另外，创始人马云在阿里独一无二、不可替代的核心作用同样无法复制。毕竟，离开马云的阿里还能否是阿里值得怀疑。庆幸的是，马云和他的阿里巴巴天然带着市场这一良好的"基因"，也许可以通过未来进一步的制度创新来克服今天公司治理制度创新过程中所面临的新挑战。

表 2-4 总结了阿里合伙人制度与其他控制权模式在表现形式上的主要差异。

表 2-4　不同控制权模式下的表现形式差异

表现形式	股权至上	合伙人制度	双重股权结构	利益相关者
控制权安排模式	同股同权	不平等投票权	不平等投票权	控制权分享
控制权是否分享	股东独享	股东与创业团队控制权状态依存	股东与创业团队控制权状态依存	控制权在不同利益相关者之间分享
信息不对称	信息不分享	信息分享	信息分享	信息分享
合约不完全	风险不共担	风险共担	风险共担	风险不共担
管理团队事前组建	否	是	否	否
公司治理机制前置	否	是	否	否
短期雇佣合约/长期合伙合约	短期雇佣合约	长期合伙合约	长期合伙合约	长期合伙合约

在万科股权之争中，万科以项目跟投和员工持股为特征的事业合伙人制度被媒体批评为管理层掏空上市公司、实现内部人控制的手段。需要说明的是，阿里的合伙人制度与包括万科在内的中国很多企业推行的事业合伙人制度并不完全相同。前者通过在与控股股东的一致行动协议和公司章程中的明确规定，使合伙人对阿里董事会组织具有实质性影响。这使得阿里合伙人制度成为受法律保护的控制权安排行为。而万科等推行的事业合伙人制度则由于缺乏法律和股东的认同，很大程度上演变为一种员工自组织行为。

5. 结论

有利于中小投资者利益保护的同股同权、股权至上等原则，一直以来是各国企业控制权安排实践的标准范式。然而，最近几十年各国涌现出的许多新实践不断挑战这些通行原则。除了谷歌、京东等选择的双重股权结构外，阿里的合伙人制度同样成为"不平等投票权"控制权安排模式的新典范。

阿里之所以选择合伙人制度作为其控制权安排的实现形式，很大程度上体现了马云创业团队在进行以业务模式创新为特征的人力资本投资时，尝试解决所面对的由于新兴产业快速发展引起的信息不对称与合约不完全问题的努力。我们看到，以不平等投票权为特征的控制权安排模式通过用长期合伙合约替代短期雇佣合约，实现了长期合作伙伴之间信息的共享和风险的分担，节省了交易成本。

（1）面对新兴产业业务模式的信息不对称，阿里合伙人制度成为外部投资者识别阿里独特业务模式的信号。合伙人制度由此成为创业团队寻找到的逆向选择问题的市场解决方案，并成为阿里创业团队与软银等股东建立长期合作共赢的"合伙人"关系的开始。

（2）面对新兴产业业务模式的信息不对称，软银、雅虎等外部投资者理性地选择把无法把握的业务模式的相关决策权交给不断引领业务模式创新实践、具有信息优势的马云创业团队，自己在放弃部分控制权后一定程度上退化为类似于"储户"的资金提供者。在一定意义上，外部投资者以放弃部分控制权的方式向对业务模式具有专业知识，从而具有私人信息的创业团队支付"信息租金"，以此来解决由于信息不对称导致的道德风险问题。

（3）由于不完全合约，创业团队可能面对被扫地出门、"野蛮人入侵"等股东机会主义行为威胁，合伙人制度通过对未来剩余分配具有实质影响的特殊的控制权安排，把马云创业团队与软银等股东之间雇佣与被雇佣关系转变为风险共担的合伙人，由此鼓励创业团队在充满不确定性的业务发展模式中积极进行人力资本投资。

（4）长期合伙合约下的阿里合伙人事实上成为阿里"不变的董事长"和"董事会中的董事会"，实现了管理团队事前组建和公司治理机制前置，使公司的管理效率得到极大提升。

虽然在管理团队事前组建和公司治理机制前置方面优于双重股权结构，然而，合伙人制度并不具有双重股权结构从 B 股转为 A 股的退出机制。合伙人制度中关于文化和精神层面等在法律上无法证实，甚至不可观察的软约束，以及创始人独一无二的不可替代的核心作用，都会为未来的阿里合伙人制度的执行带来某种不确定性。

资料来源：郑志刚，邹宇，崔丽. 合伙人制度与创业团队控制权安排模式选择——基于阿里的案例研究. 中国工业经济，2016（10）.

二、Snap 三重股权结构的控制权安排设计

2017 年 3 月 2 日，著名手机应用 Snapchat 的主体 Snap 在美国纽约证券交易所上市。值得关注的是，Snap 同时发行 A，B，C 三类股票，其中 A 类股票没有投票权，B 类股票每股 1 份投票权，C 类股票每股 10 份投票权。

1. 从热捧到冷遇：Snap 艰辛的资本市场之旅

（1）Snap 和它的三重股权结构股票。

Snapchat 是一款在 2011 年由两名斯坦福大学学生埃文·斯皮格尔和鲍比·墨菲共同设计研发的摄影类手机应用。用户可以通过 Snapchat 互相发送称作"snap"

的短视频、文字信息和照片。这些"snap"的特点是"阅后即焚"，也即发送出去的视频和照片在对方浏览后一定时间内将自动删除，对方无法保存这些"snap"。除了互相发送短视频、照片和文字信息外，Snapchat 还拓展了一些新功能，包括对拍摄的照片进行创意处理、运用多个"snap"创造生活故事、保存自己创造的"snap"等。我们看到，由于 Snap 创造的"阅后即焚"模式使用户在隐私权的保护和观点分享的愿望满足之间找到了一种很好的平衡，Snapchat 在应用商店上架后立即受到 18～34 岁的年轻群体的热烈欢迎。每天有平均 1.58 亿人使用 Snapchat，每天有超过 25 亿个"snap"被创造出来。美国投行 Piper Jaffray 的调查显示，Snapchat 已经超越 Instagram、推特和脸书，成为最受美国青少年欢迎的网络社交平台之一。[①]

下面来看 Snap 推出的三重股权结构股票。其中，A 类股票是在纽约证券交易所流通的股票，不包含任何投票权；B 类股票全部由公司高管和早期投资者持有，一股对应 1 份投票权；C 类股票由公司联合创始人、CEO 埃文·斯皮格尔和 CTO 鲍比·墨菲各持有 50%，C 类股票每股对应 10 份投票权。Snap 同时规定，不具有投票权的 A 类股票股东将不能享有以下权益：提名、选举或更换董事会成员；提交股东建议书；向董事会施压要求解雇 CEO 或其他公司高级管理成员；赞成或反对 Snap 和其他公司合并或接管其他公司的计划；及时知晓是否有对冲基金或其他大型投资机构持有 Snap 超过 5% 的股票。

表 2-5 报告了 Snap 的投票权分布情况。我们看到，埃文·斯皮格尔和鲍比·墨菲合计拥有 Snap 43.6% 的股份，却拥有 88.6% 的投票权，从而实现了对 Snap 的绝对控制。在招股说明书中，Snap 表明，"我们认为，这样的投票权结构能够帮助我们维持创始人对公司的领导，并帮助我们增加公司价值。我们目前取得的巨大成功应归功于创始人的领导力、创造性思维和管理能力。我们坚信，保持创始人的领导地位未来能够带给公司和股票持有者充足的收益"。虽然早有谷歌、脸书这类硅谷创新企业由企业创始人掌握公司大部分控制权的先例，但是 Snap 显然把这种控制权的掌握发挥到了极致。

表 2-5　Snap 投票权分布

持股人	投票权
埃文·斯皮格尔	44.3%
鲍比·墨菲	44.3%

① Snap is minor tech noBility with a royal share structure. https：//www.ft.com/content/0734d48a-ea29-11e6-967B-c88452263daf.

续表

持股人	投票权
Benchmark Capital	2.7%
Lightspeed Venture Parteners	1.8%
General Catalyst	*
SV Angel	*

* 表示投票权小于 1%。
资料来源：Snap 招股说明书。

表 2-6 比较了 Snap 与脸书、谷歌、京东和百度等发行双重股权结构投票的公司控制权与现金流权的分离程度。理论上，两者的分离程度越高，意味着实际控制人影响力与责任承担能力越不对称，从而对外部分散股东利益进行隧道挖掘的可能性越大。从表 2-6 可以看出，Snap 控制权与现金流权的分离程度虽然低于京东和百度，但显著高于脸书和谷歌，这一定程度上表明 Snap 在 A 类股票持有人与 C 类股票持有人存在割裂和对立，特别是当 A 类股票没有投票权时，上述对立会显著增强。

表 2-6 Snap 等控制权与现金流权分离程度的比较

	创始人现金流权利	创始人投票权	分离程度
Snap	43.80%	88.60%	44.80%
脸书	28.20%	58.90%	30.70%
谷歌	31.30%	41.00%	9.70%
京东	23.10%	83.70%	60.60%
百度	22.40%	68.17%	45.77%

（2）投资者对 Snap 从热捧到冷遇。

在上市前，Snap 公布其首次公开募股发行价为每股 17 美元，高于市场预期的 14～16 美元，这从侧面反映出 Snap 的股票受到投资者追捧。2017 年 3 月 2 日，Snap 在纽交所公开上市后，按发行价计算，Snap 通过 IPO 共筹集 34 亿美元，公司估值达到 240 亿美元，成为继 2012 年谷歌上市以来美国本土公司上市市值最高的 IPO。

表 2-7 比较了主要不平等投票权股票 IPO 的首日市场表现。我们看到，Snap 不仅上市首日股价涨幅非常高，而且融资金额相当可观。即使和其他几家同样以不平等投票权上市的科技类创新型企业相比，Snap 在上市首日表现依然很耀眼，这表明，Snap IPO 受到了投资者的热捧。

表 2-7　Snap、脸书、谷歌、京东、百度 IPO 首日市场表现

	IPO 发行价（美元）	上市首日收盘价（美元）	上市首日股价涨幅	IPO 融资额（亿美元）
Snap	17.00	24.48	44.00%	34
脸书	38.00	38.23	0.61%	160
谷歌	85.00	100.34	18.05%	16.7
京东	19.00	20.90	10.00%	17.8
百度	27.00	122.54	353.85%	1.09

　　虽然 Snap 上市首日市场反应热烈，但仍有不少机构投资者和分析师持观望甚至否定态度。据英国《金融时报》报道[1]，美国退休基金加利福尼亚教师养老基金 CalPERS 的一名高管致信 Snap，反对发行无投票权的股票；一家大型投资机构的领导人以 "这可能会打开其他公司用同种方式上市的闸门" 表达对 Snap 上市的担忧；美国机构投资者协会以协会成员在信上联名签字的方式写信劝告 Snap 的联合创始人重新思考股权结构；在 Snap 公布多重股权结构的同一周，投资者管理集团（ISG）开始在美国上市公司中倡导和推行《美国上市公司的公司治理原则》，其中第二项内容为：股东应按其经济利益的比例享有投票权[2]；美国大型机构投资人准备抱团游说标普、道琼斯指数公司和指数供应商 MSCI，欲阻止 Snap 和其他向投资人出售无投票权股票的公司入选股票指数。

　　事实上，虽然 Snap 是美国近年来难得的科技类创新型上市企业，但如果从传统的净现金流分析法来预测企业未来的现金流并判断企业价值，Snap 不利于增加未来现金流收入的因素明显。其一，Snap 盈利能力不足。Snap 在 2015 年下半年才开始探索商业化，尚没有稳定的盈利模式，且净亏损有扩大的趋势，这让投资者对公司未来的盈利能力产生担忧。其二，Snap 面临谷歌、电视网络的激烈竞争。数据显示 Snap 的活跃用户增速放缓，2016 年第四季度活跃用户数量较 2016 年第三季度只增加了 7%。其三，Snap 年轻的管理团队的经营能力和管理风格有待观察。Snap 拥有一个比较年轻的高管团队，作为 CEO 的埃文·斯皮格尔和作为 CTO 的鲍比·墨菲的年龄均不满 30 岁。由于 Snap 的主要高管团队成员还非常年轻，外界对其经营能力和管理风格还无法做出清晰的判断。

　　Snap 在上市次日（3 月 3 日）收盘价达到每股 27.09 美元的最高点后波动下跌，虽然随后股价短暂回升到接近 24 美元，但马上回落。2019 年更是跌到 5 美元

---

　　[1]　Snap's offer of voteless shares angers Big investors. https：//www.ft.com/content/17dB65c0-e997-11e6-893c-082c54a7f539.

　　[2]　ISG 的创始成员为美国先锋集团、贝莱德集团、威灵顿管理公司及普信等 16 个美国和国际机构投资者，在美国股票市场管理超过 17 万亿美元的资产。

以下。表 2-8 报告了 Snap 上市后机构给出的评级和目标股价。我们看到，当时市场的主流观点是 Snap 的价值被高估，应该卖出。这一定程度表明，Snap 股价震荡是市场回归理性的表现。

表 2-8　Snap 上市后机构给出的评级和目标股价

公司	评级	目标股价（美元）
Aegis Capital	维持	22
Atlantic Equities	卖出	14
Morningstar	卖出	15
Needham & Co.	卖出	19~23
Nomura Instinet	卖出	16
Pivotal Research	卖出	16
Susquehanna Financial	维持	22

2. Snap 控制权安排设计的合理性和可能缺陷

前面的分析表明，Snap 在上市后在较短时间内从市场追捧进入股价低位徘徊的状态。除了缺乏稳定的盈利模式、竞争对手强劲和经营能力不确定等这些看得见的原因外，下面将从控制权安排设计的角度，通过讨论 Snap 推出的三重股权结构股票所包含的现实合理性和制度设计缺陷揭示其从受市场热捧到冷遇背后深层次的原因。

（1）Snap 三重股权结构控制权安排的现实合理性。

Snap 在股权结构上的大胆创新不仅引发了各界争议，也给公司治理控制权安排设计理念带来了新的挑战。人们担心 Snap 的成功上市可能会激励其他高估值公司采用同样方式上市，更加削弱投资者在公司经营管理方面的话语权，激化外部分散投资者与公司管理层之间的矛盾和冲突。因此，我们一方面需要探寻 Snap 三重股权结构安排的现实合理性和理论逻辑，给定市场总会内生地创造一些新的控制权安排模式以更加有效地适应外部环境的变化；另一方面也要注意到 Snap 在控制权安排设计中可能存在明显的漏洞和制度设计缺陷。

毫无疑问，Snap 三重股权结构股票的推出包含着一定的现实合理性。

第一，虽然存在这样或那样的不足，但 IPO 追捧并超额认购 Snap 毕竟反映了投资者对该公司业务模式创新和创业团队自身管理营运能力一定程度上的认同。Snapchat 在应用商店上架后用户增长速度极快，特别是在 18~34 岁的年轻群体中非常受欢迎。Snapchat 大受欢迎显然与创始人埃文·斯皮格尔和鲍比·墨菲敏锐的商业嗅觉和极高的创造力不无关系。在开始探索商业化的 2015 年当年，Snap 实现总收入 0.587 亿美元，2016 年实现总收入 4.04 亿美元，收入增长明显。Snap 的 ARPU（从全球每位用户身上平均获得收入）也从 2015 年第四季度的 31 美分增长到 2016 年第四季度的 1.06 美元。Snap 上述不俗的业绩表现无疑增加了两位联合创始人团队与外部投资者讨价还价的底气。

第二，通过推出三重股权结构股票，埃文·斯皮格尔和鲍比·墨菲向资本市场传递了极为明确和强烈的对业务模式盈利前景充满信心的信号。众所周知，一个新上市公司与资本市场潜在的外部投资者之间往往存在信息不对称。在有限信息下，投资者并没有太多激励去投资一个过去真实情况不为公众熟知的公司。为了在 IPO 中吸引更多的外部投资者，公司需要在内部管理者和外部投资者之间建立一种特殊的交流机制，向投资者传递公司的价值信号，达到激励外部投资者投资的目的，而内部管理者持股被认为是一种传递公司价值信号的有效方式（Leland & Pyle，1977）。管理层持股比例越高，未来所承担的经营风险越高，表明管理层对公司的发展前景越有自信，从而向投资者传递的信息含量就越大。在 Snap 的股权结构安排中，两位联合创始人分享全部 C 类股票，合计拥有该公司 88.6% 的投票权，Snap 由此被牢牢掌控在两位联合创始人手中。这事实上传递了更为强烈的信号：两位联合创始人对公司未来发展前景充满信心，以至于不愿为"野蛮人入侵"留下任何可乘之机。上述控制权安排模式传递的积极信号无疑会感染并吸引大量的外部投资者。我们理解，该公司在 IPO 时受到投资者热烈追捧并获得超额认购与此不无关系。

（2）Snap 三重股权结构控制权安排可能存在的制度设计缺陷。

Snap 推出的三重股权结构股票也暴露出控制权安排中存在的一些制度设计缺陷。首先，没有投票权的 A 类股票持有人与拥有绝对控制权的 C 类股票持有人被人为地割裂，彼此对立。在双重股权结构下，通过推出不平等投票权使创业团队更迭的可能性降低，持有 B 类股票的创业团队事实上获得持有 A 类股票股东的长期聘用，由此在两者之间实现了从短期雇佣合约到长期合伙合约的转化（郑志刚等，2016）。

而三重股权结构股票没有使持有不同类型股票的股东基于各自的专长（例如风险分担或业务模式的创新）实现基于专业化分工基础上的长期深度合作，而是人为地把股东分成不同的阵营，彼此孤立和相互对立。

第二，由于 A 类股票没有投票权，持有人无从参与公司事务，Snap 无法向 A 类股票持有人做出可置信的承诺来确保他们未来能够分享 Snap 发展的红利，使得 A 类股票持有者的风险和预期收益看上去并不平衡。这使得 A 类股票持有者的投机性大大增强。

第三，在持有 ABC 三类股票的股东之间缺乏顺畅的身份转化和退出机制，公司未来的发展片面依赖持有 C 类股票的联合创始人，控制权安排的风险增加。

虽然在招股说明书中也提及 B 类股票持有者和 C 类股票持有者在卖出时分别转为 A 类股票和 B 类股票，但 Snap 同时对 C 类股票持有人设定了非常苛刻的退出机制。例如，当两位创始人持有的 C 类股票数量低于 IPO 结束时持有的 C 类股票数量的 30％时，所持有的 C 类股票才会全部退出成为 B 类股票；在持有者去世 9 个月后，C 类股票才会自动退出成为 B 类股票。更为糟糕的是，B 类和 C 类最终退出成为的 A 类股票并没有投票权。这使得在持有 B 类和 C 类股票的股东在退出后，Snap 无法基于"一股一票"建立传统的公司治理构架。这意味着，Snap 两位联合创始人在最大程度上巩固了自己不可挑战的控制权地位的同时，也将 Snap 未来的经营管理成败与其个人命运紧紧地捆绑在一起，他们的决策不能存在些许失误，否则将面临巨大危险。

我们看到，Snap 推出的三重股权结构既没有在持有不同类型股票的股东之间建立长期合作关系以提高管理效率，又没有通过建立控制权状态依存的退出转换机制降低未来营运风险，购买 Snap 推出的三重股权结构股票中的 A 类股票就像是在下赌注。如果说在双重股权结构中，投资者通过选择低表决权的 A 类股票一定程度上向持有 B 类股票的创业团队传递了鉴于后者对业务模式创新的引领和未来盈利前景的信心，心甘情愿放弃控制权的意愿，那么，被迫持有没有投票权的 A 类股票的股东则变得既不心甘，也不情愿，而是在积极等待一个时机，等待在被 B 类和 C 类股票股东抛弃前，首先抛弃他们。这事实上就是在成功 IPO 不久后，Snap 股价一路下跌，很快跌破 IPO 当日开盘价，进入低位徘徊背后的原因。

3. 讨论：控制权安排设计制度创新的边界

在讨论了三重股权结构的现实合理性和潜在制度设计缺陷之后，下面将对"一股一票"、双重股权结构和三重股权结构等不同控制权安排模式进行比较，讨论控制权安排设计应该遵循的原则和制度创新的边界。

（1）三重股权机构股票与优先股的比较。Snap 在控制权安排设计上的激进之处不仅体现在发行无投票权的 A 类股票，还体现在要求早期风险投资者和公司高层在卖出所持有的 B 类股票时，这些 B 类股票都同样退化为没有投票权的 A 类股票。需要说明的是，Snap 发行的 A 类股票虽然不具有投票权，但并非优先股，依然是普通股。表 2-9 比较了 Snap 发行的 ABC 三类股票与优先股在有无投票权、是否可以上市交易、持有者以及享受权益的优先权的异同。我们看到，Snap 三重股权结构中的 A 类股票和优先股的相同之处是都没有投票权。但与优先股相比，本质上属于普通股的 A 类股票既没有稳定的分红，也没有在股利回报和剩余财产分配上的优先权。这意味着，Snap 发行的 A 类普通股净得优先股之"弊"，却无优先股之"利"。这是在控制权安排设计上需要引以为戒的地方。

表 2 - 9　优先股和 Snap A 类股票、B 类股票、C 类股票的对比

比较事项	优先股	A 类股票	B 类股票	C 类股票
投票权	无投票权	无投票权	一股 1 份投票权	一股 10 份投票权
是否上市交易	可以上市交易	上市交易	基本不上市交易	基本不上市交易
持有者	外部投资者	外部投资者	内部管理者	创始人
权益	稳定的分红、剩余财产分配优先权		A 股、B 股、C 股相同权益	

（2）不同控制权安排模式的比较。表 2 - 10 报告了"一股一票"、双重股权结构和三重股权结构三种控制权安排模式的比较。

表 2 - 10　三重股权结构与"一股一票"、双重股权结构等控制权安排模式的比较

比较事项	"一股一票"	双重股权结构股票	三重股权结构股票
现金流与控制权的分离程度	不分离	中度分离	高度分离
对业务模式前景的信号传递	无信号	强的信号	超强的信号
风险分担与业务模式创新专业化分工程度	分工程度低	分工程度中	分工程度高
风险分担	"同甘""共苦"	（长期）合作（才能）共赢	只"共苦"（分担风险），不"同甘"
退出机制和控制权的状态依存	传统公司治理机制和以脚投票	控制权的状态依存	缺乏退出和转换机制，以脚投票

在现金流权与控制权的分离程度上，"一股一票"控制权模式下的现金流权与控制权完全对称，并不存在分离。双重股权结构下现金流权与控制权中度分离，A类股票持有者与 B 类股票持有者有不平等的投票权。例如双重股权结构下的谷歌，创始人在 31.3% 的持股比例下拥有 41% 的投票权，现金流权与控制权分离程度为 9.7%。在三重股权结构下，由于主要由外部投资者持有的 A 类股票完全不具有投票权，公司控制权与现金流权的分离程度明显加大。Snap 的两位联合创始人持股 43.8%，却拥有 88.6% 的投票权，分离程度高达 44%。这里需要说明的是，并非三重股权结构股票下控制权与现金流权分离程度总高于双重股权结构股票。从表 2 - 6 我们看到，在一些特殊的双重股权结构股票下（例如京东推出的 B 股一股

有 20 份的投票权），两者的分离程度可能会高于三重股权结构股票对应的分离程度。同样需要说明的是，并非在"一股一票"控制权模式下，就不可以形成控制权与现金流权的分离。借助金字塔式控股结构和交叉持股，即使"一股一票"模式下，同样可以实现对处于金字塔结构底端的子公司和孙公司的控制权和现金流权的分离，从而实现对子公司和孙公司资源的隧道挖掘（Johnson et al.，2000；Claessens et al.，2002）。

在对业务模式前景的信号传递上，"一股一票"作为传统的控制权安排模式，并未向外界传递太多的信息。在双重股权结构下，把更高投票权比例的 B 类股票从而不平等的投票权集中在创业团队手中，不啻在向外部投资者昭告："业务模式你们不懂，但我懂，你们只需要做一个普通出资者就够了"。这无疑会吸引那些无法理解互联网时代业务模式创新的投资者的目光。在这一意义上，双重股权结构恰恰构成资本市场解决围绕业务模式创新的信息不对称问题的一个重要信号。而三重股权结构无疑向资本市场传递了更加明确和强烈的信号：两位联合创始人对公司未来发展前景如此充满信心，以至于不愿为"野蛮人入侵"留下任何可乘之机。三重股权结构由此也在防范"野蛮人入侵"上十分有效。

从风险分担与业务模式创新专业化分工程度看，在"一股一票"控制权安排模式下，全体股东不仅承担与出资比例对应的风险，而且以和出资比例对应的投票权参与公司重大事项的决策权。这意味着股东既需要分担风险，又需要参与业务模式创新等公司重大事务，是公司的所有者。而在双重股权结构下，公司向持有 A 类股票的股东承诺较高的投资回报，使他们愿意与持有 B 类股票的创业团队一道分担公司未来的经营风险，同时 A 类股票持有者把自己无法把握的业务模式相关决策权交给具有信息优势的持有 B 类股票的创业团队，实现了 AB 类股票持有者建立在专业化分工基础上的深度合作。而在 Snap 推出的三重股权结构股票中，不具有投票权的 A 类股票持有者只能被迫或自愿与持有 C 类股票的联合创始人一起承担经营风险，但几乎无缘参与业务模式创新等公司事务。后者完全由两位具有绝对控制权的联合创始人大包大揽，看似在外部分散股东风险分担与创业团队进行业务模式创新之间的专业化分工程度进一步提升了。

从风险分担程度看，"一股一票"控制权安排模式下，全体股东共同承担风险。在双重股权结构下，通过推出不平等投票权使创业团队更迭可能性降低，持有 B 类股票的创业团队事实上获得持有 A 类股票股东的长期聘用，由此在 A 类和 B 类股票股东之间实现了从短期雇佣合约到长期合伙合约的转化。建立长期合伙关系的 A 类和 B 类股票持有者之间不仅实现了风险共担，而且实现了更加精细的专业化分工，极大地提升了管理效率，最终实现合作共赢。而在三重股权结构下，持有 A 类股票的股东没有投票权，无从参与过问公司事务。显然这些股东更多被用来与持有 C 类股票的联合创始人分担风险以"共苦"，却没有相应的机制来保证他们未来一定可以分享企业发展的红利以"同甘"。因此被"剥夺"投票权的 A 类股票持有者难以和创始人团队建立长期合作关系，而是随时等待"以脚投票"时机的出现。

最后从退出机制和控制权的状态依存来看，在"一股一票"控制权安排模式下，股东除了通过股东大会投票表决和选举的董事会等传统公司治理机制，还可以选择"以脚投票"的方式表达对现有管理团队业绩表现的不满。在绝大多数的双重股权结构控制权安排模式下，从 B 类股票到 A 类股票存在明确的退出路径，控制权是在持有 B 类股票的创业团队与持有 A 类股票的外部分散投资者之间状态依存的。例如，脸书在发行双重股权结构股票时规定：持有 B 类股票的股东在上市之后选择出售股份，那么这些股票将被自动转换为 A 类股票。如果持有 B 类股票的扎克伯格等人对未来业务模式创新仍有信心，那么，就继续由扎克伯格等领导脸书。如果有一天扎克伯格等感到无法很好地把握业务模式创新而选择出售持有的 B 类股票，此时 B 类股票就自动转化为 A 类股票，这意味着脸书重新回到只有一类股票的"一股一票"控制权安排模式。脸书全体股东将根据公司治理最优实践通过股东大会投票表决最终确定从市场招聘优秀的管理团队为股东创造最大价值。而在 Snap 推出的三重股权结构模式下，在 ABC 三类股票的持有人之间缺乏顺畅的身份转化和退出机制，公司未来的发展片面依赖持有 C 类股票的联合创始人，控制权安排的风险增加。在一定意义上，Snap 的未来经营管理的成败与两位联合创始人的个人经营管理决策紧紧捆绑在一起，一旦两位联合创始人出现决策失误，外部投资者将面临巨大的风险。

（3）控制权安排设计制度创新的边界。我国资本市场正积极探索建立双重股权结构的股票发行模式，而 Snap 推出的三重股权结构的相关实践无疑为我们带来十分重要的启示。

具体而言，在进行控制权安排设计制度创新时要把握以下边界：

第一，在控制权安排模式选择上，推行不平等投票权并非对投资者利益最不好的保护，而"一股一票"也并非对投资者利益最好的保护。从 Snap 的例子来看，如果声誉良好的创业团队能够向投资者传递对公司未来前景充满信心的信号，并获得投资者的一定认同，即使没有投票权，依然会受到投资者的追捧和超额认购。在资本市场，应该向投资者提供多层次、多样化的投资选择，以满足投资者的不同投资需求。同样重要的是，谷歌、脸书等美国企业和百度、京东等在美国上市的中国企业之所以青睐双重股权结构，一定程度上反映了在经历接管浪潮中野蛮人肆意入侵后，美国实务界和学术界对原来认为不利于投资者权利保护的不平等投票权的重新认识。面对野蛮人的入侵，双重股权结构股票的推出将一定程度上鼓励创业团队长期的人力资本投资。看起来是不平等的投票权，一方面使持有 B 类股票创业团队专注于业务模式创新；另一方面使持有 A 类股票的分散股东避免对自己并不擅长的业务模式指手画脚，仅仅着力于风险分担，最终在两类股东之间实现投资回报收益的平等。相信对于进入分散股权时代的我国资本市场，面对"野蛮人入侵"的潜在威胁，推出双重股权结构股票发行制度不仅十分必要，而且十分紧迫。

第二，在控制权安排模式选择上，避免将股东割裂成彼此对立的阵营，而是努力在不同股东之间建立长期合作关系，实现合作共赢。从 Snap 的案例我们看到，尽管控制权安排的设计人试图在不具有表决权的 A 类股票持有人与由两位联合创始人分享的一股 10 票投票权的 C 类股票持有人之间建立长期合作关系，但 A 类股票持有人被 C 类股票持有人人为地割裂开来。在从 C 类股票转化为 A 类股票的过程中，不仅有很高的限制，中间还夹杂着"一股一票"的 B 类股票。上述设计看起来在 A 类和 C 类股票之间存在不可逾越的鸿沟。相比而言，一些双重股权结构股票设计通过推出与 A 类股票一股一票略有差异的一股 5 票、一股 10 票，既实现了对控制权的掌握，又通过较大比例的资金投入表达出愿意与 A 类股票股东分担风险的诚意。因此，在未来我国推出类似的不平等投票权设计过程中，应该使两类股票投票权的差异控制在合理的范围，避免人为的割裂和对立。

第三，在控制权安排模式设计上，要努力在不同类型的股东之间建立顺畅的转换和退出机制，以实现控制权安排的状态依存。Snap 推出的三重股权结构股票中暴露的很多问题集中在不具有投票权的 A 类股票上。缺乏同甘共苦的诚意和回到传统公司治理构架的困难使得三重股权结构中的 A 类股票持有人投机性十足，不平等投票权设计原本期望建立的长期合伙关系演变为一次或数次包括对 IPO 在内的赌注。这是我国资本市场在推出类似制度时的大忌。一个有生命力的控制权安排模式不仅在于其有助于实现短期雇佣合约向长期合伙合约的转化，还在于基于良好退出路径的控制权安排的状态依存。

4. 结论

双重股权结构在过去的十几年经历了从不利于投资者权利保护到有助于防范"野蛮人入侵"的认识转变。而 Snap 推出的三重股权结构是在双重股权结构的基础上对公司控制权安排模式的进一步创新。它一方面加强了双重股权结构中公司管理层对业务模式发展前景充满信心的信号传递功能，提高了外部分散股东风险分担与创业团队业务模式创新的专业化分工程度；另一方面，既没有在持有不同类型股票的股东之间建立长期合作关系以提高管理效率，又没有通过建立控制权状态依存的退出转换机制降低未来营运风险，购买 Snap 推出的三重股权结构中的 A 类股票就像是在下赌注。

　　总的来说，Snap 三重股权结构的推出具有一定的现实合理性，但也存在制度设计缺陷。

　　通过三种控制权安排模式的比较，我们看到，控制权安排设计制度创新存在以下边界：其一，具有不平等投票权的多重股权结构不仅能够扩展投资者的投资选择，而且是防范"野蛮人入侵"的有效方式。随着我国资本市场进入股权分散化时代，我国有必要推出双重股权结构的股票发行制度。其二，在多重股权结构下要注意平衡不同投票权股东的关系，避免将股东割裂成彼此对立的阵营，努力在不同股东之间建立长期合作关系，实现合作共赢。其三，在控制权安排上要实现控制权在不同类型股东之间建立顺畅的转换和退出机制，避免控制权僵化导致的公司经营过分依赖创始人团队，实现控制权的状态依存。

　　资料来源：郑志刚，关田田. 控制权安排设计制度创新的边界——基于 Snap 三重股权结构的案例研究. 金融评论，2018（2）.

金字塔式控股结构和股东之间的利益冲突

一、金字塔式控股结构的表现形式

除了各路举牌险资，近年来在中国资本市场兴风作浪的还有隐身在复杂金字塔式控股结构背后形形色色的资本势力。习惯上，我们把这些实际控制人借助复杂的控股链条所建立的金字塔式控股结构形成的庞大企业集团称为"××系"。

事实上，或者需要购买它们提供的产品或服务，或者受雇于企业集团旗下的子公司，金字塔式控股结构与我们每个人的日常生活都存在着千丝万缕的联系，成为我们每天必须面对的基本金融生态。我们以中国中信集团和韩国三星集团为例来揭示金字塔式控股结构在各国经济生活中的普遍性和重要性。

中国中信集团有限公司（简称中信集团）是中国行政级别最高的企业之一，直属国务院，是国家授权代表国家投资的机构。地处北京国贸的地下 7 层、地面 118 层、高 528 米、总投资 240 亿元的中信集团总部大楼"中国尊"作为首都的最高楼成为北京新地标。华夏基金、国安集团、亚洲卫星、长城宽带、宁波港、天地华宇、澳门电讯、烟台葡萄酒业、邮电国际旅行社、武汉市建筑设计院、中国市

政工程中南设计研究总院等企业，实际上都隶属于同一集团，即中信集团。表 3-1 展示了中信集团在金融与非金融板块的主要一级子公司名单。

从表 3-1 可以看出，在中信集团的金融板块，既有作为中国第七大商业银行的中信银行股份有限公司和亚洲最大证券公司的中信证券股份有限公司，又有中国最大信托公司中信信托有限责任公司；在中信集团的非金融板块，既有中信金属有限公司等资源与能源企业，又有中信戴卡股份有限公司等制造业企业。中信集团境外机构涉及地区包括中国香港、中国澳门、新加坡（资源贸易）、日本、美国、澳大利亚（重工、矿业）、加拿大（林业）、菲律宾（天然资源）、哈萨克斯坦（油田）、阿尔及利亚（高速公路）、安哥拉（工程承包）、西班牙（中信重工）、委内瑞拉（工程承包）、巴西、印度尼西亚（能源）等。中信集团现已发展成为一家国有大型综合性跨国企业集团，业务涉及金融、资源与能源、制造、工程承包、房地产和其他领域。2019 年中信集团连续第 11 年上榜《财富》世界 500 强，位居第 137 位。中信股份（SEHK：00267）是香港恒生指数最大成分股之一。截至 2018 年 12 月 31 日，中信股份的总资产达 76 607 亿港元，营业收入为 5 333 亿港元，归属于普通股股东的净利润为 502 亿港元。中信集团规模的庞大超过了很多人的想象。

表 3-1 中信集团部分一级子公司名单

金融企业	银行	中信银行股份有限公司
		中信银行（国际）有限公司
		中信百信银行股份有限公司
	证券	中信证券股份有限公司
	信托	中信信托有限责任公司
	保险	中信保诚人寿保险有限公司
	其他	中信资产管理有限公司
		中信财务有限公司
		中信国际金融控股有限公司
非金融企业	资源与能源	中信资源控股有限公司
		中信金属有限公司
	制造业	中信重工机械股份有限公司
		中信戴卡股份有限公司
		中信泰富特钢集团
		澳门水泥厂有限公司
		中信机电制造公司

		中信建设有限责任公司
非金融企业	工程承包	中国市政工程中南设计总院
		中信建筑设计研究总院有限公司
	房地产	中信泰富（中国）投资有限公司
		中信和业投资有限公司
		中信正业投资发展有限公司
		中信置业有限公司
		中信城市开发运营有限责任公司
		中信资产运营有限公司
	其他业务	中信网络有限公司
		中信数字媒体网络有限公司
		中信环境投资集团有限公司
		中信旅游集团有限公司
		中信医疗健康产业集团有限公司
		亚洲卫星控股有限公司
		中信投资控股有限公司
		中信出版股份有限公司
		中信农业科技股份有限公司
		中信海洋直升机股份有限公司

资料来源：中国中信集团有限公司官网。

　　如果说中信集团只是中国为数众多的通过金字塔式控股链条形成的庞大企业集团中较为突出的一家，那么接下来介绍的这家金字塔式控股结构的企业集团——三星集团则对于韩国而言可谓举足轻重。

　　除了是手机产业霸主之外，三星集团在众多商业领域中闪耀着夺目的光芒。从 1938 年创立到现在，三星集团业务覆盖近 70 个国家，拥有 79 家子公司，近 500 个法人及办事处，涵盖的行业有电子设备、造船、精密化学、石油、保险、风险投资、酒店、医疗院、物业、福利院、经济研究院等。其中，三星电子是韩国最大的电子公司，三星生命是韩国最大的寿险公司，而三星物

产曾建造了迪拜塔、吉隆坡双子塔、仁川大桥、阿联酋 ENEC 核电站等项目，此外还有大量的石油、天然气、新能源投资，肩负着韩国的能源安全。三星电子、

三星生命、三星物产三家企业分别进入了《财富》世界 500 强。此外三星重工是世界 10 大造船厂之一，而三星 Techwin 主造军用飞机、民用飞机、坦克、装甲车等，在军工领域声名卓著。从日常生活起居的酒店餐饮，到高科技的电子设备、精密化学，韩国人日常生活的方方面面不可须臾离开三星。按照全球最大的品牌管理咨询公司 Interbrand 的排名，三星在 2019 年以 634 亿美元的品牌价值位列第6 名。三星集团的年营业收入占韩国 GDP 的 20％以上。三星集团和现代集团（韩国另一家金字塔式控股链条下的企业集团）长期构成韩国的主要经济支柱。三星在韩国国民经济中举足轻重的地位由此可见一斑。

在金字塔式控股结构中，通过控股链条实现层层控制的众多企业从外形上十分类似于一个金字塔：处于金字塔塔尖的称为实际控制人，或者在一些文献中称为最终所有者，往往是富有的家族或者个人；实际控制人首先通过持有控制性股份控制一家企业作为母公司，再由这家母公司控制多家企业作为子公司，如此不断。形成金字塔式结构的母公司、子公司和孙公司共同组成企业集团。

图 3-1 展示了一个金字塔式控股结构的企业集团的形成。实际控制人首先通过 A 公司持有控制性股份，控制 A 公司作为母公司，然后再通过 A 公司持有 B 公司和 C 公司的控制性股份，实现对 B 公司和 C 公司的控制，使 B 公司和 C 公司成为 A 公司的子公司。由此形成在塔尖是实际控制人，由一家母公司 A 和两家子公司 B 和 C 三家公司共同组成的具有两层股权结构的企业集团。在实践中，金字塔式控股结构的层数从两层可以延伸到多层。例如英国石油公司拥有的子公司层数一度多达 11 层。

图 3-1　金字塔股权结构图示

与金字塔式控股结构相对应的是水平控股结构（见图 3-2），指的是实际控制人通过直接持有每个企业集团成员的股份而实现对这些成员企业的控制。在金字塔式或水平控股结构的基础上，被控制企业同时拥有其控制链上游企业的股份，形成另一条控制链条，实现所谓的交叉持股。交叉持股使得金字塔式控股结构变得十分复杂，往往更有利于实现实际控制人对公司控制的目的。

为了清楚地了解交叉持股如何使金字塔式股权结构变得更加复杂微妙，下面以台塑集团为例。

图 3 - 2　金字塔式股权结构下水平控股与交叉控股模式

　　处于台塑集团这一金字塔式结构塔尖的无疑是被誉为"台塑大王"的王永庆家族。王氏家族通过秦氏国际、王长庚慈善信托、万顺国际和长庚医院等四个持股平台和直接持有共计持有核心企业台塑 21.83% 的股份、台化 40.35% 的股份、南亚 23% 的股份以及台塑化 4.47% 的股份（见图 3 - 3）。台塑、台化、南亚和台塑化构成台塑集团金字塔式结构的第二层，台塑胜高科技、南亚科技公司以及台塑塔夫绸等构成第三层，台塑先进技术公司和 Inotera 等构成第四层。或许你会问，王氏家族通过持股平台或直接持股仅仅持有处于第二层的台塑化 4.47% 的股份，是不是意味着没有实现对该公司的控制？构成台塑集团金字塔式结构第二层的台塑、台化、南亚和台塑化相互之间是交叉持股的。在台塑化分别持有台塑 2.07% 和南亚 2.26% 股份的同时，台塑、台化、南亚三家分别反过来持有台塑化 29.31%、24.90% 和 23.84% 的股份。借助交叉持股，尽管王氏家族第一层持股仅有 4.47%，但并不改变王氏家族实际控制台塑化和台塑化构成台塑集团金字塔结构第二层核心成员的格局。台塑集团由此成为通过交叉持股来巩固和加强基于金字塔式结构形成的控制链条的典型例子。

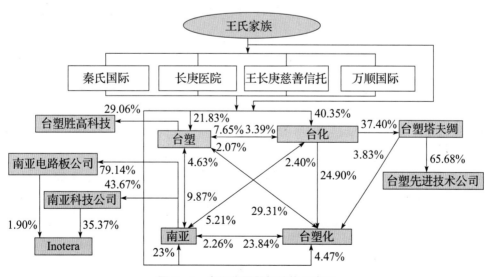

图 3 - 3　台塑集团股权结构示意图

应该说，中信集团、三星集团和台塑集团只是借助金字塔式控股结构构建的诸多企业集团中的三个典型例子。拉·波塔、洛配兹-西拉内斯、施莱弗（La Porta, Lopez-de-Silanes and Shleifer（LLS），1999）的研究表明，金字塔式控股结构在许多国家都存在，在27个富裕国家的20家规模最大的企业中，有27％的企业以金字塔式结构实现控制。从 LLS（1999）开始，公司治理的研究者陆续发现，在东亚9个国家和地区（Claessens, Djankov and Lang, 2000）、西欧13国（Faccio and Lang, 2002）和中东欧10国（Berglof and Pajuste, 2005）中，绝大多数大公司是由一小部分家族来控制的。张华、张俊喜和宋敏（2004）的研究表明，在中国民营上市公司中同样存在基于金字塔式控股结构下形成的股东之间的利益冲突。而前述中信集团的例子则表明，金字塔式控股结构不仅存在于民营的上市公司中，同样存在于国有控股的上市公司中。

二、金字塔式控股结构在我国资本市场盛行的制度原因

任何形式的控股结构的存在，都有其深刻的制度原因。通常而言，在经济发展的特定阶段，当一个国家的外部资本市场不够成熟、有效，金字塔式控股结构都可以扮演内部资本市场的角色，在实现资金融通和资源重新配置上发挥作用。回顾我国资本市场以上市公司作为控股子（或孙）公司形成金字塔式控股结构的发展历史，金字塔式控股结构的出现不仅来自企业外部融资实现的组织制度设计需求，同时与国企改制和产业结构调整过程中政府推出的一些特殊政策有关。

第一，在20世纪八九十年代，资本市场远未成熟和有效，迫切需要一种高效的融资途径来补充，甚至替代当时尚未成熟和有效的资本市场。我国资本市场的建立是在20世纪90年代初，刚刚建立的资本市场显然无法满足企业的融资要求。当时，企业主要依赖银行借贷满足融资要求，比如彼此存在业务联系的两家企业，其中一家企业也许把多余的资金以低利率储蓄到银行，而另一家急需资金支持的企业却由于银行层层审批无法及时获得贷款。当时的国有资产管理体系改革顺应了这种变化的趋势，这样存在业务关联的企业除了行政隶属和业务指导关系之外，多了资本连接的链条，形成了内部资本市场的雏形。在企业集团内部形成的资本市场的早期，不同企业集团成员之间本着"肥水不流外人田"的原则，资金融通的功能大于股权控制的角色，在企业集团成员之间持股的现象十分普遍。这为之后国资金字塔式控股链条的企业集团的形成奠定了最初的制度基础。金字塔式控股结构在中国资本市场出现的早期原因与其他国家的经验类似，那就是金字塔式控股结构可以扮演内部资本市场的角色，成为当时尚未成熟和有效的外部资本市场的补充，甚至是替代。

第二，国企上市股份制改制的现实需要进一步推动了我国资本市场金字塔式股权结构在国有控股上市公司中的出现。为了推动部分亏损严重、资金缺乏的国企顺利上市，完成股份制改制，对亏损的国企进行资产的剥离与整合，使这些从亏损国企中剥离出来的优质资产优先上市。这样，在成为上市公司的先嫁的"靓女"和亏损企业剩余部分很自然地形成子公司与母公司的控股关系。拥有优质资产的"靓女"上市之后毕竟还有资产劣质的"丑女"在家，"先嫁的靓女"未来需要承担帮助贫穷的家庭度过时艰的隐性责任。这为未来一些国有控股上市公司与集团公司的其他公司扯不断、理还乱的关联交易埋下了伏笔，一些上市公司甚至变成了母公司的"提款机"。

第三，在国企管理体制改革和完善过程中，为了避免国资委既是裁判又是运动员的嫌疑，我国在上市公司与国资委之间人为地设立用来控股的集团公司，使控股链条延伸，金字塔式控股结构在一些国有上市公司中最终形成。通过设立国资委全资控股的集团公司，国资委实现了对上市公司的间接控制，在我国国有资产管理体制下形成了大量的中央级和地方级的企业集团。以中国化工集团有限公司（简称中国化工）为例，隶属国务院国资委，是央企著名的"53 户"之一，控股 9 家上市公司，有 7 家专业公司、4 家直管单位、89 家生产经营企业、11 家海外企业以及 346 个研发机构。

在中国化工所控股的多家上市公司中，国资委全资持股的中国化工代表国资委享有出资人的权利和义务，成为 A 股上市公司安道麦 A 的重要股东（见图 3－4）。不仅如此，直接控股安道麦 A 的并非中国化工，也非代表中国化工履行出资人权利的专业公司中国化工农化有限公司，而是一家名为荆州沙隆达控股有限公司的类似于中国化工性质的控股集团。

图 3－4　中国化工（部分）股权结构示意图

从图 3-4 至少可以看出以下两点：一是设立类似控股集团的持股平台是我国资本市场为了加强对上市公司的控制所采用的惯常做法，其最初目的是实现对上市公司的控股和集中履行控股股东的职责和义务。我们注意到，中国化工的性质如此，沙隆达控股的性质亦如此。二是控股集团的嵌入客观上延长了控股结构的链条，增加了金字塔式结构的层级。延长的委托代理链条所形成的所有权与经营权的"分离"，为在国有上市公司中十分普遍的由于所有者缺位导致的内部人控制问题埋下了隐患。我们在第 4 讲中会集中讨论内部人控制问题。

第四，在之后几轮并购重组和产业结构调整中，一些效益不好的企业被政府"拉郎配"式地植入部分相对有实力的企业集团中，以解决当时很多国企面临的效益不好、基本薪酬无法保证、职工面临下岗等问题。上述在政府主导下的并购重组和产业结构调整进一步增加了金字塔式结构的层级，使得资本系族无论是资本体量规模还是涉及产业的多元化程度都大幅增加，形成了类似中信集团和中国化工等这样一些巨无霸企业集团。

第五，鉴于上市审核制下公司上市排队时间的漫长，"借壳"成为一些企业上市的捷径。在资产注入"壳"后所形成的新的上市公司和原有公司之间自然形成新的控制权链条。而一些地方企业为了保护十分稀缺的"壳资源"，不惜再次"拉郎配"，让一些资产质量状况良好的企业注入资产"保壳"。在我国资本市场十分活跃的"借壳"上市和"保壳"的过程中又一次增加了金字塔式控股结构的复杂性。

概括而言，由于以上原因，在我国资本市场中逐步形成了在行政区划上既有中央又有地方，在成员中既有部分国有上市公司又有大批国有非上市公司组成的国资背景庞大的金字塔式控股结构的企业集团。在 1999 年民企开始大量上市后，民资上市公司同样借鉴了国资金字塔式控股结构形成的发展模式。这使得在中国资本市场，不仅存在国资背景的金字塔式控股结构，还存在民企背景的金字塔式控股结构。下面以美锦能源集团为例来说明民营企业中的金字塔式控股结构的情形。

美锦能源集团的创始人是称为"山西焦王"的姚巨货。他 1932 年出生于山西太原清徐县，1981 年从贷款 1.6 万元购买两辆旧汽车成立清徐县第一个汽车运输车队起家，1993 年成立山西清徐煤炭气化总公司，1999 年成立山西美锦煤炭气化股份有限公司。2000 年 12 月 18 日，美锦能源集团有限公司成立。图 3-5 展示了美锦集团控股家族人员关系。

在美锦能源集团第二代控制人中，姚俊良是姚巨货的长子。理想是当一名好医生的姚俊良，1953 年出生于山西太原清徐县，做过"赤脚医生"。曾任山西美锦能源集团有限公司董事长，山西省政协常委，中华全国工商业联合会第七、八、九届执行委员以及山西省工商联副会长等职。他是姚氏家族的实际掌门人。

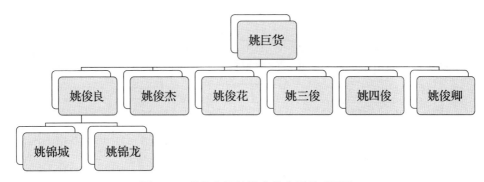

图 3 - 5　美锦集团控股家族人员关系图示

第三代姚锦城是姚俊良的儿子，1972 年出生，在美国仁斯利尔理工大学获得 MBA 学位。历任美锦能源集团有限公司副总裁、山西美锦煤炭气化股份有限公司总经理、山西美锦能源股份有限公司董事和总经理，山西省政协常委。第三代中姚锦龙是姚俊良的次子，1974 年出生，本科毕业于美国纽约州立大学布法罗分校，之后就读于美国仁斯里尔理工大学金融学专业和南开大学 EMBA。历任山西美锦煤炭气化股份有限公司运销公司经理，美锦能源集团有限公司副总裁，福州天宇电气股份有限公司副总经理，山西美锦焦化有限公司董事长兼总经理，现任公司董事长，全国青联委员，山西省青联常委，太原市政协常委。

从图 3 - 6 所示的美锦集团的股权结构可以看出，在 A 股上市的山西美锦能源集团有限公司其实只是姚氏家族构建的美锦金字塔式控股结构企业集团的一部分。除了上市的山西美锦能源集团有限公司，美锦集团还包括从事钢铁、热电、陶瓷制造、水泥生产甚至房地产等其他姚氏家族成员经营的大量非上市公司。这些企业共同组成民资背景的美锦集团庞大的金字塔式控股结构企业集团。我们注意到，很多民资上市公司的背后都存在类似美锦集团这样基于家族血缘或姻亲关系以资本控制链条为纽带的庞大的金字塔式股权结构，上市公司只是其中的一个重要的成员而已。

上交所研究员邢立全的研究报告《A 股资本系族：现状与思考》为我们了解我国资本市场金字塔式控股结构下的企业集团现状提供了基础数据。该报告将两家及以上的上市公司被同一实际控制人控股或实际控制界定为"资本系族"。按照该报告，截至 2017 年 2 月 7 日，深沪两市共有各类资本系族 178 个，涉及上市公司 1 045 家，占同期 A 股上市公司总数的 34%。其中，国有控股的资本系族 101 家，涉及上市公司 866 家，大部分由国务院国资委和地方国资委控股；民营控股的资本系族 76 个，涉及上市公司 179 家，家族控股占大多数。

我们注意到，邢立全研究员仅将两家及以上的上市公司被同一实际控制人控股或实际控制定义为"资本系族"。我们从美锦集团的案例中不难发现，已经形成

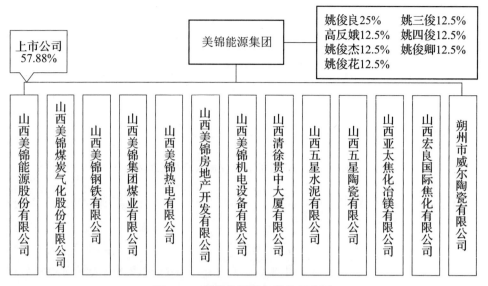

图 3-6 美锦集团股权结构示意图

事实的企业集团的美锦集团由于只控制一家上市公司，显然并不在该研究报告的统计之列。因而该报告所采取的资本系族是一个口径较窄的定义，显著低估了我国资本市场金字塔式股权结构形成的企业集团的数量。

即使是采用对资本系族较窄的定义口径，从邢立全研究员的研究报告中，我们不难看到资本系族在我国资本市场中涉及的上市公司范围之广、影响之大，这进一步支持了我们对金字塔式控股结构成为我国资本市场基本的金融生态的判断。金字塔式控股结构带来的潜在危害由此成为我们公司治理不得不面对和解决的基本问题。

三、金字塔式控股结构的政治、经济和社会危害

金字塔式控股结构潜在的危害由何而来呢？概括而言，借助金字塔式控股结构，实际控制人实现了控制权与现金流权的分离，为其利用控制权谋取私人收益提供可能，由此引发了股东之间的利益冲突，进而产生了新的代理问题。

如图 3-7 所示，假设作为实际控制人的一个家族持有上市 A 公司 50％的股份，而 A 公司持有上市 B 公司 30％的股份，B 公司又持有上市 C 公司 40％的股份，从而形成由 A、B 和 C 等企业组成的金字塔式控股结构下的企业集团。一般认为，持有大于或等于 30％股份的股东将成为一个公司的控制性股东，因而从实际控制人到 A、到 B、再到 C 形成一条控股链条。那么，处于金字塔塔尖的实际控制

人是如何通过这条控股链条形成对处于金字塔底部的 C 公司的权力的呢？就是实际控制人实际投入 C 公司的资金，从而享有按比例分享 C 公司股利分配和清算剩余的权力，即现金流权。从另一角度讲，这反映的是实际控制人以其出资额为限能够为其参与制定的错误决策承担责任的能力。反映责任承担能力的股东出资额也称为可承兑收入。在图 3-7 中，实际控制人在 C 公司的现金流权或可承兑收入仅为 6％（50％×30％×40％）。这意味着在 C 公司的资本金中，1 元钱中只有 6 分钱是来自实际控制人的。如果出现亏损，实际控制人在 1 元钱的亏损中也仅损失 6 分钱。

图 3-7　控制权与现金流权计算示意图

那么实际控制人对 C 公司的影响力究竟有多大呢？实际控制人通过控股链条对于 C 公司未来战略调整、利润分配和并购重组等决策所产生的影响无疑是举足轻重的，它反映的是实际控制人对 C 公司的控制权。如果一定要对实际控制人对 C 公司的控制权给一个可能的度量，那么表征控制权的在股东大会上的表决权应该不少于控股链条上最低的持股比例。因而实际控制人对 C 公司的控制权可以表示为 $\text{Min}(a_1, a_2, \cdots, a_n)=30\%$。

下面以香港电力公司的股权结构为例。实际控制人李嘉诚家族持有注册地已迁往开曼群岛的长江实业 35％的股份；长江实业持有 Hutchison Whampoa 公司 34％的股份；Hutchison Whampoa 持有 Cavendish International 公司 60％的股份；Cavendish International 最终持有香港电力公司 34％的股份。通过上述金字塔式控股结构可以看到，李嘉诚家族仅以 2.5％的现金流权拥有香港电力公司至少 34％的表征控制权的在股东大会上的表决权。

有趣的是，在长江实业的金字塔式控股链条上，上一层对下一层的持股比例往往不少于 34％。为什么？各国公司法普遍规定，公司重大事项在股东大会上只有获得 2/3 股东投票支持才能通过，而高于 1/3 的 34％意味着对于重大事项具有

"一票否决权"，从而成为"相对控股权"的表征。我们注意到，长江实业通过上述别具匠心的控股链条和最低持股比例设计，使香港电力公司最终成为"李嘉诚的电厂"。

回到图3-7，我们看到，在这个简单的金字塔式控股结构下，处于金字塔塔尖的实际控制人用6%的现金流权实现了对处于金字塔底端C公司30%的控制权，从而形成控制权与现金流权的一种分离。这里的控制权反映的是实际控制人在上市公司股东大会上以投票表决方式实现的对重大决策的影响力，而现金流权反映的是以实际投入上市公司出资额为表征的责任承担能力。两者的分离意味着承担责任与享有权利的不对称，形成一种经济学意义上的负外部性。这意味着一个在发生亏损时1元钱只承担其中6分钱的实际控制人却可以在股东大会的表决中获得至少30%的支持，使相关议案顺利通过。拥有更多权力但不承担相应后果的实际控制人有激励利用成本与收益不对称形成的外部性，追求控制权的私人收益，损害C公司其他外部分散股东的利益。

在实践中，上述借助金字塔式控股结构实现的现金流权与控制权的分离可能带来的负外部性，或者说可能导致的实际控制人的道德风险行为体现在很多方面。

第一，隧道掏空的实际控制人利用金字塔式控股结构转移上市子公司或孙公司资源的行为（Johnson et al.，2000；李增泉等，2005；Jiang et al.，2010；郑志刚等，2014）。

假设一个实际控制人持有A公司50%的股份，而A公司又持有B公司50%的股份。A公司和B公司的盈余分别为W_A和W_B，且50%为控制性股份，则实际控制人在A和B两公司的现金流权分别为50%和25%（50%×50%）。当不存在隧道挖掘实现的资金转移时，实际控制人的收益=50%W_A+25%W_B。

在50%为控制性股份的假设下，实际控制人通过控制A而实现对B的控制，使其提出的议案在B公司股东大会表决中至少获得50%的支持，实际控制人可以利用这一控制权把资源S从B公司转移到A公司（$S>0$）。由此A公司待分配收益从W_A变为W_A+S，而B公司待分配收益从W_B变为W_B-S。当存在隧道挖掘行为时，按现金流权分配收益，实际控制人的收益相应变为50%（W_A+S）+25%（W_B-S）=50%W_A+25%W_B+25%S。我们看到，实际控制人借助金字塔式控股结构实现了现金流权与控制权分离，通过隧道挖掘行为增加了25%S的私人收益。毫无疑问，实际控制人上述私人收益的获得是以牺牲B公司外部分散股东的利益（75%S）为代价的。

在现实中，实际控制人至少可以采用以下四种方式来转移资源，从而掏空所控股的子公司或孙公司。

一是资产出售。在上例中，实际控制人可以利用控制权将母公司资产以高于市场价格的方式出售给子、孙公司。

二是转移定价合约。实际控制人利用控制权要求 B 公司把该公司生产的产品低价卖给 A 公司，然后再通过 A 公司销往市场。

三是现金挪用或资金占用。实际控制人可以利用控制权把 B 公司的资金挪用到 A 公司，甚至实际控制人控制的其他公司。被挪用的资金往往体现在 B 公司和 A 公司之间大量的"应收账款"和"其他应收款"中。如果 B 公司是上市公司，低廉的融资成本使 B 公司成为 A 公司甚至整个企业集团的"提款机"。

四是贷款担保。由信誉良好的上市 B 公司为 A 公司以及企业集团的其他成员企业提供贷款担保往往会使 B 公司陷入债务偿还链条，波及 B 公司的正常经营，使 B 公司外部分散股东承担不必要的风险。

关联交易、资金占用以及贷款担保如今已成为各国资本市场监管的重点。上述行为除了会引起监管部门严格审查外，按照公司法和公司章程的相关规定，还需要独立董事出具独立意见，以变相增加隧道挖掘行为的实施成本，遏制上述行为的发生。

需要注意的是，金字塔式控股结构下的实际控制人并非总是进行隧道挖掘，从而掏空所控股的子公司和孙公司。例如，子公司或孙公司陷入财务困境时，实际控制人可能会动用自有资金帮助子公司或孙公司渡过难关，使这些公司的外部中小股东从中受益（Friedman et al.，2003；Riyanto and Toolsema，2008）。这种行为称为支撑行为。一个典型例子是亚洲金融危机期间的三星集团。当时，三星集团的子公司三星汽车濒临破产，1999 年，三星电子总裁（控制整个三星集团的家族的家长）用自有财富帮助三星汽车偿还了债务，使三星汽车转危为安，三星汽车的外部分散股东由此受益。实际控制人支撑行为的出现，也许与家族企业的使命、担当和社会责任有关；但也可能是为了未来的掏空，即实际控制人希望被救济企业能够生存下来，以便在未来进行隧道挖掘（Friedman et al.，2003）。

第二，现金流权与控制权的分离所带来的负外部性，还体现在金字塔式控股结构下实际控制人偏好市场炒作和资本运作的机会主义倾向，助长"脱实向虚"的资金流动趋势和金融市场的波动性。

2015 年我国资本市场进入分散股权时代的同时，也进入了一个乱象、怪象集中爆发的时期。随着各路险资纷纷举牌，类似万科股权之争频繁发生。同期，除了举牌的险资，在我国资本市场兴风作浪的还有隐身在复杂金字塔式控股结构背后的形形色色的资本大鳄。

我们的研究发现，处于金字塔式控股结构中的上市公司，随着金字塔式控股结构复杂程度的增加，实际控制人倾向于更加频繁的市场炒作和资本运作，而这并没有像投资者期望的那样带来经营改善和绩效提升，使得市场炒作和资本运作流于典型的机会主义行为。实际控制人利用金字塔式控股结构进行机会主义性质的资本运作的可能性，来自负外部性下资本运作失败成本由其他外部分散股东分担，而其现实性则来自金字塔式控股结构链条上实际控制人所控制的子公司和孙公司组成的庞大企业集团为资本运作提供便利的管道和通路。金字塔式控股结构的存在由此助长了我国经济已经存在的"脱实向虚"的资金流动趋势和金融市场的波动性。如何抑制金字塔式控股结构成为促使我国资本市场健康发展助力实体经济的关键环节之一。

需要说明的是，国有上市公司有限的资本运作行为更多受到国企改制、产业政策、供给侧结构性改革等国家宏观经济政策影响。相比较而言，资本运作作为金字塔式控股结构负外部性的例证在非国有上市公司中更为典型。

与成熟市场相比，我国资本市场投资者平均持股时间较短（3～6个月）。较短的平均持股时间使我国资本市场的散户一直被认为投机性强，散户多、换手率高和股价波动剧烈由此成为我国资本市场长期饱受诟病的方面。然而，散户投机性强，完全是出于保护自己权益的目的，是被金字塔式控股结构下实际控制人偏好市场炒作的机会主义倾向逼出来的。

首先，隧道挖掘使得分散小股东的利益无法得到有效保障，被迫选择"以脚投票"。一方面有待加强的对内幕交易的监管和处罚力度使很多投资者依然心存侥幸；另一方面在金字塔式控股结构下小股东无法实质参与公司治理。

其次，对于一些非核心控股子公司，受实际控制人主导的控股集团倾向于资本运作甚至市场炒作，而不是公司治理和经营管理。实际控制人频繁以资产置换、增发新股、并购重组甚至更名等为题材进行炒作，分散股东则很难将注意力集中到价值投资，而是忙于通过各种途径探听内幕消息。

最后，复杂的金字塔式控股结构为资本市场的腐败提供了可能，这进一步增加了中小股东对所持股票资金回报的不安全感。

由此，一种新的利益冲突开始进入公司治理理论界和实务界的视野，即金字塔式控股结构下实际控制人的现金流权与控制权的分离，导致的作为大股东的实际控制人与外部分散股东之间的利益冲突。股东之间的利益冲突在全球主要国家的资本市场中如此突出，以至于LLS（1999）不得不指出，在全球的大型企业中，最重要的代理问题已经由如何制衡经理人与股东的关系转为如何限制控股股东剥削小股东利益的问题。

我们注意到，詹森和梅克林代理成本范式下的经理人和股东之间的代理冲突与LLS提出的股东之间的利益冲突有很多类似之处。其一，二者都是由于应该匹配的权力分离导致利益冲突。其二，利益冲突的根源在于责任承担与权力不对称，形成一种经济学意义上的负外部性。由于这两类利益冲突在上述两方面存在的一致性，有时也把股东之间的利益冲突产生的成本称为代理成本。为了区分，我们把经理人与股东之间的代理成本称为"第一类代理成本"，相应的代理问题称为"第一类代理问题"或者"水平代理问题"；把股东之间的代理成本称为"第二类代理成本"，相应的代理问题称为"第二类代理问题"或者"垂直代理问题"。

毫无疑问，这两类利益冲突关注的焦点并不相同。在詹森和梅克林代理成本范式下，经理人比股东拥有更多的信息，信息不对称下经理人具有某种道德风险倾向，在谋求私人利益的同时损害股东利益。因此可以将经理人追求帝国扩张等典型的道德风险行为称为"经理人机会主义行为"。而在金字塔式控股结构下，实际控制人利用与责任承担能力不匹配的影响力可以通过隧道挖掘转移资源，在谋求控制权私人利益的同时损害股东利益。因此可以将大股东隧道挖掘、市场炒作等道德风险行为称为"股东机会主义"。但无论是经理人机会主义还是股东机会主义，公司治理保护中小股东"确保投资者按时收回投资，并取得合理回报"这一逻辑出发点始终不变。

应该说，除了隧道挖掘，在我国资本市场进入分散股权时代，股东机会主义还体现在"野蛮人入侵"。这类股东机会主义在公司治理实践中可能的危害同样不容忽视。

四、如何消除金字塔式控股结构?

我国资本市场起步较晚，今天发生的很多波折其实在其他国家的成熟资本市场的发展历程中都曾出现过。英美等很多国家和地区都经历了从金字塔式控股结构盛行和股权集中的股权结构，向股权分散的股权结构转变的过程。

在美国，创立于 1870 年由洛克菲勒家族控股的标准石油是当时典型的托拉斯，即许多生产同类商品的企业或产品有密切关系的企业合并组成的资本主义垄断组织形式。直到 20 世纪初，标准石油依然控制着全美 90％的石油产量。那么，洛克菲勒等托拉斯是如何逐步演变为股权高度分散的控制模式的呢?

其时代背景是针对当时美国社会出现的财富集中在少数人导致的社会不公平和由此衍生的贪污腐败盛行，在美国前总统西奥多·罗斯福和继任总统威廉·霍华德·塔夫脱的主导下发起了进步运动。社会各界对金字塔式控股结构负效应的认识逐渐形成共识，积极推动政府和社会各界采取一系列改革措施来抑制金字塔式控股结构的盛行。

第一，通过制定反垄断法使一些托拉斯组织拆分。1890 年美国国会制定了美国历史上第一部反托拉斯法《谢尔曼反托拉斯法》。然而直到 1911 年进步运动发起后，美国最高法院才根据《谢尔曼反托拉斯法》将标准石油拆分为埃克森美孚、雪佛龙等34个独立企业。

第二，《公共事业控股公司法案》（PUHCA）对公用事业持股的相关限制。20世纪30年代美国大萧条期间爱迪生联邦公司破产。汲取爱迪生联邦公司破产的教训，为了防范金字塔式并购带来的财务风险蔓延，美国国会于1935年出台《公共事业控股公司法案》。该法案限制公用事业控股公司拥有太多的附属公司和交叉持股，规定控股公司控制不能超过两层。该法案同时对公用事业控股公司的行业和区域进行了限定。随着美国电力行业进入管制时代，被称为"股权集中最后堡垒"的公用事业控股公司股权变得越来越分散，实现了资本的高度社会化。

第三，公司间股利税的开征，使控制子公司、孙公司的金字塔母公司处于税负不利状态。这被认为是20世纪初美国一些庞大的托拉斯组织解体的一个重要因素。在金字塔式控股链条中，每一级向上一级控股股东分配股利都需要缴纳股利税；金字塔式控股结构的层级越多，意味着总体的税赋越高。这使得这类公司在与同类型公司的竞争中处于税负不利状态。因而这些公司有激励通过降低层级甚至扁平化来改变自身在税负竞争中的不利地位。

第四，通过制定针对持有优先股的机构投资者在获得股利回报时的税收优惠政策，鼓励机构投资者更多持有上市公司发行的没有控制权的优先股，使机构投资者从战略投资者转为财务投资者，淡化持股控制权加强的色彩。

优先股指的是相对于普通股而言，在股利支付和公司破产清偿时的财产索取方面都具有优先权的股票。在金融工具的性质上，优先股介于权益和债务之间。在投资回报水平和期限的固定方面，优先股类似于债务；而在投资回报时机选择方面，优先股则类似于权益。因此优先股又被称为"伪装了的债务"。持有优先股除了可以节省机构投资者派驻董事等公司治理制度建设投入，还可以为上市公司的治理结构带来客观变化，即对于那些存在股东监督过度问题的上市公司，将有效避免机构投资者对上市公司经营管理的不当和过度干预。

优先股作为融资工具的优势在次贷危机期间美国政府对相关企业的救济政策制定中得到了充分利用和体现。其政策思路大致分为三个阶段：

第一阶段是由美国财政部直接购买并持有相关企业的股票，对这些企业进行"国有化"。但这一正在酝酿的政策遭到美国本土为数不少的专家和学者的反对。他们的理由是，国有化将不可避免地导致政府对微观经济个体的日常经营管理行为的干预，产生扭曲。

第二阶段是政府持有优先股，放弃表决权，承诺避免对微观个体经济行为的直接干预。但该政策思路存在的争议是，利用财政公共资金为"两房"（房利美、房地美）不良贷款埋单，对于其他纳税人不仅有失公平，而且未必是一种有效的资源配资方式。

第三阶段是政府担保下的银行贷款。这样做有三方面好处：其一，不涉及公共财政资金动用，从而不会引发公平问题的质疑；其二，不涉及控制权，因而没有对微观经济个体造成不必要的干预；其三，由银行基于资金使用效率最终来确定是否向企业提供贷款，因而不会对资金使用效率带来太多的扭曲。第三阶段的政策思路最终得到实施。美国在经历次贷危机后经济能够快速复苏一定程度上与上述救济政策的得当分不开。

第五，通过遗产税甚至馈赠税等的开征，鼓励民资背景的实际控制人从股权控制向公益性基金、家族信托基金转变。性质转变后的公益性基金更加关注资金的安全和回报的稳定，而不再简单谋求公司的控制权以及资本运作和市场炒作。洛克菲勒家族之所以能够实现财富百年传承很大程度上归功于家族信托基金的采用。洛克菲勒家族一方面将财富作为整体使后世子女从中受益，从而避免由于分家导致"富不过三代"；另一方面将资产经营权

洛克菲勒家族

交给专业的信托基金，避免家族成员对经营权的直接干预，有效解决家族企业传承过程中普遍面临的信任和能力冲突问题。从这样的转变和控制权安排中，我们看到老一代洛克菲勒家族成员的"舍得"智慧：看似放弃了实际控制权，却实现了财富的永生。

经过上述一系列的监管立法、税收政策调整和公司治理制度创新，美国在 20 世纪二三十年代初步形成了以分散股权结构为主的公司治理范式。而无论是次贷危机中优先股的采用，还是洛克菲勒家族信托基金的转型，这些制度设计背后均很好地体现了公司治理的基本逻辑，那就是在避免控制权过度干预的专业化分工带来的效率改善与缓解代理冲突降低代理成本之间进行权衡。因而公司治理应逐步从约束经理人降低代理成本、"防火、防盗、防经理人"的传统理念，转向实现两权分离带来的专业化分工效率改善与缓解代理冲突降低代理成本之间的权衡这一新理念。

设想我国资本市场上市公司的普通股主要由个人投资者直接持有，而险资等机构投资者主要持有优先股，从而鲜有复杂的金字塔式控股结构存在的情形。对于个体投资者，由于并不存在被原来金字塔式控股结构实际控制人隧道挖掘的可能性，所持股公司也不会被用来作为市场炒作的对象，他们的投机动机将相应减弱，从而转向价值投资，甚至开始关心上市公司的治理和经营管理状况。对于持有优先股从而没有投票权的机构投资者，出于保值增值的目的，既缺乏市场炒作

和资本运作的激励，也缺乏相应的条件。缺乏复杂的金字塔式控股结构作为掩护和载体，以往权力和资本的勾结难以为继，一个健康良性发展的资本市场开始形成。

五、总结

在我国资本市场建立初期，为了满足国有企业融资需求，同时配合国企改制和产业结构调整，政府推出了一系列特殊政策和组织制度设计，使得我国资本市场自成立之初便广泛存在着金字塔式控股结构。

与传统代理问题下的经理人机会主义不同，金字塔式控股结构下，引发了股东机会主义的新的代理问题。公司治理的研究方向从此需要同时关注经理人机会主义与股东机会主义。

金字塔式控股结构下股东机会主义形成的根源来自现金流权与控制权的分离，或者说责任与权力不相匹配的负外部性。在金字塔式控股结构下，实际控制人一方面隧道挖掘掏空所控股的子公司和孙公司的资源；另一方面则偏好资本运作、市场炒作。两方面的道德风险行为都将对外部分散股东的利益造成损害。尽管金字塔式控股结构在特定历史阶段曾发挥积极作用，但该结构在当前经济和社会的负面效应愈发明显。

消除金字塔式控股结构不可能一蹴而就，是一个相对漫长的过程。公司间股利税的开征、鼓励持有优先股、家族信托基金的流行等美国削减金字塔式控股结构层级的成功经验为我国相关实践带来借鉴。在围绕控制权安排进行公司治理制度设计创新时，我们应该始终强调在避免控制权过度干预的专业化分工带来的效率改善与缓解代理冲突降低代理成本之间进行权衡。因而，公司治理需要从约束经理人降低代理成本的传统理念，向实现专业化分工效率改善与缓解代理冲突从而降低代理成本之间的权衡这一新理念转化。随着分散股权时代的来临，如果能采取积极措施消除金字塔式控股结构的层级，那么缺乏复杂的金字塔式控股结构作为实际控制人隧道挖掘和资本运作的掩护和载体，一个更加健康良性发展的资本市场将逐渐形成。

中国式内部人控制问题

一、内部人控制的典型案例：恒丰银行和山水水泥

在了解了一个公司的股权结构和所处的金字塔式控股结构的金融生态之后，我们开始进入公司内部。2015 年以来，无论是恒丰银行（全称恒丰银行股份有限公司）的员工持股计划丑闻和高管涉嫌私分公款案，还是山水水泥（全称中国山水水泥集团有限公司）两次控制权纷争危机，都无法摆脱内部人控制的嫌疑。这里的内部人控制指的是高管或部分股东利用超过其责任承担能力的控制权，做出谋求私人收益的决策，但决策后果由外部分散股东承担，从而造成股东利益受损的行为。

内部人控制形成的根源依然是现代股份公司股东的所有权与高管或部分股东经营权（实际控制权）的分离，以及由此所产生的信息不对称。在上述意义上，我们可以把内部人控制问题理解为代理问题。然而，同样是内部人控制，中国资本市场下的内部人控制和英美等股权高度分散资本市场下的内部人控制并不一样，因此可以称为中国式内部人控制。对中国式内部人控制的剖析可以从两个典型案例恒丰银行和山水水泥开始。

（一）恒丰银行员工持股计划丑闻与高管涉嫌私分公款案[①]

2016 年底《财新周刊》和 2017 年初《21 世纪经济报道》分别以"恒丰银行股

[①] 关于恒丰银行更详细材料参见本节拓展案例三。

权控制术"① 和 "谁的恒丰银行?"② 报道了位于山东烟台的股份制商业银行恒丰银行的员工持股计划丑闻和高管涉嫌私分公款案。从表4－1展示的恒丰银行的股权结构来看，无论从股权制衡程度、股权多元化程度，还是国际开放程度来看，恒丰银行都堪称股份制商业银行中的典范。从股权制衡程度来看，该行的第一大股东是

持股20.61%的烟台蓝天投资控股有限公司（烟台市国资委独资）；第二大股东是新加坡大华银行，属于国际资本，持股比例比第一大股东低7个百分点。从国际开放程度和股权多元化程度来看，在恒丰银行的股东中，除了新加坡大华银行这样的国际战略合作伙伴，还有来自江苏、上海、北京、厦门的机构投资者。但为什么股权结构堪称完美的恒丰银行依然让媒体发出了"谁的恒丰银行?"的质疑呢？

表4－1　恒丰银行 2016 年底的股权结构

股东名称	持股比例（%）
烟台蓝天投资控股有限公司	20.61
新加坡大华银行有限公司	13.18
上海鲁润资产管理有限公司	8.95
上海佐基投资管理有限公司	8.11
厦门福信银泰投资有限公司	5.74
君康人寿保险股份有限公司	3.27
上海国正投资管理有限公司	2.75
上海国之杰投资发展有限公司	2.70
成都门里投资有限公司	2.63
北京中伍恒利投资发展有限公司	2.62
其他	29.44

这要先从凸显内部人控制问题严重的员工持股计划丑闻说起。作为实际控制人为烟台市国资委的股份制商业银行和拟上市的股份制公司，员工持股计划的推出自然需要符合银行业监管和《证券法》等相关规定。然而，在恒丰银行 2013 年推出的员工持股计划中，无论是认购价格、总体发行规模、单一员工持股数量还是资金来源都不符合相关规范。表4－2列举了该员工持股计划的相关事项。

---

① 吴红毓然，贾华杰，韩祎．恒丰银行股权控制术．财新周刊，2016（45）．
② 谁的恒丰银行？．21 财经，2017－01－04．http：//www.21jingji.com/2017/1-4/0MMDEzODBfMTQ-wMTM0MQ.html.

表 4 - 2　恒丰银行 2013 年员工持股计划

项目	具体内容
定向增发股份	不超过 52 亿股
激励对象	核心员工和价值员工
每股认购价格	3 元
2013 年每股净资产	3.87 元
2014 年每股净资产	4.47 元
2014 年年末总股本	100.49 亿股
2015 年年末总股本	118.95 亿股
员工认购股权资金	通过兴业银行烟台分行进行配资
认购额度及配资比例	视员工级别而定

第一，员工持股计划定向增发股票的价格远低于同年每股净资产。按照规定，员工持股计划定向增发股票的价格不能低于同年每股净资产。但恒丰银行此次员工持股计划一共发行了 52 亿股，认购价格每股仅为 3 元，不仅低于 2013 年同年每股净资产 3.87 元，更是远低于 2014 年每股净资产 4.47 元。

第二，员工持股计划超限额认购发行，使员工持股计划股本规模超过相关限定。按照规定，内部职工持股不得超过总股本的 10%。而恒丰银行此次员工持股计划一共发行 52 亿股，在公开发行新股后，内部职工持股比例几乎达到 30%，远超总股本 10% 的上限。

第三，员工持股计划中单一职工持股数量超过相关限定。按照《关于规范金融企业内部职工持股的通知》（财金〔2010〕97 号）的规定，由原合作制金融组织改制形成的存在内部职工持股的金融企业，如提出公开发行新股申请，应采取回购内部职工持股、向其他法人股东和机构投资者转让等方式，进一步降低内部职工持股的数量和比例，回购或转让价格由双方协商确定。公开发行新股后内部职工持股比例不得超过总股本的 10%，单一职工持股数量不得超过总股本的 1‰ 或 50 万股（按孰低原则确定），否则不予核准公开发行新股。但恒丰银行此次员工持股计划，董事长个人就认购了 2 000 万股（见表 4 - 3），远超 50 万股的上限。

表 4 - 3　恒丰银行 2013 年员工持股计划认购额度与配资比例计划表

	分类标准	具体类别	认购数量
认购额度	董事长		2 000 万股
	总行高管层		500 万股以上

		一级分行行长 总行部门总裁 总行事业部 职业部门总经理	100 万~500 万股
认购额度	B类		
	C类	2类	不明
	D类	入行满 10 年 入行满 5 年不足 10 年 入行不足 5 年 劳务派遣员	0~50 万股 0~30 万股 0~20 万股 0~5 万股
配资比例	员工层级的不同，自筹和融资部分的比例亦不相同，比例分别是 1∶9，2∶8，3∶7，4∶6，级别越高，个人出资比例越低		

第四，员工持股计划的资金使用来源为非自有资金。从协调员工与股东利益的员工持股计划的设计逻辑出发，鼓励员工持股的资金为自有资金，从而构成对风险实质分担的可承兑收入。然而，在恒丰银行此次的员工持股计划中，所需的资金投入是通过兴业银行向恒丰银行配资贷款实现的。该贷款计划共计 100 亿元，需要支付 8.44 亿元利息。而恒丰银行则以"董事会占款"名义利用公款支付了兴业银行的利息费用。按照相关媒体的报道，员工持股资金最后以 268 亿元入账，但截至 2016 年 6 月退股前，计划只实行了 89 亿元左右的规模，退股后考虑还贷时，仍然有 168 亿元资金不知去向。

第五，在此次持股计划实施方案中，员工持股计划配资比例也是广受批评的内容之一。从表 4-3 可以看出，董事长可以认购 2 000 万股，按照每股 3 元的认购价格计算，需要 6 000 万元资金。然而，按照该项持股计划公布的配资比例 1∶9，董事长自己只需要出资 600 万元，其余的 5 400 万元则由兴业银行以贷款方式提供。而享受 D 类标准的员工如果认购 20 万股，在所需要的 60 万资金中，按照配资比例 4∶6，该员工自己需要出资 24 万元，其余 36 万元由兴业银行以贷款方式提供。重要的是，无论是董事长还是员工，持股计划贷款的借款利息均由恒丰银行支付。

事实上，此次恒丰银行推出的员工持股计划实施方案不仅违反了《证券法》的相关规定，而且违反了银行业的相关监管规定。按照银行业监管的相关规定，股权激励计划由于涉及股权变动等重大事项需获得相关监管部门的批准。但是恒丰银行变更持有股份总额 5% 以上的股东未按规定报银监会审批。这项违规操作后来成为恒丰银行受到监管当局处罚的重要依据。由于恒丰银行在计划设计与推行过程中的种种违规，该项员工持股计划最终被银监会叫停。

随着员工持股计划丑闻引起媒体和公众的关注，恒丰银行高管涉嫌私分巨款事件开始浮出水面。2015 年 3—4 月间，恒丰银行为部分高管在东亚银行上海分行办理了银行卡。同年 5 月，上海衍溢投资管理有限公司以代发工资为汇款理由，向上述新办银行卡汇入巨款，该巨款在之后 20 天内被全部转出。值得注意的是，就在这些资金转出的同时，帮助资金转移的上海佐衍系公司在很短时间内完成了股东与法人信息变更，这使得原本实际持股的恒丰银行高管完全隐身。这笔没有通过董事会而违规发放的资金直到被与时任董事长蔡国华争斗的前行长栾永泰承认曾收到 2 000 多万元奖金而得到间接证实。蔡国华曾召开公司党委扩大会议，动员全行 1.1 万名员工以签公开信等方式揭发栾永泰。而栾永泰为自保实名举报董事长蔡国华，称其侵吞公款 3 800 万元、违规运作员工股权激励机制及违规控制恒丰银行。这一私分公款案由此彻底曝光。

2017 年 4 月，银监会对恒丰银行做出处罚决定，罚款共计 800 万元。与此同时，山东省政府表示将对恒丰银行进行股权重组，通过山东省国有企业鲁信投资控股集团承接公司原有股东持有的股权，成为其第一大股东。

值得深思的是，多元化程度高、股权制衡度高的看似规范的股权结构并未能阻止在恒丰银行发生损害外部股东利益的内部人控制问题。

（二）山水水泥股权纷争案①

山水水泥的前身是成立于 1972 年位于济南的国营山东水泥厂。在控制权纷争爆发前，山水水泥一度在全国国有水泥企业中排名第四，是国家重点支持的 12 户全国性大型水泥企业之一，其业务覆盖山东、辽宁、山西、内蒙古、新疆等十多个省份。

在水泥行业摸爬滚打了十多年的企业家张才奎于 1986 年被任命为山东水泥厂党委副书记。在张才奎的努力下，连续亏损 13 年的山水水泥开始扭亏为盈。像很多改革开放早期带领企业走出困境的企业家一样，张才奎由此成为山水水泥发展史上的功臣。

随着水泥厂的发展，经张才奎提议，3 947 名职工共同集资成立了中国山水投资有限公司（简称山水投资），并于 2005 年 2 月与摩根士丹利、鼎晖投资和国际金融三家外资企业共同组成山东山水水泥集团有限公司（简称山水集团）②，为上市做准备。2008 年山水水泥在香港联交所挂牌前夕，除 9 名职工股东注册登记外，

---

① 关于山水水泥更详细的资料参见本讲拓展案例一。
② 山水集团为上市公司山水水泥的唯一经营实体。

其余 3 938 名职工股东签署了信托确认函，由职工股东转为信托受益人。上述信托计划的签署从表面上看是为了加快上市流程，满足相关程序，然而却为未来山水水泥的控制权纷争留下了隐患。

上述隐患在张才奎之子张斌出任山水水泥总经理后推行的一项重大新政中触发。在张才奎的支持下，张斌试图将物资采购集中统一。但张斌的上述收权行为，引起了董承田、于玉川、赵利平、赵永魁、宓敬田等五位高管的不满。这五位高管于 2013 年 2 月 1 日愤然离职。

之后不久，张斌推出了《境外信托退出性收益分配方案》和《中国山水投资有限公司①股份回购方案》，着手将山水水泥的股权全部归张氏父子。该退股方案规定，退股资金来自山水水泥未来的盈利，分摊在 39 年内。这项规定意味着职工要用未来自己创造的利润去换取原本属于自己的权益。张斌主导的上述退股计划不可避免地遭到参与集资的部分高管和员工的反对。

2014 年 11 月，宓敬田等山水水泥部分高管和职工在香港高等法院向前董事长张才奎提起诉讼。2015 年 5 月 20 日，香港高等法院做出裁定，由安永会计师事务所托管由山水水泥 3 947 名职工共同集资成立山水投资部分事宜，托管人廖耀强等及原董事于玉川随后当选山水投资的董事。与此同时，受到宓敬田等原高管的邀请和鼓励，来自河南省的另一家水泥企业天瑞集团通过在二级市场上增持山水水泥的股票，持股比例一度达到 28.16%（见表 4-4），超过原第一大股东山水投资，成为山水水泥第一大股东。面对来自天瑞集团的接管威胁，张才奎父子利用广泛的社会资源，邀请亚洲水泥股份有限公司和中国建材集团有限公司作为"白衣骑士"，双方控制权纷争大战在即。

表 4-4 2015 年 5 月山水水泥股东持股情况

股东名称	持股比例（%）
天瑞集团	28.16
山水投资	25.09
亚洲水泥	20.90
中国建材	16.67
其他	9.18

2015 年 5 月 22 日，山水水泥 2014 年股东大会在硝烟弥漫中召开了。200 多名山水水泥职工在公司原高管宓敬田的带领下汇集公司门前，希望阻止张才奎组建

---

① 中国山水投资有限公司是山水水泥的大股东，持股 30.11%。

新董事会。受山水水泥职工维权和双方股权胶着的影响，这次股东大会所审议的 10 项议案中仅 4 项通过，其余 6 项均遭到否决。

不满于张氏父子继续掌控董事会的局面，新晋为第一大股东的天瑞集团一度提议召开特别股东大会，改选公司董事会，但并未成功。面对第一大股东天瑞集团频繁发起的控制权之争，为了继续掌握山水水泥的控制权，张氏父子于 2015 年 10 月发起修改山水集团公司章程。拟修改的章程规定：在董事任期届满前，股东不得解除其职务，亦不得通过修订公司章程更换任期内的董事。如果上述章程生效，意味着张才奎到 2017 年 6 月 30 日才任期届满，而张斌要到 2019 年 9 月 9 日才任期届满。让人费解的是，按照《公司法》的相关规定，作为子公司的山水集团修改公司章程需要经过山水水泥股东大会的批准才能生效。但该章程修改在当地政府相关部门的认同下居然生效，这使原本复杂的股权纷争更趋复杂。

在第一大股东天瑞集团、山水投资托管方永安会计师事务所以及托管代表廖耀强等董事的共同努力下，2015 年 11 月 20 日山水水泥罢免了张才奎、张斌父子董事职位，并于 12 月 1 日进一步罢免原董事会其他成员，将董事会成员变更为李留法、李和平、廖耀强等人（其中李留法、李和平由天瑞集团派出，廖耀强、张家华、华国威由山水投资托管方安永会计师事务所派出，张钰明由中建投派出），领导部分职工维权反对张氏父子的宓敬田成为山水集团新的副董事长。与此同时，宓敬田等人围绕公司章程修改事宜再度在香港高等法院向张氏父子提起诉讼。

2015 年 12 月 27 日，张才奎的助理陈学师带领部分支持张氏父子的职工，以暴力方式占据办公总部，致使部分重要文件、企业公章丢失。在公司公章被非法盗用后，新组成的管理团队重新申领时，当地政府相关部门以涉及股权之争为由不予受理。2016 年 1 月，香港高等法院判决公司章程修改无效，勒令将公司章程恢复原状。但由于涉及跨境执法等问题，该判决迟迟未能执行。

在天瑞集团和山水投资托管人安永会计师事务所的支持下，从 2016 年 3 月开始，宓敬田团队陆续接管山水水泥旗下遍布各地的 100 多家子公司。在逐步形成以宓敬田为首的经营团队实际主持山水水泥经营格局后，被"偷"的印章才自动无效，张氏父子的实际控制由此淡出山水水泥。至此，山水水泥第一次控制权争夺落下帷幕。

出乎意料的是，之后不久，发生在山水水泥历史上的第二次股权之争在与张氏父子斗争所结成的"同盟军"宓敬田与大股东天瑞集团之间展开。

2016 年 6 月，山水水泥董事会在大股东天瑞集团主导下提出了一份配股方案。按照该方案，按每股现有股份可认购四股新的公司股份。该议案遭到担心股权被稀释的山水水泥职工的反对。这成为宓敬田与大股东天瑞集团隔阂的开始。2016 年 12 月 14 日，在未经大股东天瑞集团允许的情况下，时任公司董事和副董事长宓敬田在新闻发布会上发布公司扭亏为盈、公司违约债务处理等相关信息。天瑞集团随后在 12 月 20 日以此为由发布公告暂停宓敬田董事和副董事长职务。

虽然宓敬田职务被暂停，但并没有就此停止对公司事务的实际控制。在宓敬田的推动下，山水水泥全资附属公司——先锋水泥的股东大会于 2017 年 3 月 13 日发布公告，反过来宣称免除天瑞集团委派和支持天瑞集团的李茂桓、于玉川、赵利平、陈仲圣等在山水水泥的董事职务。2017 年 4 月，在山水水泥的济南总部再次上演暴力占据公司总部的事件。占领总部的一方是以宓敬田为首的部分职工，而试图凭借暴力进入的一方为第一大股东天瑞集团和部分山水水泥董事。这场发生在 4 月 8 日凌晨的"武斗"事件再次使山水水泥进入公众视野。

通过上面的分析，无论是恒丰银行的员工持股计划丑闻和高管涉嫌私分公款案，还是山水水泥两次控制权纷争，都无法摆脱内部人控制问题。概括而言，发生在恒丰银行和山水水泥的内部人控制问题具有以下特征：

第一，上述两个案例中的内部人控制都是由（金字塔式控股结构下所有者缺位的）董事长而非控股股东主导的追求私人收益、损害外部股东利益的行为。因而，这类内部人控制问题依然属于传统的经理人与股东之间的代理冲突框架下的垂直治理问题。在第 3 讲中曾提到，鉴于在 27 个发达国家或地区中，大企业的股权集中控制在大股东手中，LLS（1999）做出判断，全球大企业中最重要的代理问题已经转为如何限制控股股东剥削小股东利益的问题。然而，恒丰银行和山水水泥的案例表明，困扰中国公司治理的典型问题与其说是控股股东的隧道挖掘行为，不如说是所有者缺位的内部人控制问题。不仅如此，在我国资本市场盛行的金字塔式控股结构的掩护下，我国上市公司的垂直代理问题更加隐蔽和复杂。

第二，各个层级的股东大会屡屡被内部人操纵，沦为实现内部人控制的工具。

第三，在政治关联和社会连接的庇护下，无论是程序合规要求还是司法判决结果，都难以撼动这些内部人的实际控制人地位，甚至迫使对方不得不诉诸武力来解决。

回顾内部人控制问题在各国公司治理实践的历史不难发现，内部人控制问题并非中国独有，在盛行股权分散的治理模式下的英美等国家同样会出现内部人控制问题。但发生在恒丰银行和山水水泥的内部人控制问题与英美等国出现的内部人控制问题并不完全相同。

在英美等国的公司治理模式下，内部人控制格局的形成有以下两个原因：一是公司股权高度分散，单一股东难以形成对经理人的制衡。二是为了激励经理人努力工作，股东往往会向经理人不断提供股权激励。在持续的股权激励下，持有足够多股份的经理人的实际控制地位很难被外部接管撼动，从而形成所谓的盘踞或者壕沟效应。由于上述两方面的原因，总经理（CEO）成为英美等国公司治理模式下内部人控制的核心。

对照英美等国公司治理模式下的内部人控制，发生在恒丰银行和山水水泥的内部人控制呈现出完全不同的特征。其一，无论是恒丰银行还是山水水泥，在从原来的"一股独大"走向股权分散的我国资本市场，上市公司股权远没有达到英美等国类似的高度分散程度。恒丰银行的第一大股东蓝天控股持股 20.61%，而山水水泥新进入的第一大股东天瑞集团的持股一度达到 28%，但第一大股东较高的持股比例似乎并没有形成对内部人控制的抑制和制衡。其二，内部人持股的比例有限，远没有达到外部接管无法撼动其实际控制地位的盘踞效应。其三，在英美模式下作为董事会召集人、与其他董事具有相同投票权的董事长，在中国资本市场的制度和文化背景下实际上履行的是英美模式下总经理的角色。而中国上市公司的总经理则蜕化为董事长的行政助理。在我国资本市场，董事长而不是总经理成为内部人控制格局的核心。

中国式内部人控制问题的出现是由特殊的政治、社会、历史、文化和利益原因导致的。接下来，分别从制度基础和文化根源两个层面来对中国式内部人控制问题的成因进行考察。

二、中国式内部人控制问题形成的制度根源

中国式内部人控制的制度基础可以概括为金字塔式控股结构下的所有者缺位、政治关联和社会连接三个方面。

1. 金字塔式控股结构下的所有者缺位

金字塔式控股结构下的所有者缺位，使股东作为所有者对董事长作为代理人应有的监督制衡作用缺失，成为中国式内部人控制问题的制度根源。第3讲的讨论表明，金字塔式控股结构的存在导致了实际控制人现金流权与控制权的分离。责任和权力的不对称，一方面使实际控制人缺乏对经营管理的兴趣，有限的兴趣和偏好集中于资本运作和市场炒作；另一方面，在复杂的金字塔式控股结构下长的委托代理链条中，控制性股东难以真正关注处于金字塔底部的上市公司的经营管理状况，形成了所有者缺位。董事长的行为成为弗里德曼意义上的"花别人的钱办别人的事"的典型，"既不讲节约也不讲效率"的种种内部人控制行为的出现完全在预料之中。

2. 政治关联

政治关联对于形成国有企业中中国式内部人控制问题有特殊作用。所谓政治关联，指的是与政府权力机构存在的、能够为关联企业带来潜在益处的一种特殊

社会关系。对于民营企业，创始人成为人大代表或者政协委员被认为是民营企业建立政治关联的标志；而对于在国计民生中举足轻重的国有企业，其和政府存在着天然的政治关联。以往研究表明，政治关联的形成不仅在短期看具有积极的市场反应，而且从长期看将为企业带来信贷便利、财政补贴、税收优惠以及其他产业政策的扶持等诸多益处（Fan et al.，2007；Li et al.，2008；余明桂和潘洪波，2008）。

除了各种显性和隐性的补贴和优惠，政治关联在国企中还直接体现为其董事长、总经理等关键岗位是由上级组织部门按照干部考察程序任命这一特殊的高管更迭机制。董事会提名和股东大会表决等《公司法》规定的程序启动是围绕上述更迭机制的运行展开的。以恒丰银行为例，按照恒丰银行发布的相关公告，"2013年12月19日召开董事会会议，根据烟台市委市政府有关任免推荐决定以及本行主要股东的提议，经董事会提名委员会资格审查通过，选举蔡国华先生为公司董事、董事长"。

蔡国华在出任恒丰银行董事和董事长之前曾任烟台市委常委、副市长，兼国资委党委书记。不难理解，无论是恒丰银行的上级持股公司蓝天投资还是全资控股蓝天投资的烟台市国资委，对于蔡国华的制衡力量都十分有限。作为恒丰银行第一大股东的蓝天投资反而成为其抗衡其他股东的力量，甚至向其他股东传递出"想反对也没有用，因为我是第一大股东"的相反信号。由于上述自上而下的特殊人事任命途径，任命者往往具有特殊身份，因而国企政治关联下的董事长的产生机制和由此形成的董事长独特身份成为恒丰银行中国式内部人控制的制度根源之一。

为了统筹安排兼具经济人与政治人身份的国企高管，在我国国企高管产生和形成过程中盛行非常独特的官员岗位轮换制度。我们的研究表明，在一些国有企业中，经理人往往不是从内部晋升，也不是严格意义上的外部聘用，而是来自与上市公司存在业务往来和资本关联的企业集团的岗位轮换（郑志刚，梁昕雯，吴新春，2014）。这样的安排仅仅是控股股东为了实现控制上市公司目的所选择的过渡性和权宜性的制度安排，并非长治久安之计。这使得上述国企高管更迭机制下的国企高管行为存在明显的短期倾向，往往偏离了股东权益保护这一公司治理的逻辑出发点。

我们的研究还表明，部分国企高管为了实现自身的政治晋升，在自上而下的任免体制中形成的激励扭曲下，使一些原本作为企业社会责任体现的行为的公益性捐赠蜕化为形象工程，并成为我国制度背景下外部分散股东不得不面对的特殊的代理成本（郑志刚，阙铄，黄继承，2017）。

3. 社会连接

广泛的社会连接成为中国式内部人控制在我国上市公司中出现的特殊制度因素。

从山水水泥的案例中可以看出，持股比例并不高的张才奎之所以成为山水水泥的实际控制人与他是山水水泥历史上的功臣有关。连续亏损 13 年的山东水泥厂，在张才奎带领下，逐步发展成为在香港上市、全国各地超过 100 多家分公司、一度全国排名前四的水泥企业。可以说，"没有张才奎就没有今天的山水水泥"。事实上，改革开放以来，在我国现代企业并不太长的发展历程中，几乎每一个成功企业的背后都有一个张才奎式的企业家，并成为这一企业的灵魂和核心人物。这些灵魂人物在带领企业一步步成长的过程中，也逐步积累了包括同事、同乡、战友、亲属关系在内的广泛的社会连接，获得持久的信任。即使在核心人物出现明显的决策判断失误和处事不公，这些多年建立的社会连接和相应的信任依然愿意选择维护其实际控制权。

具有广泛社会连接的张才奎，一方面，利用自己业界人脉邀请中国建材和亚洲水泥作为"白衣骑士"对抗来自河南的天瑞集团的接管威胁；另一方面，疏通当地相关部门，为新股东相关权益的维护制造障碍，使香港法院的相关判决在当地难以执行。我们注意到，张才奎代持的职工集体股票使山水水泥控制权纷争变得复杂。作为企业重要的利益相关者的职工同时成为企业的（间接）股东，角色的冲突进一步增加了山水水泥控制权纷争的复杂性，在山水水泥形成内部人控制格局中错综复杂的社会连接显然起了重要作用。

社会连接有助于形成内部人控制格局的极端案例是梅雁吉祥（全称为广东梅雁吉祥水电股份有限公司）[①]。梅雁吉祥的第一大股东持股比例一度低至 0.29%，成为我国 A 股历史上股权结构最分散的公司之一。对于这样一家进入门槛极低的企业，恒大在万科股权纷争的高峰时短期内"快进"梅雁吉祥，然后"快出"。除了监管和舆论的压力，我们猜测与这家企业基于社会连接形成的独特治理架构有关。与很多优秀企业的发展历史一样，梅雁

广东梅雁吉祥水电股份有限公司

吉祥灵魂人物杨钦欢率领李江平、李忠平、杨涌辉、叶侨发、胡苏平和叶选荣等

[①]　关于梅雁吉祥更详细的材料可参见本节拓展案例二。

建筑工程队，从"进城务工"开始，经过多年在城市打拼，最终创立了梅雁吉祥。这些大都来自广东梅县的创始股东，同时也是核心管理团队。虽然杨钦欢在梅雁吉祥持股比例很低，但是没有人可以撼动杨钦欢的独特地位，这与杨钦欢多年形成的社会连接积累的广泛信任分不开。持股可以少，但影响力一点都不少，这是社会连接给中国式内部人控制打下的特殊印记。

需要注意的是，社会连接显然是一把双刃剑。有助于降低信息不对称，在短期内建立彼此信任的社会连接，尤其是在企业发展早期有助于协调利益，抵御"野蛮人入侵"；而在企业发展后期，广泛的社会连接成为内部人控制格局形成的外部制度温床，将阻止改善效率的外部接管发生。因而，社会连接在企业发展的早期能够带来连接价值的"资产"，但并不排除未来转变为损害企业价值的"负债"。

概括而言，金字塔式控股结构下的所有者缺位、主导国企高管更迭的政治关联和从早期资产转变为未来负债的社会连接，成为我国资本市场尤其是在国有上市公司中出现中国式内部人控制的三大制度根源。

三、文化根源：任人唯亲的董事会文化

除了制度根源，在我国上市公司中出现中国式内部人控制，还有其文化根源，即任人唯亲的董事会文化。

大量研究表明，文化在各国不同公司治理模式的形成和促进各国金融发展过程中扮演重要角色（Stulz and Williamson，2003；Dyck and Zingales，2004）。然而，文化对经济行为的影响，我们往往"只可言传，不可意会"。虽然不能否认它的影响的存在，但很难找到确凿的证据。例如，经理人所获的与绩效不挂钩的超额薪酬被认为是一种损害股东利益的代理成本。对于经理人超额薪酬出现的原因，一些学者从经理人权力这一制度视角去理解。别布丘克（Bebchuk et al.，2006）发现，由于经理人在董事遴选、评价、面试甚至董事薪酬制定上的"权力"，董事往往被经理人的权力所俘获，无法形成有效制约，以至于看上去像是经理人为自己制定薪酬一样，由此导致经理人超额薪酬现象。然而，包括布瑞克（Brick et al.，2006）和我们的研究（郑志刚，孙娟娟，Rui Oliver，2012）却表明，即使控制了经理人权力的因素，仍然会发现董事和经理人之间投桃报李、利益均沾，彼此为对方发放高薪酬，从而导致经理人超额薪酬。对后者的解释显然无法离开任人唯亲的董事会文化。但对于任人唯亲的董事会文化究竟应该如何衡量和刻画，显然并非易事。

　　为了清晰地了解文化对公司治理行为影响在公司层面相对确凿的证据，我们有必要先识别文化与制度的不同之处。秦晖在《走出帝制》一书中提及的"选择什么是文化，而能否选择则是制度"的讨论为我们完成上述识别带来启发。秦晖指出，"爱吃中餐和爱吃西餐是文化之别，但饮食自由和饮食管制是制度之别；信基督和信孔子是文化之别，但信仰自由与神权专制是制度之别；拥戴圣贤和拥戴能人是文化之别，但是否有权选择拥戴者（是否民主）则是制度之别"。

　　那么，在公司治理的研究场景中，究竟哪些应该被识别鉴定为制度因素，哪些应该被鉴定为文化因素呢？对照秦晖对文化和制度的讨论，我们接下来以独立董事的遴选为例，来识别和鉴定哪些因素归于制度，哪些因素归于文化。

　　首先，是否允许选择不独立的候选人作为独董毫无疑问是制度问题。各国资本市场的监管实践都对独立董事的任职资格做出了严格要求。按照我国证监会的规定，独立董事每届任期与该上市公司其他董事任期（三年）相同，任期届满，连选可连任，连任时间不得超过 6 年。其中以下人员不得担任独立董事：（1）在上市公司或者其附属企业任职的人员及其直系亲属、主要社会关系（直系亲属是指配偶、父母、子女等；主要社会关系是指兄弟姐妹、岳父母、儿媳女婿、兄弟姐妹的配偶、配偶的兄弟姐妹等）；（2）直接或间接持有上市公司已发行股份 1% 以上或者是上市公司前十名股东中的自然人股东及其直系亲属；（3）在直接或间接持有上市公司已发行股份 5% 以上的股东单位或者在上市公司前五名股东单位任职的人员及其直系亲属；（4）最近一年内曾经具有前三项所列举情形的人员；（5）为上市公司或者其附属企业提供财务、法律、咨询等服务的人员；（6）公司章程规定的其他人员；（7）中国证监会认定的其他人员。

　　其次，在符合任职条件的独董候选人中，相关法律法规并没有明确排斥和严格限定董事长或总经理的朋友或朋友的朋友不能成为独董。这就意味着如果上市公司在独董满足基本任职资格，任人唯贤和任人唯亲都可能发生。后者显然不是制度问题，而是文化问题，任人唯亲的董事会文化问题。

　　围绕任人唯亲的董事会文化，有以下三点说明：

　　其一，在企业管理实践中，企业文化往往有着褒义色彩，但在公司治理实践中，董事会文化由于往往与任人唯亲问题相联系，而带有贬义色彩。

　　其二，虽然这里强调任人唯亲的董事会文化对理解公司治理行为的重要性，但并不意味着可以忽视对公司治理制度建设本身的重要性。

　　其三，任人唯亲董事会文化不仅存在于东方，也存在于西方。以往研究表明，在成熟市场经济国家上市公司股权高度分散的股权结构下，董事出于对经理人作为管理权威的尊重会表现出一种"优雅殷勤的礼貌"（Jensen，1993）。董事即使提出不同意见，也是"隔靴搔痒式的批评"（Brick et al.，2006）。

为什么说理解我国资本市场制度下中国式内部人控制问题的存在除了制度基础，还与任人唯亲的董事会文化有直接关系呢？

首先，在一些公司存在的独董返聘现象增加了我国资本市场任人唯亲董事会文化的元素。按照相关的监管要求，独董最多连任两届，每届 3 年。这样的监管要求的合理性在于限制了独董与公司太过的亲密度，一定程度上保证了独董的独立判断。然而，在我国为数不少的上市公司中存在独董返聘的现象。一些公司的独立董事在任期结束后先暂时离开公司一段时间，之后再次被该公司返聘继续担任独立董事。我们看到，一方面，独董返聘通过变相延长任期使得独董与作为监督对象 CEO 或董事长之间建立稳定的社会连接；另一方面，被返聘的独董将对推荐他的 CEO 有所感激。上述因素的结合将会削弱独董监督职能履行的有效性。我们的研究表明，这种行为看似符合制度安排，实际上与不存在返聘独董现象的公司相比，选择返聘独董的公司，一方面未来发生违规行为的概率显著提高，另一方面公司业绩显著恶化（郑志刚等，2020）。我们的研究同时发现，在那些董事长近年未发生变更、董事长来源于内部晋升、董事长在上市公司领薪、独立董事从未发表否定意见的公司中更可能出现独董返聘现象，而以往任职期限相对较长的独董更容易被返聘。

其次，在我国一些公司会对出具否定意见的说"不"独董逆淘汰，加剧任人唯亲董事会文化的形成和内部人控制格局的出现。一旦独董对董事会提案提出否定意见，将引起市场对公司空前的关注，否决议案的独董将承受巨大的压力（赵子夜，2014）。唐雪松等（2010）的研究发现，与未对董事会说"不"的独董相比，说"不"的独董未来一年离任现职的可能性高出 1.36 倍。随着上述逆淘汰说"不"独董的文化蔓延，我们的研究发现，我国上市公司独董出具否定意见甚至呈现任期阶段特征（郑志刚，阚硕，黄继承，2017）。按照相关规定，具有两届任期独立董事在一家公司只有任满两个任期后才必须离任。这意味着独董在首个任期结束涉及连任问题，而在第二阶段则并不存在这一问题。我们由此观察到，受到上述逆淘汰文化的影响，同一位独董在任期的两个阶段对所服务公司的议案出具否定意见的行为呈现显著差异。独董在第二个任期出具否定意见的概率是首个任期的 1.44 倍。毫无疑问，这种对履行监督职能说"不"独董进行逆淘汰的机制和文化限制了为了获得连任的独董公开质疑董事会提案的意愿。我们的研究同时发现，在那些历史上曾逆淘汰说"不"独董的公司中，独董在第一阶段更加谨慎；而在那些主要由处于首个任期的独董组成董事会的公司中，选择沉默的独董居大多数，这样的公司中的代理成本将显著提高。

而独董更迭中"换届未连任"的事实从相反的方向为我们提供了文化会影响独董行为的证据。鉴于独董可以连任两期的规定，大多数独董都会选择规定允许范围内连任至两期届满。然而，我们的研究发现，一些本可以继续连任的独董却在任满一届后在换届中选择未连任。这些也许发现了公司潜在问题的独董并没有像他们在西方的同行那样公开辞职，而是选择了以换届未连任的方式，一个十分重要的考量显然是为了避免伤及和气，因而是文化的因素使然。毫不奇怪，存在独董换届未连任现象的公司在换届后发生违规行为的可能性显著增加；财会背景的独董未连任的公司发生违规行为的可能性更大。因而独董换届未连任成为解读上市公司治理状况的特殊渠道。因此，换届未连任这一现象的存在一定程度上表明在我国资本市场中文化对公司治理行为的影响大于西方国家。

最后，董事长与总经理直接的同乡和校友关系对于任人唯亲董事会文化的影响。基于同乡或（和）校友的社会连接在我国上市公司董事长及总经理之间普遍存在。理论上，上述社会连接在上市公司的公司治理中可以沿着以下两个相反方向发挥作用。

一是用来增强董事长和总经理之间的互信，形成利益共同体，共同承担风险和面对挑战。例如，郭广昌与其同学梁信军在 1992 年出资 3.8 万元创立了广信科技发展有限公司（复星集团的前身）。在初具规模后，他们的两位浙江同乡兼校友——汪群斌和范伟加盟，形成了"复星创业四人组"。以生物制药作为主攻方向的复星医药于 1998 年在上交所上市。截至 2018 年 12 月 31 日，复星集团总资产达 6 389 亿元。

二是成为加强内部人控制的工具，损害外部分散股东的利益，使社会连接最终蜕化为任人唯亲。例如，在东软集团 2017 年的营业收入和净利润分别同比下降7.81％和 42.81％时，同期高管人均薪酬达到600 万元，在我国 A 股全部上市公司高管薪酬排名中排第 80 位。被媒体认为与高管超额薪酬"脱不了干系"的是，该公司 10 名高管中 9 名毕业于同一所大学。在这 9 名高管中，部分高管不仅是校友甚至是同学关系。

我们的研究表明，董事长和总经理之间基于同乡或（和）校友形成的社会连接，一方面会显著提升董事会向包括总经理在内的董事所发放的薪酬水平，但是这种高薪并没有发挥预期的激励效果；另一方面，上述社会连接使得经理人更迭变得困难，而且绩效表现不能令人满意（郑志刚等，2019）。因而，我国上市公司基于同乡或（和）校友形成的社会连接并没有实现预期的增强信任共同承担风险和面对挑战的正面效应，而是成为加强内部人控制、掏空上市公司资源的工具，事与愿违地蜕化为任人唯亲。容易理解，当上市公司董事长与总经理基于同乡和校友形成的社会连接将二者的利益捆绑在一起，形成类似一致行动人协议，往往导致内部人控制格局的出现。这将集中体现在，董事会倾向于向经理人发放高工资，与此同时，董事会监督的有效性反而降低。

从上述讨论中我们看到，中国式内部人控制问题的出现，除了有金字塔式控股结构形成的所有者缺位、直接任命国企高管的政治关联等制度基础，同样有任人唯亲董事会和逆淘汰说"不"独董等文化根源。两方面相互交织和共同加强最终导致我国资本市场上一些上市公司被内部人所控制，出现中国式内部人控制问题。

四、中国公司治理的困境：当内部人遭遇野蛮人

从 2015 年开始，我国资本市场进入各种乱象和怪象的集中爆发期。首先是2015 年资本市场突然出现的股价剧烈波动的股灾。其次是以 2015 年 7 月爆发的以万科股权之争为代表的一系列股权纷争和控制权之争。举牌的险资开始以野蛮人的面目出现在我国资本市场。险资举牌在我国资本市场掀起的"腥风血雨"在南玻 A 的董事会被"血洗"后达到了高潮，人人自危的实业家纷纷站出来谴责野蛮人的暴行，董明珠怒斥"破坏实体经济就是罪人"。

控制权之争甚至"野蛮人入侵"在各国资本市场发展历史中并不是新鲜事（Burrough and Helyar，1990），为什么发生在我国资本市场的控制权之争却格外激烈？可以沿着下面三条逻辑主线来梳理我国资本市场在那一时期出现公司治理困境的原因。

其一，我国资本市场进入分散股权时代使野蛮人出没成为常态。第 1 讲已对这一线索展开细致的讨论。由于股权分置改革的完成与投资者法律保护环境的改善这两个内因，以及险资举牌和国企混改这两个外因，我国资本市场出现了上市公司股权结构趋于分散的态势。经过长期量的积累，在 2015 年我国上市公司平均持股比例低于标志相对控股权的 33.3%，我国资本市场以 2015 年万科股权之争为标志，进入分散股权时代。随着成为控制人的门槛降低，我国资本市场成为包括举牌险资等在内所谓"野蛮人出没"的场所。

其二，隐身在复杂金字塔式控股结构下市场炒作动机强烈的实际控制人趁机兴风作浪。第 3 讲讨论过，借助金字塔式控股结构，实际控制人实现了反映责任承担能力的现金流权与对公司决策产生影响的控制权的分离，形成一种经济学意义上的负外部性。一方面，实际控制人对子公司、孙公司进行隧道挖掘和资源转移，直接损害外部分散小股东的利益；另一方面，对于一些非核心控股子公司，实际

控制人对资本运作甚至市场炒作的关注程度远高于对公司治理和经营管理的关注程度。

其三，由于金字塔式控股结构下的所有者缺位和高管更迭体系的政治关联等制度基础和任人唯亲董事会文化等文化根源，在我国部分上市公司中存在中国式内部人控制问题。

因而，2015 年左右我国资本市场由于各种乱象和怪象纠结在一起出现的公司治理困境，并非简单由于外部野蛮人的简单粗暴"撞门"，而是由于试图撞门的野蛮人和隐身在金字塔式控股结构下浑水摸鱼的金融大鳄，遭遇了中国式内部人。这不同于英美等国家的内部人控制问题：其一，英美等国股权已高度分散，金字塔式结构已基本消除，因此尽管在 20 世纪七八十年代美国会发生接管浪潮和"野蛮人入侵"，但隐身金字塔式结构的金融大鳄浑水摸鱼情形并不典型；其二，不持股或持股比例并不高，股权并没有高度分散，仅仅由于政治关联和社会关联形成的中国式内部人控制道德风险意味更浓。

需要说明的是，国有体制对经理人股权激励计划甚至经理人杠杆收购计划进行了种种限制，这导致很多企业家的历史贡献并没有得到以股权形式认同。面对野蛮人的"撞门"，企业家想要把企业交给自己信赖和长期培养的管理团队，但是持股比例并不高的创业企业家无法说服其他股东接受自己的提议；如果利用自己的影响力持续实际控制公司，随着创始企业家老去或强势的"跨界"，将会造成自己持有的有限股份无法承担的责任；而如果简单遵循股权至上的逻辑，创业企业家放弃自己的坚持，任凭新入主股东主导新的经营管理团队组建，多年形成的经营管理经验和理念可能无以为继。当面临资本市场的"野蛮人入侵"，他们的反抗不仅显得无力甚至意气用事，这无形中增加了控制权之争的对抗性。

图 4-1 展示了理解中国公司治理现实困境的理论分析框架。

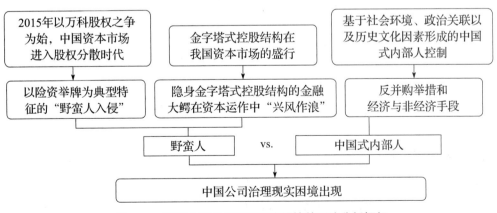

图 4-1　理解中国公司治理现实困境的理论分析框架

五、总结

现代股份公司股东的所有权与高管或部分股东经营权（实际控制权）的分离，以及上述分离所产生的信息不对称，构成内部人控制问题的现实根源。高管或部分股东利用超过其责任承担能力的控制权做出以谋求私人收益为目的，但由外部分散股东承担后果的决策，从而损害股东的利益。与英美等国家股权分散治理模式下的经理人作为内部人的内部人控制问题不同，发生在恒丰银行和山水水泥的内部人控制问题，并非是由于股权高度分散模式下单一股东难以形成对经理人的制衡，或在持续股权激励下持有足够高股份的经理人的实际控制地位难以被外部接管撼动所形成的盘踞或壕沟效应，而是由我国特殊的制度基础和文化根源所导致的以董事长为核心的内部人控制问题，我们将其形象地称为中国式内部人控制问题。

中国式内部人控制问题滋生于金字塔式控股结构下的所有者缺位、主导国企高管更迭的政治关联和从早期资产转变为未来负债的社会连接三大制度根源。在复杂的金字塔式控股结构中长的委托代理链条下，控制性股东难以真正关注处于金字塔底部的上市公司的经营管理状况，形成了所有者缺位进而监督缺失，导致内部人缺乏权力的制约。与此同时，现金流权和控制权分离所造成的权责不对称使得实际控制人缺乏对经营管理的兴趣。

政治关联对于形成国有企业中中国式内部人控制问题具有特殊作用。国有企业的董事长和总经理等关键岗位由上级组织部门按照干部考察程序任命这一特殊的高管更迭机制和由此形成的董事长的独特身份，成为国有企业中国式内部人控制问题的体制根源。这一高管更迭机制又衍生出官员岗位轮换制度下国企高管注重政绩形象工程高于股东投资回报的内在激励扭曲。这些因素的叠加导致了国有企业中中国式内部人控制问题。

社会连接在企业发展早期有助于协调利益、抵御"野蛮人入侵"，而在企业发展后期则成为内部人控制格局形成的外部制度温床，阻止改善效率的外部接管发生，因此广泛的社会连接成为中国式内部人控制问题产生的特殊制度因素。

除了制度根源，中国式内部人控制问题还有任人唯亲的董事会文化这一文化根源。在我国资本市场存在明确独董任期限制的背景下发生的返聘独董现象在一定程度上可以作为任人唯亲董事会文化的佐证。而我国一些上市公司存在的逆淘汰说"不"独董的现象，则加剧了任人唯亲董事会文化的形成和内部人控制格局的出现，以至于在我国一些上市公司中，独董出具否定意见呈现出任期阶段特征。

存在独董换届未连任现象的公司在换届后发生违规行为的可能性显著增加，这从相反的方向为我们提供了文化会影响独董行为的证据。我国上市公司基于同乡或（和）校友形成的社会连接也事与愿违地蜕化为任人唯亲，进而成为加强内部人控制的工具。制度根源和文化根源的相互交织和共同加强最终导致中国式内部人控制问题的出现。

中国式内部人控制不是导致我国资本市场在 2015 年前后出现公司治理困境的唯一成因。我国资本市场进入分散股权时代后的野蛮人频繁出没和隐身在复杂金字塔式控股结构下市场炒作动机强烈的实际控制人趁机兴风作浪，同样构成当前理解我国资本市场出现公司治理困境的另外两条逻辑主线。当试图"撞门"的野蛮人和隐身在金字塔式控股结构下浑水摸鱼的金融大鳄遭遇中国式内部人，中国公司治理困境不可避免地发生了。

案例分析

一、山水水泥和它历史上的两次控制权纷争

山水水泥是国家重点支持的 12 户全国性大型水泥企业之一，业务覆盖山东、辽宁、山西、内蒙古、新疆等十多个省份。其前身是成立于 1972 年位于济南的国营山东水泥厂。1986 年在水泥行业摸爬滚打十多年的张才奎被任命为山东水泥厂党委副书记，开始涉足山水水泥的经营管理。在张才奎的带领下，连续亏损 13 年的山水水泥开始扭亏为盈。

在 1995—1997 年短暂出任济南市建材局局长后，张才奎于 1997 年重新回到新组建的济南山水集团有限公司，担任党委书记、董事长和总经理。进入 21 世纪，山水水泥在张才奎领导下开始以上市为内容的新一轮改制。经张才奎的提议，当时山水水泥 3 947 名职工共同集资成立了中国山水投资有限公司。2005 年 2 月济南山水水泥引入摩根士丹利、鼎辉投资和国际金融三家外资公司，与由职工集资成立的山水投资共同组成山东山水水泥集团有限公司，为上市作准备。

2008 年在香港联交所挂牌上市前，除 9 名注册登记职工股东外，其余 3 938 名职工股东在设立在英属维尔京群岛的信托确认函上签字，原来的职工股东从此由股东身份转为信托受益人。看似为了加快上市流程和相关程序的满足，但上述信托计划为未来山水水泥的控制权纷争留下了隐患。此后不久，山水水泥在香港联交所正式上市，股票代码为 0691.HK。

表 4-5 描述了山水水泥在香港联交所上市时主要股东的持股情况。其中，山

水投资作为第一大股东持股 32%；前 10 大股东合计持股 67.07%。

表 4-5　在香港联交所上市时山水水泥大股东持股情况

股东名称	持股比例（%）
山水投资	32
MS Cement IV Limited	17
MS Cement Limited	6
CDH Cement Limited	5

从 2008 年上市到 2013 年，山水水泥步入发展的快车道，营业收入和净利润均持续增长，其中营业收入由 2008 年的 41.53 亿元增长到 2013 年的 165 亿元。

需要指出的是，张才奎在带领山水水泥快速发展的过程中，也为其本人积累了丰富的社会连接和政治关联，为后来形成对山水水泥的实际控制打下基础。除了在 1995 年 11 月至 1997 年 11 月期间出任济南市建材局局长，他还于 2002 年 10 月起出任中国水泥协会副会长，于 2003 年 9 月起出任中国企业家协会常务理事，并先后当选第十届及第十一届全国人大代表。

在上市后不太长的发展历程中，山水水泥经历了两次大的控制权纷争危机。第一次危机的导火索是张才奎与张斌父子的接班问题。在张才奎任山水水泥董事长期间，其儿子张斌加入山水水泥。短短数年间张斌职位迅速上升，在年仅 28 岁时出任山水水泥总经理。图 4-2 描述了以张才奎父子为核心建立起来的"山水帝国"中最核心的部分。除了张才奎亲自出任 2 家公司的法定代表人、9 家公司的高管外，其子张斌亦担任旗下 2 家公司的法人、9 家公司的高管。"山水帝国"中的企业涉及水泥、建材、物流、资本运作等多个方面；涵盖地区则从山东到新疆、河北等地。

张斌出任山水水泥总经理后，在张才奎的支持和协助下，曾推行一项重大"新政"：将物资采购集中统一。张斌的上述收权行为，引起董承田、于玉川、赵利平、赵永魁、宓敬田等 5 位高管的不满，并于 2013 年 2 月 1 日愤然离职。第二次危机的主角宓敬田从此与张才奎由曾经的"战友"转为现在的"敌人"。

与此同时，在张氏父子的主导下，山水水泥针对信托计划中的 3 939 名员工和包括宓敬田在内的其他 7 名持股员工提出了《境外信托退出性收益分配方案》和《中国山水投资有限公司股份回购方案》。按照这两份方案，7 名持股员工的股份被回购后注销，而 3 939 名员工的股份将被保存到张氏信托。这意味着如果这两个方案实施，山水水泥的股权将全部归张氏父子所有。2014 年 11 月，包括宓敬田在内的山水水泥前部分高管和职工在香港高等法院向前董事长张才奎发起诉讼。他们

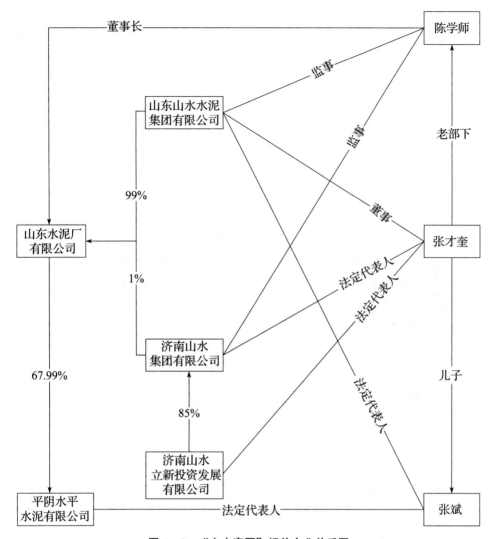

图 4-2 "山水帝国" 相关企业关系图

认为，山水水泥上市前的信托计划侵吞了员工股份，因此向法院申请"禁制令"和"接管令"。2015 年 5 月 20 日，香港高等法院做出裁定，将山水投资部分事宜转由安永会计师事务所托管。托管人廖耀强等及原董事于玉川随后当选山水投资的董事。

除了在香港起诉，宓敬田等于 2014 年联合其他高管向同为水泥行业的河南天瑞集团进行要约来对抗张氏父子。天瑞集团通过在二级市场上增持，持股比例一度达到 28.16%，超过由于定向增发而股权稀释的原第一大股东山水投资，成为山水水泥第一大股东。面对天瑞集团对山水水泥控制权争夺的威胁，张才奎利用多年在水泥行业建立的广泛影响和人脉说服中国建材集团有限公司成为挽救危局的

"白衣骑士"。2014 年 11 月中国建材持股达到 16.67% 成为第四大股东。与此同时，乘虚而入的亚洲水泥持股快速增加，比例达到 21%，成为第三大股东。原第一大股东山水投资的股权进一步稀释为 25.09%，成为公司的第二大股东。

在上述股权对峙的背景下，2015 年 5 月 22 日山水水泥 2014 年股东大会在硝烟弥漫中召开了。200 多名山水水泥职工在公司原高管宓敬田的带领下汇集公司门前，希望阻止张才奎组建新董事会。受山水水泥职工维权的影响，在这次股东大会所审议的 10 项议案中 4 项通过，6 项否决。其中未通过的议案大都和委任与原董事长张才奎同盟的人员相关。表 4-6 总结了该股东大会相关决议的表决情况。

表 4-6　2014 年股东大会议案

通过的决议案	未通过的决议案
(1) 2014 年度财务报告、董事会报告	(1) 重选王坚为董事（滕利股份公司董事）
(2) 委任常张利为新董事（中国建材副总裁、董事会秘书兼执行董事）	(2) 委任陈学师为新董事（与张氏父子同盟）
(3) 委任李冠军为新董事（远傅电信董事）	(3) 委任曾学敏为新董事（曾为独立董事，与张氏父子同盟）
(4) 聘请毕马威为本公司会计师事务所	(4) 董事会发行本公司股份
	(5) 董事会回购本公司股份
	(6) 更改股权激励计划

尽管股东大会表决出现了不利于张氏父子的结果，但并没有从根本上撼动张氏父子的实际控制人地位。这集中表现在，新晋为第一大股东的天瑞集团在 2015 年 7 月 29 日召开特别股东大会，计划改选公司董事会，但并没有获得成功。为了继续掌握山水水泥的控制权，张氏父子于 2015 年 10 月发起修改山水集团公司章程。拟修改的章程规定，在董事任期届满前，股东不得解除其职务，亦不得通过修订公司章程更换任期内的董事。如果该章程生效，张才奎到 2017 年 6 月 30 日才任期届满，而张斌要到 2019 年 9 月 9 日才任期届满。

作为子公司的山水集团公司章程修改，按照《公司法》的相关规定，显然需要经过山水水泥股东大会的批准才能生效。但该章程修改在当地政府相关部门的认同下居然"生效"，使原本复杂的股权纷争充满变数。在山水水泥诉讼下，2016 年 1 月，香港高等法院判决章程修改无效，勒令将公司章程恢复原状。但由于涉及跨境执法等问题，该判决一直未能执行。

在天瑞集团和山水投资托管方安永会计师事务所以及托管人廖耀强等董事的

努力下，山水水泥于 2015 年 11 月 20 日终于罢免了张才奎、张斌父子董事职位。12 月 1 日进一步罢免原董事会其他成员，将董事会成员变更为李留法、李和平、廖耀强等人。其中李留法、李和平由天瑞集团派出，廖耀强、张家华、华国威由山水投资托管方安永会计师事务所派出，张钰明由中建投派出。领导部分职工反对张氏父子维权的宓敬田成为山水集团的副董事长。

就在张氏父子对山水水泥控制看似行将结束之际，2015 年 12 月 27 日，张才奎的助理陈学师带领部分支持张氏父子的职工，以暴力方式占据办公总部，致使部分重要文件、印章丢失。对于明显的违法行为，当地并没有恰当应对。在公司公章被"非法盗用"后，新组成的管理团队重新申领时，当地相关部门以涉及股权之争为由不予受理。

从 2016 年 3 月开始，在天瑞集团和山水投资托管人安永会计师事务所的支持下，宓敬田团队陆续接管山水集团旗下遍布各地的 100 多家子公司。在逐步形成以宓敬田为首的经营团队实际主持山水集团经营格局后，被"偷"的印章才自动无效，张氏父子的影响力和实际控制由此淡出山水水泥。表 4-7 总结了发生在山水水泥的第一次控制权争夺中的大事记。

表 4-7　第一次控制权争夺大事记

时间	事件
2015 年 12 月 4 日	山水集团称，上市公司山水水泥 12 月 3 日发布的公告为虚假不法公告，"本公司董事、监事、高级管理人员将继续履行职责"。
2015 年 12 月 7 日	济南市成立多部门工作组进驻山水集团。 山水集团向济南市中级人民法院提起山水水泥以及新任管理层的侵权诉讼，济南市中级人民法院立案。
2015 年 12 月 8 日	山东琴岛（济南）律师事务所出具声明，张斌为山水集团董事长，陈学师为副董事长，张才奎为监事，黄克华为监事。
2015 年 12 月 9 日	济南市工作组要求维护山水集团工作正常运转。
2015 年 12 月 21 日	山水水泥称在济南市政府支持下，新管理团队已开始对山水集团进行接管。
2015 年 12 月 22 日	山水集团称，双方仅仅是各自发表观点，并未有接管交接（官网依然频繁称原董事长张才奎为实际控制人）。
2015 年 12 月 27 日	陈学师带领部分职工以暴力方式占据办公总部，致使部分重要文件和公司印章丢失。
2016 年 2 月 5 日	山水水泥起诉前董事张氏父子侵犯官方网站、违法使用印章、保留重要文件。

续表

时间	事件
2016 年 2 月	山水水泥追责济南市政府工作组（2016 年 3 月 31 再度声明）。
2016 年 3 月	山水水泥宣称"山水重工"为山水水泥新总部（后发布公告称此信息为虚假信息）。
2016 年 3 月	宓敬田团队在天瑞集团和山水投资托管人安永会计师事务所的支持下接管旗下 100 多家子公司。

然而，第一大股东天瑞集团与宓敬田的"蜜月"并没有维持多久，山水水泥很快陷入第二次控制权纠纷危机。这次控制权争夺发生在以宓敬田为首的新管理团队与第一大股东天瑞集团之间。天瑞集团原本是以宓敬田为首的部分职工为了对抗张氏父子而引入的战略同盟军。2016 年 6 月，山水水泥董事会提出一份配股方案，"按每股现有股份可认购四股新的本公司股份"，引发职工股东被稀释的担忧，山水水泥历史上第二次控制权之争出现。2016 年 12 月 14 日，在未经山水水泥允许的情况下，时任公司董事和副董事长宓敬田在新闻发布会上违规发布公司扭亏为盈、公司违约债务处理等相关信息。山水水泥随后在 12 月 20 日以此为由发布公告暂停宓敬田的职务。然而宓敬田并没有就此停止对公司事务的实际控制，甚至经山水水泥全资附属公司及山东山水水泥集团有限公司的唯一股东——先锋水泥的股东大会决议，于 2017 年 3 月 13 日发布公告，反过来宣称免除天瑞集团的李茂桓、于玉川、赵利平、陈仲圣等山水水泥的董事职务。双方的控制权之争白热化。

2017 年 4 月，在山水水泥的济南总部再次上演暴力占据公司总部事件。只不过这次占领总部的一方是一年半前试图闯入总部的以宓敬田为首的部分职工，而试图凭借暴力进入的一方为之前的战略同盟军第一大股东天瑞集团和部分山水水泥董事。这场发生在 4 月 8 日凌晨的"武斗"事件再次使山水水泥进入公众视野。表 4-8 总结了发生在山水水泥的第二次控制权争夺大事记。

表 4-8　第二次控制权争夺大事记

时间	事件
2016 年 6 月 3 日	山水水泥董事会发布公告称"按每股现有股份可认购四股新的本公司股份"。
2016 年 12 月 14 日	宓敬田在新闻发布会上发布公司扭亏为盈、公司违约债务处理等相关内容。
2016 年 12 月 20 日	山水水泥终止宓敬田副董事长的职务，但宓敬田拒绝接受。
2017 年 3 月 13 日	在宓敬田主导下解除了山水投资任命的财务总监等四名骨干的职务。
2017 年 4 月 8 日	山水水泥部分董事试图进入公司总部，被宓敬田率领的职工限制人身自由。

图 4-3 总结了发生在山水水泥的多次暴力占领公司总部的时间轴。

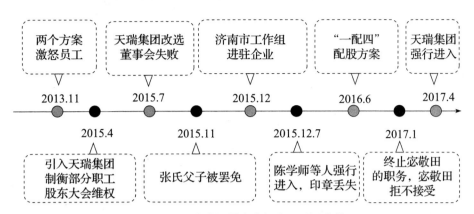

图 4-3　山水水泥暴力占领公司重要事件

我们看到，山水水泥控制权纷争的背后恰恰是基于社会连接形成的盘根错节的中国式内部人控制问题的反映。在部分是非不分、盲目愚忠的职工的积极参与下，在当地政府部门的默许和纵容以及存在利益瓜葛的其他机构投资者的支持下，在第一次控制权纷争的主角张氏父子和第二次控制权纷争的主角宓敬田周围织成一张张社会连接的大网，使得原本可以在法律框架下解决的控制权纠纷演变为一而再、再而三的"全武行"。

资料来源：本案例由刘小娟整理。

二、"A 股最分散股权结构"的梅雁吉祥

在我国资本市场中"一股独大"一直是公司治理模式的主导特征，由此第一大股东持股比例一度为 0.5%、拥有"A 股最分散股权结构"之称的梅雁吉祥就显得比较独特。从 2009 年上半年起，梅雁吉祥除了在 2015 年十大股东持股比例短暂上升至 12.14% 之外，前十大股东持股比例合计长期低于 10%，最低时仅为 1.32%。图 4-4 描述了梅雁吉祥上市后十大股东持股比例的变化情况。

在前十大股东持股比例合计如此之低的情况下，第一大股东频繁"易主"似乎在意料之中。然而，令人惊奇的是，除了第一大股东减持使原来第二大股东被迫成为第一大股东和恒大短暂举牌外，这家公司的管理团队始终保持稳定。那么，是什么原因导致鲜有股东甚至外部接管染指该公司的实际控制权呢？除了并不看好的绩效表现，也许还可以从梅雁吉祥基于社会连接形成的内部人控制中寻找答案。

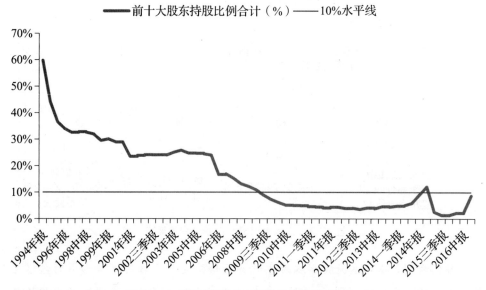

图 4 - 4　梅雁吉祥十大股东持股变动情况

资料来源：Wind 数据库。

梅雁吉祥的发展历史可以追溯到 1970 年在广东梅县雁洋公社乡镇地区从事建筑工程的施工队。1980 年，雁洋公社建筑工程队在队长杨钦欢的带领下，尚不满百的员工开始进入城市。1984 年，杨钦欢在雁洋公社建筑工程队的基础上组建成立梅雁经济发展总公司。公司的业务范围非常广泛，涉及建筑、房地产、酒店、超市、旅游、水电、教育、运输等，形成了融合第一、二、三产业的大型经营体系。1990 年，在梅雁经济发展总公司的基础上，进一步成立广东梅雁企业（集团）公司，成为一家多元化综合经营的集团公司。

1992 年 10 月，广东梅雁企业（集团）公司改组为股份有限公司，并于 1994 年 9 月 12 日在上海证券交易所上市交易。曾用名有梅雁股份、G 梅雁、梅雁水电等，为简化，本文均称为梅雁吉祥。

从 1996 年起集中精力剥离盈利能力较差的中小企业，逐步朝水电行业调整。公司所处地区广东省常年降水丰沛，水电行业具有先天优势，综合运营成本低，毛利率较高，在发展期由于业务拓展范围集中于省内，每年的经营现金流稳定，为公司的发展奠定了良好的基础。截止到 2016 年，公司的总资产为 25.28 亿元，拥有 9 家全资及控股公司和 2 家联营企业，业务涉及水电能源等多个领域，逐渐形成了"一业为主，多元发展"的经营模式。

表 4 - 9 报告了梅雁吉祥上市之初的股权结构中前十大股东。其中，梅雁经济发展总公司持有梅雁吉祥 42.39％的股权，而创始人杨钦欢则持有梅雁经济发展总公司 10.39％的股份。

表 4 - 9　上市之初十大股东股权结构

排名	股东名称	占总股本比例（%）
1	梅雁经济发展总公司	42.39
2	梅县蛋鸡场	5.09
3	中国工商银行广东省信托投资公司	3.11
4	广东发展银行梅州办事处	3.11
5	梅州市通宏经济开发服务公司	1.86
6	梅县银工综合服务公司	1.86
7	广东证券公司	1.54
8	梅州市银科电子服务中心	1.24
9	梅县金钟实业发展总公司	0.93
10	广东地产公司梅州分公司	0.12
	合计	61.25

资料来源：Wind 数据库。

　　从梅雁吉祥十大股东持股变化情况来看，大致可以将其股权变化分为三个阶段：稳定持有阶段，大股东主动减持阶段以及第一大股东频繁更换阶段（见图 4 - 5）。

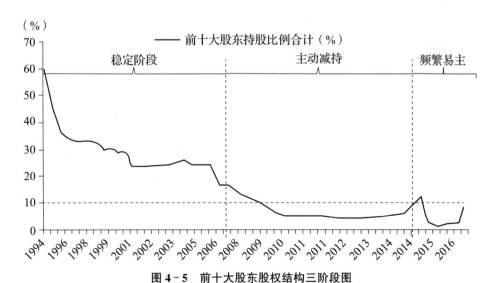

图 4 - 5　前十大股东股权结构三阶段图

资料来源：Wind 数据库。

　　从上市之初的 1994 年到公司股权分置改革完成的 2007 年，为稳定持有阶段。在这 13 年中，虽然第一大股东梅雁经济发展总公司持有的原始股数量并未减少，但由于梅雁吉祥向社会公众及内部职工配股送股，公司前十大股东持股比例依然呈下降趋势。前十大股东持股比例从最初的 59.75% 下降至 2001 年的 23.50%，之后的 6 年稳定在 23%～25% 的区间。在 2006 年股权分置改革之前，第一大股东梅雁经济发展总公司依然持有梅雁吉祥 23.25% 的股份；在 2006 年 8 月 28 日分置改革完成后，第一大股东持有股份变为 15.60%。

从 2007 年底至 2014 年底为大股东主动减持阶段。7 年间前十大股东持股比例由于第一大股东广东梅雁实业投资股份有限公司（简称梅雁实业）不断减持持续下降，到 2009 年梅雁吉祥前十大股东持股比例合计低于 10%。自 2007 年 12 月 24 日至 2011 年第三季报，梅雁实业通过二级市场累计出售所持股票合计 4.56 亿股，价值超过 10 亿元，占公司总股本的 13.4%。到 2014 年，梅雁实业仅持有梅雁吉祥 2.20% 的股权。值得注意的是，尽管如此，梅雁实业仍为梅雁吉祥的第一大股东。在 2011 年 9 月 6 日《上海证券报》的采访中，杨钦欢表示："还会继续减持，谁当大股东都可以，不在乎控股权，谁来管理都行。"[1] 此时公司前十大股东中除了第四大股东银河证券客户信用交易担保证券账户和第七大股东深圳市兴德投资有限公司分别持有 0.26% 和 0.17% 的股份，其后都是个人投资者。股东户数高达 37.2 万户，公司股权处于高度分散状态。

从 2015 年开始，梅雁吉祥进入第一大股东频繁更换阶段。2015 年 2 月 4 日，公司发布公告称，截止到 2015 年 1 月 30 日，许加元持有公司股份合计 41 725 205 股（占总股本的 2.198%），超过梅雁实业持有的股份数，成为公司第一大股东。由于公司未收到许加元对公司的任何书面函件或通知，根据《公司法》[2] 等法律法规对实际控制人的定义以及《上市公司收购管理办法》[3] 中关于拥有上市公司控制权认定的相关规定，个人持有控股公司 10.39% 股份的杨钦欢仍然被认定为上市公司的实际控制人。因而梅雁吉祥第一大股东的变更未导致公司实际控制人发生变化。

许加元的增持只是梅雁吉祥第一大股东频繁更换的开始。仅 2015 年上半年，梅雁吉祥就在 1 月 30 日、2 月 27 日、5 月 28 日和 5 月 29 日四次发生大股东的变更，自然人许加元、潘杰桃、孙煜和孙琴丽分别成为梅雁吉祥第一大股东。2015 年公司中报显示，上海华敏置业（集团）有限公司一度成为公司第一大股东。

① 郭成林. 大股东狂抛持股不足 3%，ST 梅雁渐成"弃壳". 上海证券报，2011-09-06.
② 2013 年修订的《公司法》第十三章第二百一十六条规定，实际控制人，是指虽不是公司的股东，但通过投资关系、协议或者其他安排，能够实际支配公司行为的人。
③《上市公司收购管理办法》第十章第八十四条规定，有下列情形之一的，为拥有上市公司控制权：
（1）投资者为上市公司持股 50% 以上的控股股东；
（2）投资者可以实际支配上市公司股份表决权超过 30%；
（3）投资者通过实际支配上市公司股份表决权能够决定公司董事会半数以上成员选任；
（4）投资者依其可实际支配的上市公司股份表决权足以对公司股东大会的决议产生重大影响；
（5）中国证监会认定的其他情形。

2015 年年中 A 股市场遭遇股灾，国家队救市期间曾经买入梅雁吉祥，仅仅凭借 0.52% 的持股比例一举成为其第一大股东。在 2015 年廖俊发成为第一大股东后，持股比例跌至历史最低点 0.29%。之后公司又经历了不少于两次易主，直到恒大系资本的进驻。

在 2016 年 9 月 28 日至 9 月 30 日恒大人寿通过旗下两个保险组合账户分两次集中买进梅雁吉祥合计 9 395.83 万股，占公司总股本的 4.95%，成为公司第一大股东，并接近举牌线。由恒大控股的广州市仲勤投资有限公司直接持有梅雁吉祥 5% 的股份，成为第一大股东。但到 10 月 31 日，恒大又将所持股票全部卖出，在一个月的时间内，恒大人寿的操作导致梅雁吉祥股价一路走高，几度涨停板，引起一大批资金追逐，恒大人寿短期内的"快进快出"被认为是操纵市场。其后，恒大系资本又通过旗下广州市仲勤投资有限公司买入梅雁吉祥 5% 的股权触及举牌，持有的股权持续 12 个月。此时梅雁吉祥的股权结构如图 4-6 所示。

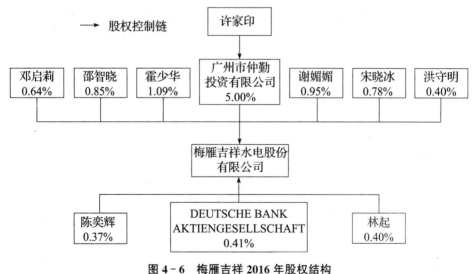

图 4-6　梅雁吉祥 2016 年股权结构

资料来源：Wind 数据库。

需要说明的是，从股权易主事件爆发到恒大系暂居第一大股东，其间公司发布的公告均称"不存在控股股东和实际控制人"。而杨钦欢作为公司董事长兼总经理实际控制着梅雁吉祥。这意味着，至少从表面上没有太多的股份但对公司的经营管理决策具有重大影响的杨钦欢成为"内部人"。那么，是什么原因使看上去没有太多股份的杨钦欢成为实际控制人的呢？这需要从围绕杨钦欢本人构建的复杂社会连接说起。

梅雁吉祥的灵魂人物杨钦欢是广东梅县人，1952 年出生。1974—1983 年，在梅县雁洋公社建筑工程队当工人，后任业务队长。1980 年，雁洋公社建筑工程队在队长杨钦欢的带领下进入城市寻求更大的发展空间。这个由同乡构成的建筑工程队起初员工尚不满百，后来队伍逐渐壮大。杨钦欢于1987年联合叶新英、李忠平、李江平、黄增孝、李信贤、朱宝荣、叶侨发和李永鹏、谢明生等4 540人组建成立梅雁企业集团。从图4-7描述的主要股权结构来看，杨钦欢的伙伴们不仅是出资股东，而且是经营团队的重要骨干。

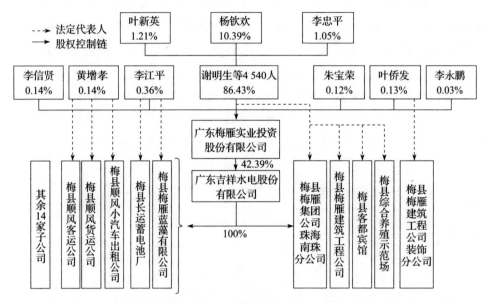

图4-7 梅雁吉祥成立初期的股权结构和控股子公司
资料来源：国家企业信用信息公示系统。

在1994年公司上市后至2011年，杨钦欢除了在2007—2009年短暂出任公司副董事长外，其余时间始终出任董事长和法定代表人，甚至分别于1994—2000年、2007—2016年一度任职总经理。虽然职务有所变动，但杨钦欢实际内部人的控制格局始终未变。这在一定程度上与在董事长杨钦欢的周围形成了三层社会连接网络给予的隐性支持有关。图4-8描述了以杨钦欢为核心的三层社会连接网络。

在杨钦欢带领工程队在城市打拼的若干年里，和他一起奋斗的李江平、李忠平、杨涌辉、叶侨发、胡苏平和叶选荣等既是梅雁实业的创始股东，也是上市公司梅雁吉祥最早的核心管理团队。其中除胡苏平以外其余均是广东梅县人。基于同乡关系形成的社会连接是以距离企业实际控制人较近的交际关系作为基础形成的，他们有相同的文化背景和价值观念，为了共同目标奋斗打拼，都经历过公司成长的荣辱沉浮，相互之间的信任度较高。与此同时，创业初期的成员都有原始股份，这种确定的利益分配既可以强化成员的社会连接，也提升了由此种连接带来的资本价值。凭借在结构维度上天然优势建立起来的社会连接具有形成和维护

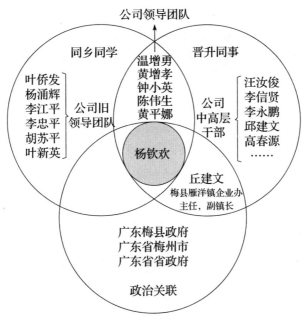

图 4-8　社会连接的交错性

成本低、稳定性高、持续性和传递性强等特点。因此，基于同乡关系建立的社会连接构成以杨钦欢为核心的三层社会连接网络的第一层。

与此同时，合理公平的晋升机制激励员工积极工作，忠于企业，建立起基于晋升同事的社会连接。从图 4-8 可以看出，新任管理层中有不少人是从基层工作开始，逐步提拔晋升为中高层管理干部的。其中董事长兼总经理温增勇，历任公司人事部长、办公室主任。内部流畅高效的晋升机制使得人尽其才，与此同时建立起的社会连接也在同步强化，再加上部分提拔的高管具有"梅雁人"这一标签，使得原本基于同乡的社会连接关系更加紧密。基于同事关系建立的社会连接构成了以杨钦欢为核心的三层社会连接网络的第二层。

此外，在梅雁吉祥发展过程中，从关注基层员工生活幸福和当地人民福祉出发，大力举办公益项目，与当地社区和地方政府建立了密切的社会连接，这构成了以杨钦欢为核心的三层社会连接网络的第三层。雁洋公社建筑工程队在杨钦欢带领下进城后，首先面临的就是农民工的子女教育问题。为了获得城市就读资格，杨钦欢的建筑工程队在当地光远小学捐建教学楼，得到 30 多个入学名额。随着工程队规模的扩大，依靠捐建教学楼的方式显然不能长久维持，于是开办了自己的学校。2002 年，公司投资 1.2 亿元用于建设梅州市梅雁中学，并持有其 100% 股权，按省一级学校的办学标准建设，成为梅州市民营学校的一面旗帜。除了子女教育，涉及员工日常生活的方方面面，在杨钦欢主导下逐步开办起来。于是在梅州市出现多个第一——第一家星级宾馆、第一家民营运输公司、第一家超级市场，都是梅雁吉祥的杰作。这些项目的开办，一方面基本解决了员工子女入学和员工的住房、医疗、养老问题，使基本民生需求得到解决的内部员工心怀感激，努力工作；另一方面，方便了社区居民的生活，解决了梅州市部分城镇待业和下岗人员再就业问题，通过缴纳各种税收，增强了地方政府的财力，推动了山区经济的发展，"使当地政府和群众确实受益于公司的经营宗旨'梅雁效益，众人得益'"[①]，由此为梅雁吉祥营造了宽松的社会环境。

作为积极履行企业社会责任、造福当地居民的回馈，梅雁吉祥在20世纪90年代初成为广东省列出的16家首批备选上市企业中唯一一家乡镇企业。梅雁吉祥最终于1994年9月12日在上海证券交易所上市，也由此从一家普通的民营企业成为广受关注的明星企业。杨钦欢本人曾任第九届广东省人大代表，第九届、第十届全国人大代表，获得过全国劳动模范称号，并入选世界生产率科学院中国分院院士和世界生产率科学院院士。我们看到，从社会连接出发，杨钦欢逐步形成政治关联和社会连接交织在一起的复杂网络，形成了他对梅雁吉祥实际控制的隐性支持。

在股权分置改革完成后，梅雁吉祥大股东在减持股权的同时，开始集中变卖旗下控股子公司的资产。资产变卖与梅雁吉祥业绩一度低迷、利润来源基本依靠资产变卖维持有一定关系。2008—2014年，梅雁吉祥共发生12项子公司股权转让事项，合计金额达24.74亿元。表4-10总结了2008—2014年梅雁吉祥集中变卖旗下控股子公司资产的情况。其中引人注意的是，广东梅县梅雁TFT显示器有限公司和梅县梅雁电子科技工业有限公司直接转让给大股东梅雁实业。我们能看到，大股东梅雁实业通过减持回笼资金，而回笼的资金反过来用于回购梅雁吉祥的资产，由此引发我们对大股东隧道挖掘上市公司的联想。

表4-10　梅雁吉祥下属子公司股权转让时间表（2008—2014年）

公告时间	转让标的	受让方	金额	备注
2008/6/7	广西柳州红花水电有限责任公司 96.47%的股份	中广核能源开发有限责任公司	12.3亿元	资产净估值12.24亿元
2009/6/25	梅县洁源水电有限公司5 700万股股权	客都实业	5 700万元	
2010/1/12	广西柳州市桂柳水电有限责任公司 61.91%的股份	中广核能源开发有限责任公司	4.1亿元	获得投资收益约2.3亿元

---

① 杨钦欢. 广东梅雁吉祥水电股份有限公司上市20周年总结与未来发展. 2014.

续表

公告时间	转让标的	受让方	金额	备注
2010/7/28	广东梅县梅雁电解铜箔有限公司 66.99% 的股份	梅县嘉元实业投资有限公司（51%）、赖仕昌（15.99%）	8 056.8 万元	
2010/8/17	丰顺县梅丰水电发展有限公司 50% 的股份	丰顺县汇丰实业有限公司	7 024.5 万元	
2010/12/25	广东梅县梅雁 TFT 显示器有限公司 43.82% 的股份	广东梅雁实业投资股份有限公司	6 900 万元	转让完成后仍持有 42.95% 的股份
2010/12/25	梅县梅雁旋窑水泥有限公司 30% 的股份	梅县永信旋窑水泥有限公司	1 350 万元	转让完成后仍持有 70% 的股份
2010/12/25	广东金球能源有限公司 10% 的股份，由于未对其进行出资，公司享有其 10% 股份的出资权	广东梅雁实业投资股份有限公司	5 万元	出资权
2011/8/16	广东梅县梅雁 TFT 显示器有限公司 42.95% 的股份	广东梅雁实业投资股份有限公司	6 762.5 万元	不再持有股份
2012/4/10	梅县梅雁电子科技工业有限公司 75% 的股份	广东梅雁实业投资股份有限公司	1.5 亿元	
2012/7/3	广西融水古顶水电有限责任公司 95.4% 的股份及本公司对其享有的 245 984 272.95 元债权	中广核能源开发有限责任公司	2.52 亿元	3 500 万元的投资收益
2014/10/9	梅县金象铜箔有限公司 42% 的股份	广东嘉元科技股份有限公司	7 358.4 万元	公司持有嘉元科技 28.01% 的股份；杨钦欢先生的亲属持有嘉元科技 5% 的股份
合计	12 项		24.74 亿元	

　　实际控制权的集中除了体现在大股东可能进行的隧道挖掘行为之外，还对企业未来治理构架产生深远影响。在杨钦欢任期内，公司董事会、监事会和管理层大多为广东梅县本地人。我们注意到，2010 年提名为公司副总经理、2013 年成为新一届董事长的温增勇与杨钦欢履历重叠，成为杨钦欢一手提拔和扶持的继承者（见图 4-9）。

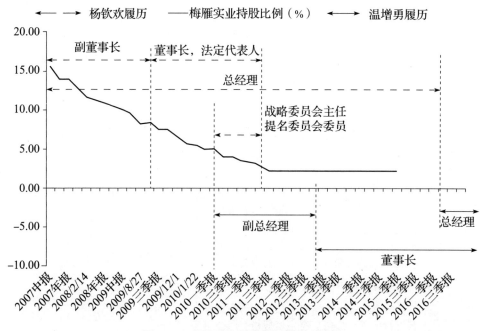

图 4 - 9　杨钦欢和温增勇的履历时间线

在梅雁吉祥 2016 年治理结构组织构成中，9 人组成的董事会中有 6 人有多年内部基层工作经验，有 7 人是梅州市。所有监事（职工监事）都是公司多年的员工，有丰富的基层经历。其中监事会主席朱宝荣还是梅雁实业的创始人和股东之一（持有梅雁实业 0.12% 的股份）。高管团队中三位核心人——温增勇、黄增孝和胡苏平均为广东梅县人。我们看到，2016 年新一届董事会的组成并没有改变以往以当地同乡和来自基层内部晋升的风格。虽然作为内部晋升而成为董事长和总经理的温增勇出身本土，扎根公司基层，对业务和经营状况熟悉，但潜在的风险是，与空降的职业经理人相比，上述公司治理制度安排容易受到前任杨钦欢个人意志和偏好的影响。虽然杨钦欢本人退出了梅雁吉祥的领导团队，但他的影响依然存在。

梅雁吉祥在 2013 年发生过一次重大资产重组事件。收购方是深圳市垚锦投资发展有限公司（简称垚锦投资），标的是第一大股东所持有的梅雁吉祥 4 170 万股股权。但是在交易过程中，"由于对手方未完成向第一大股东支付相应股权对价款等协议所约定的先决条件，导致重组无法按原定方案推进"[1]，在重组失败看似垚锦投资未履行股权对价支付的背后则与入主后很难撼动实际控制人的影响不无关系。公司市值虽然不超百亿元，但是股本接近 19 亿股，且股本结构复杂，公司内部员工持股占比较大。更为重要的是，公司的董事会、监事会和管理层被原始团队掌握，从高层到中层

---

[1]　广东梅雁吉祥水电股份有限公司关于终止本次重大资产重组暨复牌公告 . 2013.

再到基层员工，对杨钦欢（团队）及其继任领导层有高度的依赖性和凝聚度。外部投资者即使在成为第一大股东后，依然难以形成实际控制。

从梅雁吉祥的案例我们看到，除了传统的正式治理构架，基于社会连接形成的复杂社会网络构成了隐性支持内部人对公司实际控制的另一重要路径。内部人控制格局的出现并非一定意味着公司价值的降低，但它为实际控制人谋取私人利益开辟了途径，为中小股东利益受损害埋下隐患。正是在上述意义上，我们看到以险资举牌为代表的中国并购浪潮并非仅仅是"野蛮人入侵"，一定程度上成为改善内部人控制问题的重要公司治理途径。

资料来源：本案例由李晓磊根据公开资料整理。

三、恒丰银行的中国式内部人控制

总部位于山东烟台的恒丰银行，其前身为1987年成立的烟台住房储蓄银行。2003年经中国人民银行批准，由中国银行、中国农业银行、中国工商银行、中国建设银行和中国人民保险公司等金融机构参与发起，改制为恒丰银行股份有限公司，成为12家全国性股份制商业银行之一。从设立后十多年来，恒丰银行不仅加速分支行在全国布局，同时积极开展海外业务。到2016年恒丰银行总资产规模达到12 085亿元。但与其他全国性股份制银行相比，恒丰银行的业务显得较为单一，存贷比较低，基础贷款客户的数量处于全国性股份制银行中较低水平。图4-10描述了恒丰银行与其他股份制商业银行净资产收益率的比较情况。

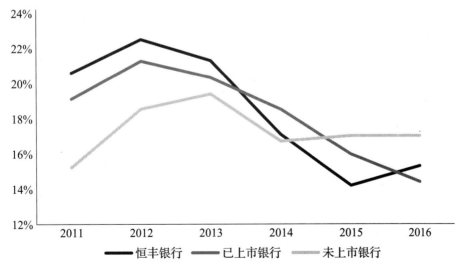

图4-10　各类银行2011—2016年净资产收益率（ROE）比较

资料来源：Wind数据库。

从 2013 年起恒丰银行的净资产收益率逐年下降，跌至未上市股份制商业银行平均水平以下。

从图 4-11 描述的各类银行各年不良贷款率中同样可以看到，恒丰银行各年不良贷款率持续高于未上市股份制商业银行相应指标的均值。

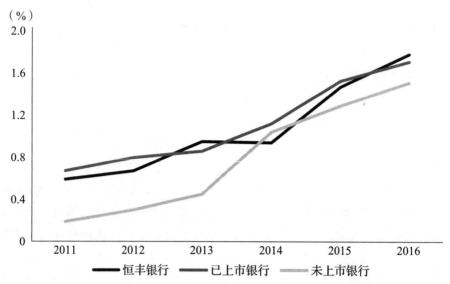

图 4-11　各类股份制商业银行 2011—2016 年不良贷款率比较
资料来源：Wind 数据库。

前面的表 4-1 描述了恒丰银行 2016 年年底的股权结构情况。在恒丰银行的前十大股东中，不仅有来自上海、福建、北京和四川等地的机构投资者，还有国际战略合作伙伴——来自新加坡的大华银行。烟台市国资委独资的烟台蓝天投资控股有限公司持股 20.61%，为恒丰银行第一大股东；新加坡大华银行持股 13.18%，为恒丰银行第二大股东。与我国很多商业银行采用的控股股东"一股独大"的股权结构模式相比，恒丰银行第一大股东与第二大股东持股比例相差不大，股权制衡度较高。

随着恒丰银行员工持股计划丑闻和高管涉嫌私分公款案的曝光，在高的股权制衡度和多元国际化的股权结构掩盖下的内部人控制问题引起关注。概括而言，与山水水泥和梅雁吉祥主要基于社会连接形成中国式内部人控制格局不同，恒丰银行的内部人控制问题一定程度上是由国企自上而下的人事任免途径、董事长的特殊身份与政治背景等所形成的政治关联导致的。

恒丰银行董事长蔡国华于 2013 年 12 月经烟台市委市政府按照干部考察任免流程空降恒丰银行。在出任恒丰银行董事长之前，蔡国华先后担任共青团滨州市委书记，沾化县县长、县委书记，烟台市委常委、副市长兼国资委党委书记，党政阅历丰富，但并无直接金融相关行业的从业经验。虽然从程序上看，围绕蔡国华的任命，恒丰银行同样经过董事会审议和股东大会表决等环节，但毫无疑问，董事长任命具有浓郁的行政任命色彩。除了担任董事长的蔡国华，出任副行长的毕继繁任职前曾为中国银监会山东监管局烟台分局（简称烟台银监分局）局长、党委书记，同样具有政府官员背景。表 4-11 描述了 2016 年恒丰银行董事会和高管层的组成情况。

表 4-11　恒丰银行 2016 年董事会和管理层的基本情况

姓名	职务	年龄	工作经历
蔡国华	董事长、党委书记	51	历任沾化县县长、县委书记、县人大常委会主任，烟台市副市长，烟台市国资委党委书记。
毕继繁	执行董事、副行长	54	历任中国人民银行淄博市中心支行副行长、党委委员、党委副书记，烟台银监分局局长、党委书记。
李志云	非执行董事	52	兼任烟台市电力开发有限公司总会计师。
刘智义	非执行董事	68	兼任中水烟台海洋渔业公司副董事长、副总经理。
徐承耀	非执行董事	67	历任烟台市四建公司副经理，烟台华明房地产开发有限公司经理，烟台市惠安建筑工程有限责任公司董事、总经理。
盖其东	非执行董事	56	历任蓬莱市印刷集团总经理、党委书记，蓬莱市汽车工业集团公司总经理、党委副书记，蓬莱市蓬达集团公司总经理、党委书记，蓬莱市蓬达房地产开发有限公司总经理。山东省第九届人大代表，烟台市第十四、第十五届人大代表，烟台市工商联房地产联合会副会长。
李建平	非执行董事	62	历任福山回里镇镇长，烟台开发区房地产有限公司董事长、总经理。
王世荣	非执行董事	66	历任新加坡大华银行政府证券与债券部、黄金和期货部、外汇资金部、国际银行业务部执行副总裁，公司董事总经理，环球金融与投资管理部总裁。
郭华庆	董事会秘书	43	曾任滨州高新区党工委副书记、纪工委书记。
宋恒继	监事长	56	历任招远市商业局财会科长，中国工商银行招远支行任副行长、党支部副书记。
陆国胜	职工监事	66	历任蓬莱市委副秘书长（正科），烟台住房储蓄银行蓬莱支行行长，恒丰银行蓬莱支行行长。

续表

姓名	职务	年龄	工作经历
穆范敏	监事	64	历任烟台市大柳行乡副乡长，蓬莱市黄金矿业集团公司总经理、党组书记。山东黄金金创集团有限公司董事长、总经理。
朱建进	股东监事	53	历任大成国际实业公司分公司经理，路峰市政工程公司经理。烟台市路峰房地产开发有限公司董事长。
崔扬	独立董事	72	历任中国工商银行金融研究所副所长，中国人民银行安徽省分行行长、党委书记，中国人民银行天津分行副行长、副书记。
黄辉	独立董事	52	曾在江苏省南通市人民政府、深圳市人大常委会法律委员会、深圳市唐人律师事务所工作。广东盛唐律师事务所首席合伙人。
齐大庆	独立董事	52	历任长江商学院副院长，长江商学院 EMBA 创建主任，长江商学院 EMBA/EDP 学术主任。长江商学院会计学教授。

资料来源：根据恒丰银行 2016 年年报及网上公开资料整理。

接手恒丰银行后，蔡国华从 2014 年开始陆续设立了上海佐衍系壳公司，或者作为高管员工持股的投资平台，或者作为资金流动的中转平台。图 4-12 描述了这些持股投资平台和中转平台与恒丰银行的关系。以上海佐基为例，其股东是由恒丰银行多位高管参股成立的上海佐沣，其中蔡国华本人持股 75%，毕继繁持股 3%，邢秀生持股 1%。作为一个重要的投融资平台，它把所吸收的员工持股以及来自恒丰银行的其他资金，投资诸如上海佐瀚等其他佐衍系公司。而一些佐衍系公司按照工商资料登记的注册地后来被记者调查发现，并没有实体公司存在。因而这些无实际业务的壳公司被猜测其为主要功能是帮助恒丰银行现任高管实现对恒丰银行的间接控制。[①]

图 4-13 中的江苏汇金则是理解恒丰银行复杂控股结构的另一关键点。江苏汇金是主要股东中为数不多的经历了两任董事长的公司。参股恒丰银行多年的江苏汇金一直与恒丰银行有密切的资金往来，2015 年一度增持至 11.01%，成为恒丰银行第三大股东。但 2016 年，江苏汇金所持股权突然全部转移至上海佐基与君康人寿，正式退出大股东行列。此外，江苏汇金通过鄞州鸿发间接持有君康人寿19.2% 的股份，而君康人寿则是恒丰银行的直接持股股东。

---

① 恒丰银行股权控制术. 财新周刊，2016-11-21.

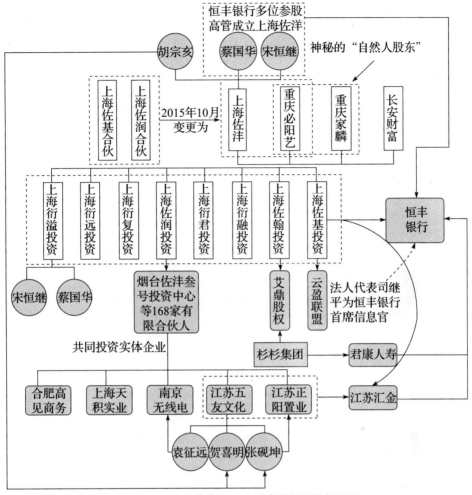

图 4－12　上海佐衍系金字塔式股权结构框架图
资料来源：根据恒丰银行公司年报及网络公开资料整理。

　　需要说明的是，作为蔡国华成为董事长后新引入的战略投资平台，君康人寿在恒丰银行高管们建立复杂金字塔式控股结构中同样扮演了重要角色。由恒丰银行资管部提供资金，通过设立壳公司收购君康人寿，再以君康人寿名义受让间接持有其 19.2％股份的江苏汇金持有的恒丰银行股权，君康人寿最终持有恒丰银行 2.74％的股份。此后，恒丰银行资管部再次通过设立两个资管计划间接持有君康人寿 71.44％的股份。[①] 君康人寿的原大股东杉杉集团也许看到恒丰银行的背景过于复杂，提出了停止与恒丰银行的交易，并将持有的君康人寿股权全数卖出。恒丰银行与君康人寿之间复杂的股权关系如图 4－14 所示。

---

　　①　独家调查：谁的恒丰. 21 世纪经济报道，2016－10－20.

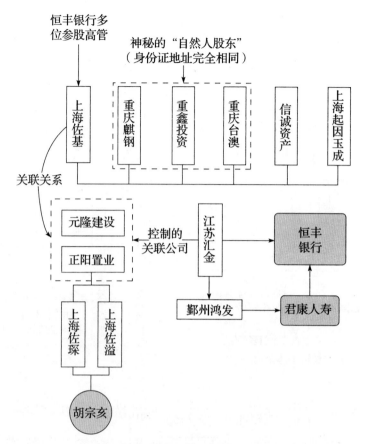

图 4-13　江苏汇金及其关联公司与恒丰银行股权结构关系图

资料来源：根据恒丰银行公司年报及网络公开资料整理。

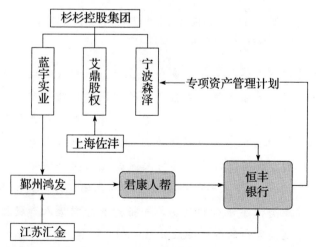

图 4-14　新引入君康人寿战略投资者购入恒丰银行股份

资料来源：根据恒丰银行公司年报及网络公开资料整理。

　　恒丰银行所构建的错综复杂的金字塔式控股结构为管理层操控银行内部资金流动提供了多样化的途径。虽然从资料看，管理层建立一系列壳公司的相关安排并没有违反《公司法》等相关法律规定，但其做法是否履行管理层对股东的诚信责任则有待观察。管理层进行控股结构构建操作过程中的资金来源的合规性同样有待调查。如果像一些媒体所猜测的，管理层通过使用银行理财资金、员工持股计划以及设立的资管计划筹集的资金从中收益，而让恒丰银行承担所有的资金成本，使银行经营风险急剧上升，则显然违背了银监会关于银行资金使用的相关规定。[①] 此外，恒丰管理层通过建立壳公司、设置资管计划进行委托投资，再通过购入银行股权间接控制银行，这种复杂隐蔽的持股方式为相关部门监管股权关联公司的关联交易带来困难。

　　我们看到，在第一大股东为国有法人的背书下，通过复杂隐蔽的金字塔式控股结构，以现任管理层为核心的内部人控制格局就这样形成了。进入 2015 年，积极准备上市的恒丰银行在上市溢价巨大利益的诱惑下，引发舆论风波的员工持股计划丑闻和高管涉嫌私分公款案发生了。

　　为筹备银行上市，2015 年 1 月恒丰银行董事会审议通过了《员工股权激励计划方案》，并相应制定了《员工股权管理办法》。该计划的认购价格设定为 3 元/股，低于同年每股净资产。根据《关于规范金融企业内部职工持股的通知》（财金〔2010〕97 号）的规定，对购股价格低于当时净资产的，差额部分予以补缴，计入资本公积。同时规定，公开发行新股后内部职工持股比例不得超过总股本的 10%，单一职工持股数量不得超过总股本的 1% 或 50 万股（按孰低原则确定），否则不予核准公开发行新股。而恒丰银行此次仅董事长个人就认购 2 000 万股。因而上述员工股权激励计划存在低于净资产认购、超限额认购等多处违规问题。

　　为实施该计划，恒丰银行向核心员工定向增发股份不超过 52 亿股。其中，认购股权的资金是通过兴业银行烟台分行进行配资的，配资比例以及员工认购额度视员工级别而定。按照当时银行总股本 100.49 亿股计算，若员工股权激励计划实施完成，员工持股份额将超过增发后总股本的 30%，达到对恒丰银行的绝对控股。

　　在上述股权激励方案具体实施过程中，兴业银行针对该计划向恒丰银行配资贷款共计 100 亿元，获得 8.44 亿元利息。然而，按照相关媒体的报道，该项利息支出并未经过恒丰银行董事会审议，而直接以"董事会占款"名义支付给兴业银行。更不可思议的是，员工持股资金最后以 268 亿元入账，但截至 2016 年 6 月退股前，计划只实行了 89 亿元左右的规模，退股后考虑还贷时，仍然有 168 亿元资金不知去向。媒体因而怀疑这与恒丰银行在其他各投资平台资金注入有关。此前，

---

　　① 恒丰银行股权控制术. 财新周刊，2016 - 11 - 21.

恒丰银行内部也表示计划将员工持股资金用于战略投资，其中上海佐沣为其重要投资平台之一。①

无独有偶，除了雇员股权激励计划丑闻，2016 年 5 月恒丰银行高管涉嫌私分巨款事件被举报，随后遭《华夏时报》《中国产经新闻》及腾讯财经等媒体曝光。按照相关报道，2015 年 3—4 月，恒丰银行为部分高管在东亚银行上海分行办理银行卡。同年 5 月上海衍溢以代发工资为汇款理由向上述新办银行卡汇入巨款，该巨款在之后 20 天内全部转出。在这些资金转出的同时，帮助资金转移的上海佐衍系公司在很短时间内完成股东与法人信息变更，使原本实际持股的若隐若现的恒丰银行高管完全隐身。② 这笔没有通过董事会而违规的资金发放被前行长栾永泰承认曾收到 2 000 多万元奖金而间接证实。③ 在恒丰银行高管召开党委扩大会议上动员全行 1.1 万员工签公开信等方式揭发栾永泰后，栾永泰实名举报董事长蔡国华"侵吞公款 3 800 万元""违规运作员工股权激励机制""违规控制恒丰银行"，私分公款案随之升级。④

2017 年 4 月，经过调查，银监会对恒丰银行做出处罚决定。按照处罚意见，由于恒丰银行"非真实转让信贷资产；腾挪表内风险资产；将代客理财资金违规用于本行自营业务，减少加权风险资产计提；未按业务实质对代理银行承兑汇票转贴现业务进行准确会计核算；银行承兑汇票转贴现资金账户管理不严；利用结构性理财产品，将多笔同业存款变相纳入一般性存款核算；以保险类资产管理公司为通道，违规将同业存款变相纳入一般性存款核算；违规变相接受同业增信；未在规定时间内披露年报信息"，同时"变更持有股份总额 5% 以上的股东未按规定报银监会审批""关联交易未提交关联交易控制委员会和董事会审查审批""未在规定时间内披露更换行长信息"等，对恒丰银行做出处罚，罚款共计 800 万元。山东省政府于 2017 年同时表示将对恒丰银行进行股权重组，通过国有企业鲁信投资控股集团承接公司原有股东持有股权，成为其第一大股东，对其的管辖权从烟台市政府上收至山东省政府。

资料来源：本案例由牟天琦整理。

---

① 恒丰银行面临重组. 财新周刊，2017 - 02 - 13.
② 恒丰银行股权控制术. 财新周刊，2016 - 11 - 21.
③ 恒丰银行前行长承认瓜分上亿公款，其得 2 100 万. 南方都市报，2016 - 09 - 11.
④ 恒丰银行私分公款案升级，高管互发公开信. 财新周刊，2016 - 09 - 21；恒丰银行内讧. 财新周刊，2016 - 09 - 26.

分散股权时代，
股东如何参与公司治理？

一、万科股权之争：谁来保护中小股东的利益？

在"一股独大"股权结构时代，控股股东说了算；在分散股权时代，股东之间大家商量着来。分散股权时代的来临一定程度上也意味着"股东说了算"的时代的结束，小股东在公司治理制度建设中的重要性从之前的无足轻重开始崭露头角。那么，在分散股权时代，外部分散股东可能并且能够扮演怎样的公司治理角色呢？

对于这一问题，我们以 2015 年 7 月宝能举牌万科引发的控制权纷争为例来加以说明。应该说，万科的股权之争从宝能开始举牌就注定了其典型性。万科的管理团队是其创业团队，同时是全国公认最优秀的管理团队之一；宝能则是较早通过举牌获得传统上被认为是国有控股的万科的控制性股份的民企之一。宝能举牌万科使万科股权之争很快陷入激烈的争论之中：应该遵循资本市场的股权至上逻辑，还是应该对创业企业家的人力资本投资予以充分保护和激励？

我们注意到，在万科股权之争中，外部中小股东扮演着一如既往的"沉默的大多数"的角色。这一局面直到两位小股东提起诉讼，申请判决撤销引入深圳地

铁，万科最大自然人股东刘元生实名举报质疑华润、宝能涉嫌一致行动才有所改观。

在万科股权之争中，当事主要各方，无论万科管理团队，还是前第一大股东华润及一度成为第一大股东的宝能，似乎总能找到一些途径来保护自己的利益。以王石为首的管理团队可以通过推出事业合伙人制度、引入深圳地铁作为白衣骑士甚至策略性停牌来保护自己的利益；作为曾经的第一大股东华润当时的持股比例低于宝能，但可以通过委派的三名（超过自己持股比例）董事代表反对万科重组方案；而当时一度成为第一大股东的宝能则可以通过联手华润在股东大会上否决董事会与监事会的工作报告，甚至提请召开特别股东大会来罢免以王石为首的管理团队。问题是，在万科股权之争中，谁来保护中小股东的利益？

这里更一般的问题是，在分散股权时代，面对层出不穷的股权纷争，谁来保护中小股东的利益？那么，为什么在公司治理理论研究和实践中，我们总是需要考虑如何保护中小股东的利益呢？这是由于处于信息弱势的中小股东不仅是传统垂直代理冲突的"受害者"，也是水平代理冲突的"受害者"。在传统的垂直代理冲突中，相对于信息知情和作为代理人的经理人，所有权与经营权分离下的股东是信息不知情的委托人，在信息不对称分布中处于劣势；而在水平代理冲突中，小股东依附的子公司成为基于金字塔式控股结构下控制权与现金流权分离的大股东实现"隧道挖掘"和资源转移的对象。因此，保护中小股东的利益成为公司治理的逻辑出发点。

那么，在万科股权之争中，中小股东的利益究竟应该由谁来保护呢？

首先，中小股东的利益能否被大股东保护？理论上，由于持股比例较大，从监督管理团队带来的收益足以覆盖监督成本，控股股东往往成为监督管理团队这一"公共品"的提供者。我们知道，公共品具有非竞争性和非排他性两个特征。简单来说，非排他性指的是一个人享用公共品，并不能排斥其他人享用。例如，我从人身安全出发建立了一个导弹防御体系。当一枚导弹打过来被这个防御体系成功拦截时，这个防御体系在保护了我的生命安全的同时，也保护了我周边的每一个人的生命安全。我并不能排斥我周边的人对导弹防御体系这项公共品的享用。而非竞争性指的是一项公共品的提供并不会因为多供一个人的享用而显著增加这项公共品的提供成本。例如，一个导弹防御体系的建立并不因为除了保护我同时多保护了周边的人，而使这一导弹防御体系的建造成本显著增加。这是公共品不同于私人品的显著特征。正是由于这两个特征，公共品的提供往往存在免费搭车现象。监督经理人同样是这样一种准公共品性质的服务，部分股东监督经理人付出的努力带来的绩效改善结果却使全体股东按照同股同权平等受益。而大股东由于其高持股比例带来的较大受益足以覆盖监督经理人的成本，因而大股东往往成为监督经理人这一准公共品的提供者和外部分散股东在这一准公共品提供过程中搭便车的对象（Shleifer and Vishny, 1986）。因而，在理论上，大股东的存在有助于解决监督经理人这一准公共品的免费搭车问题。然而，从万科股权之争中我们发现，中小股东的利益仰仗大股东的保护似乎并不靠谱。一是前第一大股东华润从宝能最初举牌时的无动于衷，到一度表示希望重回第一大股东地位，政策摇摆不定，前后矛盾；二是华润委派的三名（超额）董事代表反对万科重组方案，而万科与深圳地铁战略重组方案未必不符合中小股东

的利益；三是一度成为万科第一大股东的宝能则率性地提请召开特别股东大会，罢免以王石为首的管理团队，而让管理团队全部出局显然也不是中小股东愿意看到的结果。我们知道，股东之间在法律上并无严格的诚信责任，中小股东的利益保护显然不能完全寄托在大股东身上。

其次，中小股东的利益可以靠政府和监管当局来保护吗？在万科股权之争中，深交所的积极作为给大家留下了深刻的印象。从深交所对万科出具重组问询函，到对宝能系与华润是否为一致行动人关系的关注函，虽然看似"各打 50 大板"，但监管当局这种就事论事的态度还是赢得了不少赞誉。从上述监管实践中，我们注意到，监管当局对于保持监管公正性和独立性的理解开始走向成熟。但由此断言能够完全依靠政府和监管当局来保护中小股东的利益显然为时尚早。

再次，中小股东的利益能否靠董事会来保护？董事会中的非独立董事由各主要大股东委派，经股东大会投票表决后产生。这些大股东委派董事的责任是保护委派其出任董事的主要股东的利益，对主要股东负相关诚信义务，而中小股东的利益则往往不在他们的必然保护之列。例如，华润委派的三名董事代表反对万科重组方案，而万科重组方案未必不符合中小股东的利益。

除了代表主要股东利益的董事外，万科像其他上市公司一样还存在比例不少于 1/3 的独立董事。理论上，一旦受聘为董事，应该对全体股东而非部分股东负有诚信责任。然而，由于提名（产生来源）、聘任程序和薪酬制定上的依附性，这些独董并不能完全摆脱控股股东和管理团队的影响。独立董事是否真正能够做到"独立"令人怀疑，这可以从"万科之争是一道小学算术题？"的媒体报道趣谈中得到侧面印证。2016 年 6 月 17 日晚，万科发布公告称董事会投票以 7：3 优势表决通过了与深圳地铁的重组预案。万科的理由是，11 名董事中独立董事张利平认为自身存在潜在的关联与利益冲突，申请不对所有相关议案行使表决权，因此相关议案由无关联关系的 10 名董事进行表决。7 位董事赞成，3 名华润董事表示反对，最终董事会以超过 2/3 的票数通过此次预案。然而，随后华润发表声明，坚持

上述投票表决无效。华润的理由是，由于董事会2/3以上的人数为8人，而本次董事会议有关万科发行股份的议案均只获得7名董事表决同意，故华润认为该等议案并未依法获得通过。

独董除了与大股东"剪不断、理还乱"的复杂关系，即使从形式上符合制度意义上的独立，但依然无法摆脱一些公司任人唯亲的董事会文化的影响。在第4讲中国式内部人控制问题的讨论中曾提及，由于说"不"的董事往往被逆淘汰的文化存在，谋求连任的独董往往在任职的第一阶段甚至不敢发表反对意见。

最后，中小股东的利益能否依靠法律诉讼来保护？一个典型的案例来自芝加哥灯光球场俱乐部。为了增加俱乐部的收入，俱乐部经理人一度为灯光球场开辟夜场。由于扰民，俱乐部经理人被迫做出终止夜场的决定。上述决定遭到一些股东的起诉，认为董事没有履行诚信责任，而使他们的投资回报受到影响。这一诉讼最终被法官基于"业务判断规则"驳回。所谓的"业务判断规则"指的是经理人做出的决定是基于其专业经营管理知识，往往超过法官所拥有的法律知识，法官很难对此做出判断，因此只能尊重经理人作为业务专家所做出的判断。我们看到，"业务判断规则"的存在意味着即使是资本市场法治成熟的国家在彻彻底底维护中小股东利益上同样并非易事，何况目前我国的法律诉讼实践中尚未推出在很多国家普遍采用的有利于中小股东利益保护的举证倒置与集体诉讼等制度。所谓举证倒置指的是并非由发起诉讼的中小股东提供证据，而是在一些股东向某董事起诉未尽到诚信义务时，应该由该董事反过来提供证据，证明自己无辜，否则便是违法诚信责任。上述制度能够改善处于信息弱势的中小股东的信息状况。而集体诉讼指的是，只要有一个股东提起诉讼，除非该股东声明自己不参加诉讼，否则视为全体股东提起诉讼。集体诉讼的优点在于向按照标的资产的一定比例收取佣金的律师提供了很好诉讼的激励。给定集体诉讼的标的资产远远大于单个股东的诉讼标资产，更多的佣金激励律师进行更加尽责的调查和开展积极的诉讼。

需要说明的是，尽管目前我国法律框架和司法实践尚不能对中小股东利益做出有效保护，但对法律对投资者权益保护的重要性我们需要形成充分认识。哈佛大学施莱弗教授领导的研究团队的研究表明，法律渊源会影响法律传统，法律传统会影响投资者权益的保护程度，而投资者权益的保护程度进而会影响一国的金融发展和经济增长。因而法律对投资者权益的切实保护对于促进我国资本市场的繁荣和发展至关重要。随着我国资本市场进入分散股权时代，一个可以预见的事实是，围绕公司控制权之争和董事诚信责任将有越来越多的法律诉讼，这无疑将对服务资本市场的法律人才提出更高的要求。

上面的讨论表明，至少在目前阶段，由于所处发展阶段和种种来自制度和文化的制约，外部中小股东利益保护太多仰仗大股东、监管当局、董事会甚至法律诉讼并不现实，"以脚投票"成为很多中小股东保护自己利益的无奈选择，这事实上正是 2016 年 7 月 4 日万科复盘后股价连续出现两次跌停的部分原因。

二、股东权利的法理基础

随着分散股权时代的来临，面对"野蛮人"频繁发起的举牌和接管威胁，2015 年以来，一些上市公司纷纷启动公司章程修改程序，希望在公司章程中引入反并购条款，以此来阻止"野蛮人"的闯入。我们注意到，一些公司的股东在股东大会表决中出人意料地投下了反对票，否决了董事会提出的修改公司章程的提案。那么，为什么股东有权向不符合自己利益诉求的提案说"不"呢？对这一问题的讨论有助于我们反过来理解股东究竟有哪些权利，为什么或者说凭什么股东会有这些权利。

在这轮围绕反并购条款引入的公司章程修改中，涉及公司章程修改的内容主要集中在以下两方面：

一是提高更换高管、董事、监事的成本。这些公司或者通过引入"金降落伞"条款，提高对公司董事、监事、高管提前终止任职的补偿，或者规定每年或每次改选董事时，更换董事的最高比例。例如，在廊坊发展 2016 年 8 月提交股东大会讨论拟修改的公司章程中，增加了除任期届满或辞职的情形外每年改选非职工董事不超过 1/3、非职工监事不超过 1/2 的规定。这事实上就是在一些国家的公司治理实践中，从保持公司董事会运行稳定的目的出发所推出的"董事任期交错"制度。容易理解，廊坊发展推出上述举措的目的主要在于增加更换董事的成本，使"野蛮人"通过快速改组董事会实现控制公司的目的无法在短期内实现。

二是改变公司治理结构，提高股东提出议案和参与议案表决的难度。在一些公司章程的修改事项中，授权董事会对股东提案进行预先排除、对股东召集股东大会的请求不予配合，甚至授权董事会不承认股东大会决议，并允许就此提起诉讼。

我们注意到，这些上市公司所提出的上述公司章程修改议案很多都没有获得股东大会通过。2016 年 8 月 10 日，廊坊发展的公司章程修改议案在股东大会上被否决。接下来，我们以修改议案股东投反对票为例来理解股东享有上述权利的法理基础。

我们可以把股东权利的法理基础概括为以下三个方面：

第一，作为出资入股者，投入可承兑收入的股东有能力为自己参与制定的错误决策承担责任。这里的可承兑收入指的是股东实际投入的资金部分。如果股东做出错误决策，可承兑收入将以债务的方式承兑给相关债权方。在众多利益相关者中，股东是唯一有能力为参与相关（错误）决策制定带来的后果承担责任的一方。在现代股份公司中，股东以出资额为限承担有限责任。作为对承担责任的补偿，股东有权对未授权董事会决策的事项以集体表决的方式进行最后的裁决，这符合能够做出决策的人一定是有能力承担责任的人的法律责权匹配原则。因而，股东所具有的责任承担能力构成了股东作为股份公司所有者对重大事项享有表决权的法理基础之一。

第二，董事作为股东的受托人需要在法律上向股东负有诚信责任。股东当然可以对作为代表股东的受托人、履行监督职责的董事会提交股东大会表决的议案投赞成或反对票。

第三，股东对最后裁决权的行使是通过在股东大会上对相关议案进行的集体表决。议案是否通过，如果是一般事项，往往遵循简单多数原则；而对于重大事项，则需要遵循 2/3 原则。这意味着股东是按照公共选择的基本原则集体享有所有者权益，确保所做出的决策符合大多数股东的利益。

上述三个方面构成了股东有权对董事会提交股东大会表决的议案投赞成或反对票的法理基础。换言之，股东可以对不符合自己预期、可能有损自身利益的股东大会议案说"不"，因为这是法律（《公司法》以及受法律保障具有法律效力的《公司章程》）赋予股东的基本权利。

而我们不难发现，股东权利的法理基础事实上源于股东权利的经济学基础。不完全合约理论或者说现代产权理论构成了股东上述权利的经济学基础。从股东与经理人之间签署的合约是无法对未来发生事项做出准确预期的不完全合约出发，哈特把股东的权利区分为剩余索取权和剩余控制权。前者指的是股东受益顺序排在其他利益相关者之后，并承担风险；后者指的是股东可以对（由于合约不完全导致的合约中尚未规定的"剩余"）重大事项在股东大会上以投票表决方式拥有最终裁决权。股东受益顺序排在其他利益相关者之后的事实表明，其权益保护需要依靠（不完全合约下）所有者权益体现的剩余控制权。即股东一方面作为剩余索取者，以出资额作为可承兑收入为自己可能做出的错误决策承担责任；另一方面股东享有剩余控制权，对于不完全合约尚未规定的事项通过在股东大会上集体表决的方式进行最后裁决。概言之，在哈特看来，与其他利益相关者相比，股东牺牲了在公司分配剩余时优先获得补偿的权利，能够为自己可能做出的错误决策承担责任，很好地体现了权利与义务匹配原则，因此，股东成为公司治理的权威。换言之，股东的权威地位是牺牲了在公司分配剩余时优先获得补偿的权利换来的。

在第 1 讲讨论"现代股份公司之谜"时曾提过，一个投资者之所以愿意把自有财富交给一个陌生的经理人，而不太担心经理人敲竹杠等机会主义行为，恰恰是由于股份公司事先已向投资者做出承诺：出资入股的投资者将成为被称为股东的公司所有者，集体享有所有者权益。而股东在上述公司章程修改中投反对票恰恰是股东所有者权益的体现，因为只有能够承担责任的股东才能对重大事项拥有最终裁决权。我们注意到，尽管不同国家的公司法在形式上会有这样那样的差异，但都会十分明确地规定董事需要向股东在法律上负有诚信责任。这构成股东作为股份公司所有者对重大事项享有表决权的法理基础，股东大会由此成为公司治理的"权威"。

我们注意到，在上述一些希望通过改变公司治理结构来阻止"野蛮人入侵"的公司章程修改案例中，公司章程的修改内容包括拟授权董事会对股东提案进行预先排除、对股东召集股东大会的请求不予配合甚至授权董事会不承认股东大会决议等，这使得原本应该由股东作为企业所有者和最后责任人所享有的权利（所有者权益）被董事会等代理机构越俎代庖，构成对股东权益的侵犯和损害。因此，在这些公司的股东大会的表决中，公司章程修改议案遭到股东的反对我们并不应感到惊诧。

我们知道，在资本市场研究中，基于法玛的有效市场理论，对于特定事件我们可以考察市场对其的反应，进行"事件研究"。原因是每个投资者都是理性的，对这一事件未来的发展趋势形成理性预期。而一个有效的资本市场将把一定的信息体现在股价上。我和我的研究团队考察了这些公司章程修改事件的市场反应。研究发现，在这些公司公告修改公司章程议案的表决结果后，那些违反上述权力与责任相对应原则的公司章程修改，如果没有通过，市场反应显著为正；如果通过，市场反应显著为负。

这一定程度上表明，市场对上述侵犯股东权益的行为做出了正常的反应。容易理解，现有股东担心这些侵犯股东权利的修改提案如果被通过，自身利益将受到损害，被迫"以脚投票"卖出手中股票；而那些原本有意持有该股票的潜在投资者则纷纷望而却步，导致该股票的需求急剧减少。上述两个因素的叠加使得在剔除市场平均收益后反映该股票个体收益的累计非正常收益显著为负。

三、"小股东起义"：小股东如何参与公司治理？

上面的分析表明，股东在股东大会上对可能损害自身利益的议案说"不"是天经地义的，不仅有法理基础，而且还有现代产权理论经济学基础背书。那么，在我国资本市场进入分散股权时代，控制权纷争四起和（前面介绍的万科股权之争案例表明）单纯依靠大股东、监管当局、董事会甚至法律诉讼无法向中小股东提供有效保护的背景下，分散股东或者散户应如何利用上述权利来保护自身利益呢？事实上，除了一些有限的小股东通过网络投票参与公司治理的零星证据（黎文靖等，2012；孔东民等，2013），分散股东是如何参与公司治理的始终是一个"黑箱子"。

让我们感到欣喜的是，随着股权分散趋势和股权制衡结构的改变，一些公司的中小股东除了像以往一样被动消极地选择"以脚投票"外，还出现了媒体所谓的既"动手"又"动口"的"小股东起义"现象。"小股东起义"由此成为在分散股权时代小股东积极参与公司治理、维护自身权益的重要实现方式之一。

对于"小股东起义"我们同样从一个典型案例讲起。持有东方宾馆（000524）股份 3.15% 的个人股东王振华和梁树森于 2013 年 3 月 31 日向公司提交了《关于罢免公司全体董事的议案》临时提案。在 4 月 15 日召开的东方宾馆股东大会上，尽管上述两位股东提交的罢免全体董事的议案在控股股东的干预下没有表决通过，但控股股东回避表决的东方宾馆投资大角山酒店的关联交易议案也遭到股东大会的否决，部分实现了小股东的目的。

在东方宾馆的案例中，两位小股东一方面提出了（未必符合大股东意愿的）新议案；另一方面则联合其他股东否决了大股东提出的旧议案。我们把小股东举手提出新议案的行为概括为"动手"，而把向旧议案说"不"、否决旧议案的行为概括为"动口"。一些媒体把以往作为"沉默羔羊"的小股东不同于以往"以脚投票"，而是选择在沉默中爆发的"动口"和"动手"行为称为"小股东起义"。

按照《公司法》的相关规定，单独或联合持股比例超过 3% 的股东可以向股东大会提交议案。在东方宾馆的案例中，王振华和梁树森只是两位个人股东，而且他们的股份刚刚超过提案要求的股东持股比例的最低要求。因而，东方宾馆案例背后所揭示的股东权益意识的觉醒和小股东未来爆发起义的趋势是可以预见和不可小觑的。这再次意味着随着分散股权时代的来临，伴随着频现的股权纷争和"小股东起义"，未来中国资本市场的良性健康发展需要大量具有法律意识的投资者和为投资者相关法律事务服务的律师等法律工作人员。

图 5-1 报告了"小股东起义"事件在 2010—2015 年的分布状况。其中，最左侧的柱子代表小股东"动手"提出新议案的事件，中间的柱子代表小股东"动口"否决旧议案的事件，而最右侧的柱子则代表两类事件加总的"小股东起义"事件。从 2010 年到我们开展实证研究选取的观察截止时间 2015 年 6 月底，我国资本市场共发生 207 起"小股东起义"事件。从趋势看，2010—2012 年呈上升态势，2012

年后趋于平稳，甚至有所回落。

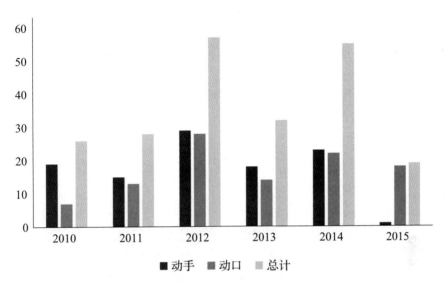

图 5-1 "小股东起义"事件在 2010—2015 年的分布状况

表 5-1 报告了在这些小股东"动手"提出新议案的"起义"中提名股东的身份。从中位数排名来看，提出议案的主要是第三大股东，而并非全是持股比例更接近控股股东的第二大股东，因而"小股东起义"色彩浓厚。

表 5-1 提案股东排名

年份	提案股东排名中位数	事件数量
2010	2	19
2011	3	15
2012	3	29
2013	3	18
2014	3	23
2015	3	1
合计	3	105

表 5-2 报告了引发小股东"动手"或"动口"起义的相关股东大会表决事项。我们看到，小股东"动手"提出新议案主要围绕人事任免、利润分配以及重大经营决策等；而小股东"动口"否决的旧议案主要集中在直接导致股东利益损害的关联交易事项。从表 5-3 可以看出，无论以"动手"还是"动口"的方式，"小股东起义"主要发生在非国有企业中。不难理解，由于国有性质在中国社会的现实

影响和政治加持，小股东在国有控股公司中希望"动口"或"动手"改变什么并非易事。

表5-2 "小股东起义"事件公司性质的统计描述（1）

议案类型	动手		动口		合计	
	频次	占比（%）	频次	占比（%）	频次	占比（%）
关联交易	11	9.73	31	31.00	42	19.72
利润分配	18	15.93	9	9.00	27	12.68
规章制度	19	16.81	9	9.00	28	13.15
人事任免	28	24.78	9	9.00	37	17.37
证券发行与回购	5	4.42	12	12.00	17	7.98
重大经营决策	15	13.27	19	19.00	34	15.96
薪酬制定	3	2.65	5	5.00	8	3.76
其他	14	12.39	6	6.00	20	9.39
合计	113	100	100	100	213	100

表5-3 "小股东起义"事件公司性质的统计描述（2）

事件公司类型	动手		动口		合计	
	频次	占比（%）	频次	占比（%）	频次	占比（%）
国有	35	33.33	35	34.31	70	33.82
非国有	70	66.67	67	65.69	137	66.18
合计	105	100	102	100	207	100

从图5-2和5-3可以看到，在这些小股东"动手"起义的提案方式中，单独提案占所有提案的85%。这表明，不同股东为了维护共同的权益，联合起来"协同起义"的意愿并不强。很多股东还是愿意习惯性地选择搭便车，期待"带头大哥"的出现，尽管自身的利益受到潜在的损失威胁。而从提案者的个人身份来看，股东以个人身份提案居多，预期扮演更加积极股东角色的机构投资者并没有发挥预期的作用，增加了我们对我国资本市场机构投资者身患"软骨症"的印象。无论从是否联合提案还是提案者本人的身份来看，"小股东起义"在目前阶段依然呈现自发、零星（非机构投资者）、缺乏组织（单独，而非联合提案）等特征。

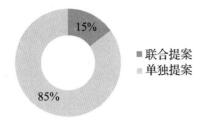

图 5 - 2　联合提案 vs. 单独提案

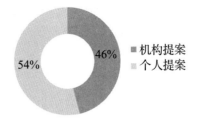

图 5 - 3　机构提案 vs. 个人提案

从图 5 - 4 可以看出，从这些"小股东起义"事件发生的市场反应来看，揭示市场反应的累计非正常收益率总体出现向下波动的趋势。容易理解，"小股东起义"意味着股东在企业未来经营方向认识上存在不一致，认知的不一致会增加公司未来发展的不确定性，由此导致股价在短期内下降。

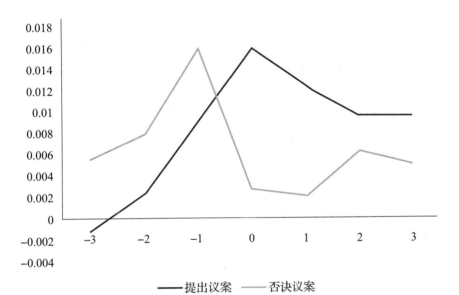

图 5 - 4　"小股东起义"事件相关公告发布前后 3 天的累计收益率

接下来的问题是，什么样的公司更容易发生"小股东起义"？我们的研究表明，在股东层面，中小股东主动参与上市公司治理的"动手"提出议案类"小股东起义"事件的发生主要受到股权结构反映的股权制衡程度的对比的影响。第一大股东持股比例越小，小股东提案获得通过的概率越大，"小股东起义"的可能性越大；反过来，非第一大股东的力量越强，对第一大股东形成反制的成功概率就越高，此时小股东"动手"提出新议案进行"小股东起义"事件的可能性越大。我们看到，无论是第一大股东持股比例的下降，还是第二至十大股东持股比例和的上升都与我国资本市场进入股权分散时代股权制衡力量对比和结构发生根本的变化有关。而控股股东的国有性质成为与持股比例类似的大股东之间制衡力量的机制，因而，"动手"的"小股东起义"更可能发生在非国有控股的上市公司中。在董事会层面，我们的研究发现，当独立性较弱的董事会并不能很好地履行保护中小股东权益的职能时，中小股东将被迫奋起反击，"动手"发动"起义"。此时，上市公司发生提出议案类"小股东起义"事件的可能性增加。

而中小股东"动口"否决旧议案的"小股东起义"事件则主要受公司绩效的影响。这一定程度上表明，主动参与意识相对较弱的中小股东只有在切身利益受到损害（糟糕的业绩表现）时才更愿意站出来维护自己的权益。

接下来让我们看一看这些既"动手"又"动口"的"小股东起义"给所在公司带来了哪些积极变化。我们的研究表明，尽管从短期看，市场对"小股东起义"事件的反应为负，但从长期看，表征中小股东主动参与公司治理意识觉醒的"小股东起义"事件确实能够带来公司治理结构的调整，进而带来企业长期绩效的改善。

而"小股东起义"所带来的上述积极变化又是通过怎样的路径和影响机制实现的呢？我们的研究表明，中小股东通过提名新董事的议案将对董事会成员的变更产生直接影响；在股权结构更加分散、股权制衡程度更高的公司中，"动手"提出议案类"小股东起义"事件的发生将显著提高董事会成员变更的可能性。与"动口"否决旧议案类"小股东起义"事件相比，"动手"提出议案类"小股东起义"事件是中小股东更加积极主动参与公司治理的行为，带来的实际公司治理效果往往更显著。小股东"动手"提出新议案因而成为我国资本市场进入股权分散时代中小股东更加积极主动参与公司治理的典型特征，"小股东起义"相应成为我国资本市场进入股权分散时代重要的公司治理途径和潜在的公司治理机制之一。

这里需要注意的是，小股东首先并不容易"起义"；其次，即使"起义"了，也不是必然成功。我们以深康佳的"百日维新"为例来揭示上述问题的复杂性。2015年4月2日，深康佳公告董事会将进行换届选举，持股占比3%的自然人股东夏锐等4人提名4人分别作为独立董事、非独立董事及监事候选人，而持股占比5%的两个机构投资者圣时和国元推荐另外的4名相应人选。深康佳的第一大股东是持有股份21.75%的华侨城（见图5-5）。在深康佳于2015年5月28日召开的2014年度股东大会上，有4名由上述两帮中小股东提名的候选人凭借累积投票制，顺利进驻公司第八届董事局，在总数为7人的董事局中占绝对多数。其中两名代表自然人阵营，两名代表圣时、国元阵营。持股比例并不高的中小股东看似取得当时媒体所谓的"庶民的胜利"。[①]

---

① 深康佳成智能家电"掉队者"？"嫡庶相争"无心业绩. 中国经济网，2015-10-22.

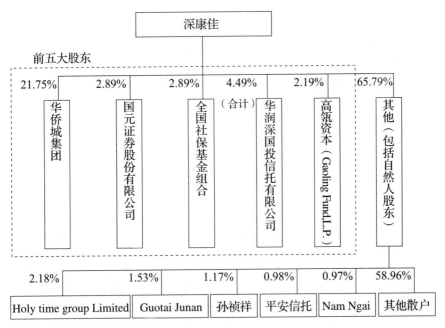

图 5-5　深康佳股权结构图（2015 年第一季度）

在 2015 年 6 月 19 日深康佳召开的第八届董事局第二次会议上，原来由中小股东推举的张民辞去董事局主席，代表华侨城利益的刘凤喜担任董事局主席，董事会同时聘任中小股东推荐的刘丹出任总裁。然而，这样看似小股东主动参与治理的局面并没有维持多久。不久后，2015 年三季报显示净利润亏损 8.5 亿元，同比下降 1 891%。在 2015 年 9 月 10 日召开的董事局会议上，大股东提名的暂停刘丹任职的议案获 5 票赞成、2 票反对，中小股东势力内部开始分裂。圣时、国元提名的 2 名董事与代表华侨城的董事联合架空以夏锐为首的中小股东。9 月 28 日，夏锐阵营推选的 4 名人员均辞职。10 月 20 日，圣时、国元推选的 2 名人员在股东大会选举上败于华侨城提名候选人，华侨城重新在董事会和监事会组织中保持主导地位。媒体把从 5 月 28 日代表中小股东利益的董事入选到 10 月 20 日董事会、监事会组织重新回到控股股东华侨城的公司治理变革称为"百日维新"。

深康佳"百日维新"的案例给我们带来以下思考：第一，董事选举结果只能说明大股东主导董事会组织甚至超额委派董事问题在小股东的积极参与下得到遏制，但并不能说明小股东由此取得了"庶民的胜利"。其实，我们知道，在监督经理人这一公共品提供问题上，小股东从来都是搭便车的。第二，把三季报显示的利润下降归咎于控制权争夺有失偏颇。同比下降 1 891% 与其说是短短的几个月内发生的，不如说是长期积累问题的集中显现。第三，尽管后来出现的很多问题是由总裁刘丹推行的激进政策导致，除了刘丹是由前任董事局主席张民卸任时推荐外，即使是小股东推荐，我们也没有理由认为刘丹的错误应该由小股东来承担。第四，给定刘丹存在激进错误，换掉不称职的管理团队不仅符合大股东的利益，也符合看似与大股东对抗的那些小股东的利益。在评价表决结果时我们更加看重是否代表大多数股东的利益（多数票），而不是一味地站在某些股东所持的反对立场。深康佳"百日维新"的案例表明，"小股东起义"固然不容易，"小股东起义"后成功更加不容易。

四、险资举牌：机构投资者如何参与公司治理？

上文我们考察了中小股东如何在分散股权时代参与公司治理，下面则以险资为例考察作为重要股东的机构投资者在分散股权时代扮演什么样的公司治理角色。

2003年就被允许入市的险资在过去的大部分时间中并不活跃。2011年后随着险资入市门槛的进一步降低和会计权益法记账的持股比例限制，原本强调资金安全的险资开始在二级市场大量增持，频繁达到监管当局要求的一次增持超过5%需要信息披露的举牌线。险资的活跃加速了我国资本市场股权分散的趋势，成为我国资本市场从2015年开始进入分散股权时代的外部诱因之一。

毋庸讳言的是，举牌的险资也是2015年前后中国资本市场陷入公司治理困境的"麻烦制造者"之一。2016年12月面对局面混乱的资本市场，时任证监会主席刘士余痛斥那些举牌的险资为"妖精""害人精""野蛮人"。但问题是，这些举牌的险资真的那么不堪吗？我们究竟应该如何客观评价这一时期举牌险资的行为呢？我和我的研究团队围绕我国资本市场发展进入特定阶段面临的这一重要问题开展了经验研究。

图5-6展示了2010—2016年险资举牌分布图。经过2012年的准备，从2013年开始我国资本市场逐步进入险资举牌的活跃期。2010—2016年，共有77家上市公司被举牌119次。其中在险资举牌达到顶峰的2015年，共有41家公司被举牌69次。2016年受到监管当局的政策限制和舆论打压，险资举牌事件锐减。这里需要说明的是，由于监管当局对举牌需要履行信息披露义务下限规定为5%，很多出于避免举牌引起关注的投资策略考虑，低于5%的险资增持行为并不在本文的关注之列。

表5-4展示了对119家举牌公司的类型进行分析的结果。在举牌的119家公司中，超过5%举牌线的公司为50家次，占全部举牌的46%；分别有22家次的公司和18家次的公司超过10%和15%的举牌线，分别占到全部举牌公司的20%和17%；甚至有6家次公司举牌超过25%。上述统计数据表明，一些险资不仅仅是简单增持了股份（超过5%），甚至试图获得公司的控制权。

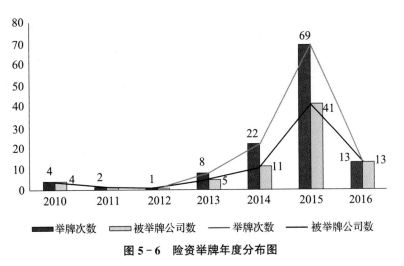

图 5-6　险资举牌年度分布图

表 5-4　举牌类型分布

举牌线（%）	次数	占比（%）
5	50	45.87
10	22	20.18
15	18	16.51
20	13	11.93
25	6	5.50
合计	109	100

表 5-5 展示了这些举牌的险资获得被举牌企业股份的实现方式。除少量非公开发行和协议转让外，高达 77% 的超过举牌线的股份获得是通过在二级市场增持实现的。

表 5-5　超过举牌线的股份获得方式的统计

股份获得方式	占比（%）
二级市场	77
非公开发行	16
协议转让	3
大宗交易	2
法院裁决	2

接下来，我们首先考察险资举牌的短期市场反应和长期绩效变化。选择举牌前后 1 天、3 天和 10 天作为事件窗考察险资举牌的短期市场反应（见图 5-7），险

资举牌后市场的短期反应总体趋势一致上升。容易理解，通过二级市场公开收购股票的险资举牌由于接管威胁意味更浓，向市场传递一个专业的险资将更加主动参与上市公司治理的信号，因而市场的反应较为强烈。

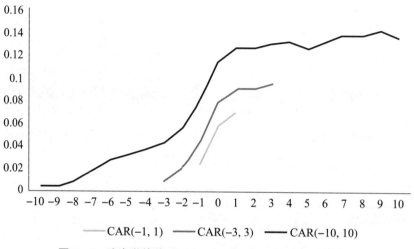

图5-7　险资举牌前后1天、3天和10天的短期市场反应

进一步对比公司举牌前后的总资产收益率（ROA）、净资产收益率（ROE）等会计绩效和托宾Q（TQ）等市场绩效的长期变化情况，研究发现，和非险资举牌公司相比，险资举牌公司在举牌事件发生后总体会计绩效显著上升。其中总资产收益率和净资产收益率分别高于事件发生前1.19%，2.59%，市场托宾Q上升最为显著，高达42.26%。上述短期市场反应和长期绩效变化的考察表明，险资举牌所反映的接管威胁开始在我国资本市场扮演重要的外部公司治理机制角色。

那么，险资举牌带来的上述绩效改善是通过哪些具体的路径和影响机制实现的呢？研究表明，在股权制衡度较低的公司中，和非险资举牌公司相比，险资举牌公司在举牌事件发生后总资产收益率、净资产收益率和托宾Q显著上升，分别高于事件发生前2.18%，5.98%和40.48%。这意味着险资举牌通过提高公司的股权制衡程度改善了公司治理结构，进而提升了公司绩效。因而，提高股权制衡程度，实现分权控制，成为险资举牌扮演公司治理角色最基本和最重要的途径。

下面具体从缓解内部人控制问题和抑制控股股东隧道挖掘行为两个方面来揭示险资举牌改善公司治理的可能实现路径。

首先，险资举牌通过提高股权制衡度有助于抑制内部人控制问题，缓解垂直代理问题。所谓内部人控制问题指的是高管利用实际所享有的超过责任承担能力的控制权，做出谋求高管私人收益的决策从而损害外部股东利益的行为。内部人控制将导致股价偏离真实价值，成为引发包括举牌险资在内的接管威胁的重要诱因。而带来股权制衡度提高的险资举牌能显著提高董事会和高管团队成员被迫更迭的可能性，这使得形成外部接管威胁的举牌险资能够扮演一个积极股东的角色。

其次，带来股权制衡度提高的险资举牌有助于抑制控股股东隧道挖掘行为，缓解水平代理问题。研究发现，相对于非举牌公司，险资举牌公司在举牌事件发生后，其关联交易比率和其他应收款比率显著下降，分别低于事件发生前 14.17% 和 0.75%。

总结上述险资举牌带来的直接经济后果及其实现机制，险资举牌不仅有助于缓解垂直代理问题，而且有助于缓解水平代理问题，因而，险资并非在 2015 年以来的若干股权纷争中留给大家的"野蛮人""妖精""害人精"的形象，而是促进我国上市公司治理结构完善的重要外部力量。

举牌险资留给人们十分恶劣的"野蛮人""妖精""害人精"的形象又是如何形成的呢？

围绕这一问题的回答，我和我的研究团队接下来开展了两方面的考察。首先，考察举牌不超过 5% 和超过 5% 市场反应的差异。表 5-6 展示了相关二级市场举牌的累计超额收益率关于 5% 举牌线的均值差异进行的检验结果。简单来说，研究发现，当举牌不超过 5% 时，市场有正向反应；而市场对认为试图染指控制权超过 5% 的举牌则做出负向反应。

表 5-6 二级市场举牌的累计超额收益率关于 5% 举牌线的均值差异检验

变量名	高于 5% 举牌线		5% 举牌线		差异
	样本量	均值	样本量	均值	
CAR01 (0)	32	0.021	30	0.06	−0.040 ***
CAR02 (−1, 0)	32	0.05	30	0.091	−0.042 **
CAR03 (0, 1)	32	0.021	30	0.083	−0.062 ***
CAR04 (−1, 1)	32	0.05	30	0.115	−0.064 **
CAR05 (−2, 2)	32	0.062	30	0.124	−0.062 **
CAR06 (0, 30)	32	−0.01	30	0.116	−0.126 ***
CAR07 (0, 60)	32	0.009	30	0.14	−0.131 ***
CAR08 (0, 90)	32	−0.016	30	0.143	−0.159 ***

注：*，**，*** 分别表示在 10%，5%，1% 统计水平下显著。

进一步的实证研究表明，在险资未染指控制权、谨守财务投资者本分的被举牌企业中，险资举牌事件抑制大股东隧道挖掘行为、提升公司绩效的效应更加显著。因而，险资试图染指控制权将削弱险资举牌抑制控股股东的隧道挖掘行为和提升公司绩效的效应。换句话说，在险资未染指控制权、谨守财务投资者本分的企业中，险资举牌事件抑制大股东隧道挖掘行为、提升公司绩效的效应更加显著。因而谨守财务投资者本分成为举牌险资从资本市场外部积极公司治理力量蜕变为"妖精"和"害人精"的边界。这意味着，举牌险资只有谨守财务投资者的边界，对公司治理进行适度参与，才有助于改善被举牌公司的治理结构，提升公司绩效，否则可能适得其反。

其次，同样是举牌，同业和混业并购的效应并不相同。因而举牌险资的主要股东与被举牌上市公司的主要业务是否存在交叉成为判断险资是否跨界并购进而相关效应存在差异的另一重要视角。研究表明，对信息更为对称的相同行业开展并购，险资举牌有利于实现并购协同效应，可以使险资更加专业地发挥积极股东角色，更好地制衡控股股东与管理层，抑制大股东隧道挖掘行为，提升公司绩效。而举牌险资进行混合跨界并购则可能削弱险资举牌抑制大股东隧道挖掘、提升公司绩效的相关公司治理效应。因此是否跨界并购是险资发挥积极股东角色、改善公司治理结构的另一重要的作用边界。

举牌险资之所以给人们留下恶劣的印象是由于一些险资违反了谨守财务投资者、避免跨界并购这两个边界条件，过犹不及，不可避免地蜕化为害人又害己的"妖精"和"害人精"。

2018 年 10 月银保监会主席郭树清宣布，允许保险资金设立专项产品参与化解上市公司股票质押流动性风险，暂时不纳入权益投资比例监管。有网友评论，"银保监会这是要把证监会打跑的妖精请回来！"一些网友甚至评论，"需要你的时候，你就是迷人的小妖精；不需要你的时候，你就是害人精"。我们看到，举牌险资并非开始就是"妖精"和"害人精"，而是我们的监管制度缺乏科学合理设计，没有把举牌险资引导到发挥积极作用的上述两个边界条件内。因而客观评价险资举牌的历史角色，并规范险资的行为，有赖于识别险资举牌作用的边界，并加以规范引导。

五、如何使险资、养老金成为合格的机构投资者？

成熟市场经济国家的实践表明，作为重要机构投资者，无论险资还是养老金都是资本市场的"宠儿"。而在中国，那些举牌的险资一度居然成为"不受欢迎的人"。那么，我们应该如何规范已经入市的险资和即将入市的养老金，使它们成为合格的机构投资者呢？

第一，使险资等作为机构投资者停留在财务投资者的边界内。企业会计准则对长期股权投资在持股高于或等于 20％才可以使用权益法核算的规定，客观上助长了险资持续举牌、持股达到 20％以上的冲动。面对经过长期减持，很多上市公司的第一大股东的持股比例已低于 20％，险资稍不留神就会成为第一大股东。在2016 年宝能系"血洗"南玻 A 董事会的案例中，成为实际控制人的持股比例仅25.77％的宝能委派了 6 位内部董事中的 50％。如同第 3 讲介绍的形成金字塔式股权结构的企业集团一样，拥有高于持股比例的董事委派比例同样是控制权与现金流权相分离的重要实现机制之一。如果没有对通过二级市场举牌成为第一大股东的机构投资者委派董事的比例做出必要的限制，则通过委派与持股比例并不对称的董事比例的险资，很可能由于对公司重要事务的实际影响力而一不小心从财务投资者演变为战略投资者。当不幸遭遇桀骜不驯甚至意气用事的管理团队时，新入主股东做出"血洗"董事会之举有时就变得在所难免。

因此，未来一方面需要通过相关制度的约束避免险资成为战略投资者，染指控制权；另一方面，即使险资成为实际控制人，也应该对其可以委派的董事比例做出明确限制，把更大的比例留给来自外部的利益中性的独立董事。

第二，险资等机构投资者按持股比例委派董事更多是履行监督职能，以保证机构投资者的合法权益不受侵害，而并非越界直接插手日常的经营管理事务。现代股份公司通过资本社会化和经理人职业化实现了风险分担与职业经营之间的专业化分工，极大地提升了企业的生产组织效率。因而，所有权和经营权的分离，一方面是引起经理人与股东之间代理冲突的原因，另一方面恰恰是现代股份公司所带来的社会化大生产实现效率提升的精髓所在。对于代理冲突，需要依靠激励机制的设计和治理结构的完善来实现，而不是简单地由所有者来扮演也许并不称职的经营者的角色。在南玻 A 事件中，如果比例有限的宝能系董事代表在曾南等管理团队做出可能有损股东利益的投资举措时说服其他董事否决相关议案，相信没有人会对宝能系非议。问题恰恰出在宝能系代表没有谨守上述边界，越界提出由宝能系的代表代替曾南履行董事长的职责，以至出现不堪收拾的局面。

在上述意义上，随着资本市场金融产品类型的丰富，我们鼓励险资等机构投资者从持有普通股转为持有优先股。相对于普通股，优先股在股利支付和公司破产清偿时的财产索取方面都具有优先权。作为"伪装了的债务"，持有优先股不仅有利于险资等机构投资者投资的保值增值，而且优先股股东不具有表决权的特点，从制度上防止了机构投资者过多干预并不擅长的生产经营活动等越界行为的发生。我国从 2013 年开始优先股的试点，目前仅有数十家上市公司发行了优先股。经过资本市场数十年发展的锤炼和洗礼，股权至上和"资本雇佣劳动"的逻辑好不容易获得我国资本市场的基本认同，很多投资者似乎还没有准备好接受"没有控制权的股东"这一看似角色错位的新的控制权安排理念，这使得没有投票权的优先股在实际推行过程中举步维艰。其实，很多投资者并没有意识到，放弃控制权，把自己并不熟悉的业务交给值得信任的并建立长期合伙关系的管理团队经营，反而会给自己带来更大的投资回报。这方面值得我们学习的是，持股比例高达31%却放任马云合伙人实际控制阿里巴巴的软银，以及持股比例高达80%却允许持股比例仅为20%的刘强东通过发行双重股权结构股票享有实际控制权的京东的分散股东。

优先股并没有在我国资本市场盛行的另一个同样重要的理由是，在相关规定中并未明确机构投资者持有优先股通常应该享有的税收减免优惠。这使得一些机构投资者对持有优先股的激励不足，反过来没有形成对上市公司发行优先股的稳定需求。作为对照，美国一方面通过征收公司间股利税，使金字塔式股权结构的企业集团面临双重甚至多重课税，处于严重的税负不利状态，这使得很多企业宁愿选择扁平式的组织结构；另一方面，按照美国相关税法的规定，机构投资者投资优先股所获得的股利中70%可以免缴所得税。由于个体投资者投资优先股不具有税收减免优惠，这使得优先股成为很多机构投资者青睐的对象。未来也许我们应该，一方面通过完善公司间股利税的征收，使看起来负面效应多于正面效应的金字塔式股权结构的企业集团逐步扁平化；另一方面通过推出相应的税收优惠，鼓励上市公司多发行优先股，机构投资者多持有优先股。

在从观念和相应制度保障上使险资等停留在财务投资者的角色后，应该如何使它们扮演积极而不是消极的机构投资者的角色呢？险资等机构投资者事实上至少可以通过以下三个途径扮演积极角色：

第一，最直接、最简单的是"以脚投票"。机构投资者可以通过增持或减持所持的普通股或优先股向资本市场和上市公司本身传递所持股公司的治理状况和盈利前景判断的信号。大的机构投资者的减持行为往往会引发资本市场的连锁反应，使得其他投资者纷纷减持，而这为真正的接管商乘虚而入创造了时机。因此，为了避免机构投资者的减持，上市公司有激励努力改善公司治理，向股东提供尽可能高的回报。

第二，在股东大会上提出特别议案，甚至联合其他机构投资者否决有损外部分散股东利益的议案。这方面的一个典型例子是上海家化几家机构投资者联合起来在股东大会上否决当时管理团队提出的并购海鸥手表的议案。必要时，机构投资者还可以提议召开临时股东大会。

第三，险资等机构投资者还可以通过对持有股票的公司治理状况进行排名，定期发布，借助媒体的力量来履行监督职能。这方面的一个著名例子来自美国加州公务员养老基金（CalPERs）。CalPERs每年按照股东回报、增加的经济价值、公司治理等指标列出业绩平淡公司的名单，然后派代表与列入名单的公司进行谈判。如果这些公司拒绝接受改进公司业绩的建议，CalPERs 将威胁把名单公布于众。为了避免媒体曝光带来高管个人声誉和公众形象的损失，这些公司往往愿意接受 CalPERs 的相关意见和建议。由此，CalPERs 不仅成为值得分散股东信赖的积极股东，而且也成为上市公司完善公司治理结构的良师益友。

美国加州公务员养老基金案例同时表明，媒体在公司治理中扮演了重要角色，可以影响企业的公众声誉状况，因此成为一种保护投资者权益的重要的法律外制度。很多经验研究致力于研究法律外制度并认为其与法律制度起到相同的效果。

六、总结

本讲讨论了在我国资本市场进入分散股权时代中小股东如何参与公司治理的问题。由于股东出资的"可承兑收入"性质，股东能够为可能做出的错误决策承担责任，因而在法理上股东有权对董事会提交股东大会表决的议案投赞成或反对票。然而，在以往控股股东"一股独大"的治理范式下，无法靠大股东、法律、政府或董事会来有效维护权益的中小股东，并不清楚如何利用自己手中的权利来捍卫自己的权益，往往选择被动消极的"以脚投票"。

随着分散股权时代的来临，我们注意到，越来越多的中小股东开始积极参与到公司治理中来。尽管在一些第一大股东持股比例小和股权制衡程度高的公司，一些中小股东不仅会"动手"提出不同于大股东的新议案，而且"动口"否决大股东的旧议案，但主动参与意识相对较弱的中小股东只有在切实利益受到损害时才更愿意站出来维护自己的权益。中小股东通过"动手"提出的新议案将对董事会成员的变更产生直接影响。虽然并不十分常见，但表征中小股东主动参与公司治理意识觉醒的"小股东起义"事件确实能够带来公司治理结构的调整，进而带来企业长期绩效的改善。因而，"小股东起义"成为我国资本市场进入股权分散时代重要的公司治理途径和潜在的公司治理机制之一。

除了"小股东起义"，另外一支重要的中小股东治理力量来自存在争议的举牌险资。险资举牌不仅有助于缓解内部人控制的垂直代理问题，而且有助于缓解大股东隧道挖掘的水平代理问题，因而成为改善公司治理结构重要的外部力量。而举牌的险资之所以看似并不光彩地与"野蛮人""妖精""害人精"联系在一起，是由于一些缺乏必要规范和限制的险资没有停留在财务投资者和非跨界并购的边界内，过犹不及，蜕化为我们并不愿看到的"野蛮人""妖精""害人精"。

在公司治理实践中，机构投资者除了类似于中小股东"以脚投票"向市场传递盈利前景判断的信号，引导其他散户投资和在股东大会上提出特别议案，甚至联合其他机构投资者否决有损外部分散股东利益的议案外，还可以对所投资企业的治理状况进行排名并威胁发布，借助媒体的力量来扮演更加积极的监督角色。

案例分析

南玻 A 的控制权纷争[①]

与我国 A 股大部分上市公司与生俱来的"一股独大"股权结构不同，南玻 A 从诞生之日起就具有股权分散基因，属于我国资本市场中的另类。它集中体现在：设立时四大势均力敌股东共襄盛举，上市后两家大股东与高管层"三足鼎立"，以及股权分置改革完成后南玻 A 前十大股东合计持股比例一度下降到不足 20%。之所以称南玻 A 为我国众多"一股独大"上市公司中的另类，与南玻 A 首任董事长、有"改革闯将"之称的原蛇口工业区管委会主任袁庚独具匠心的理念和制度设计有关。在探索市场经济下股权结构和公司治理机制时，袁庚始终主张："国有企业改制，并不一定实行私有制，最好是多种成分的混合所有制，总之不要由一个大股东说了算。"

2016 年 11 月 14 日，通过举牌成为大股东的宝能系以略高于 1/4 的持股比例，迫使南玻 A 原管理团队集体离职，造成震惊一时的宝能"血洗"南玻 A 董事会事件。上述事件成为继万科股权之争后险资举牌、"野蛮人入侵"的更令资本市场触目惊心的公司治理事件。该事件发生后，监管当局在当时同情从事实业但遭受"野蛮人"闯入的企业家的舆论下，把一些举牌的险资斥责为"妖精""害人精"，并开始加大监管力度，查处举牌险资的资金使用合规性问题，以阻止上述"野蛮人入侵"行径再次发生。

从南玻 A 这样的股权分散企业遭遇到"野蛮人入侵"甚至"血洗董事会"事件，我们也许能从中预知到在我国资本市场进入分散股权时代上市公司未来普遍面临的公司治理困境。因此，重新回顾南玻 A 遭遇的"野蛮人入侵"和"血洗董事会"对于其他公司积极防范和监管当局开展监管应对具有重要的借鉴价值。

南玻 A 的前身是 1984 年设立的南方玻璃有限公司（简称南方玻璃），是与万科、华为、平安、招商银行等同时代在蛇口成长起来的第一代企业。四个发起人股东香港招商局轮船股份有限公司（简称招商局）、中国北方工业有限公司深圳分公司（简称北方工业）等几乎是均匀持股，没有出现绝对甚至相对控股的大股东（见表 5-7），这很好地体现了袁庚"不要由一个大股东说了算"的股权结构设计

---

① 本案例由黄俊凯研究整理。

理念。尽管出身显赫且为中外合作企业（招商局为港资），南方玻璃的最初定位仅仅是一家"皮包公司"，其使命只是服务广东浮法玻璃有限公司（GFG）的建设。在 GFG 建成后，主要股东一度要求注销南方玻璃，但首任总经理曾南并不甘心，在说服股东后将公司存续了下来。

表 5-7　南方玻璃的发起人股份

发起人	股份（%）
香港招商局轮船股份有限公司	28
中国北方工业有限公司深圳分公司	26
深圳市建筑材料工业（集团）公司	26
广东国际信托投资公司	20

资料来源：wind 资讯。

由于缺乏资金和技术，曾南及其团队从下游的销售做起，逐渐向玻璃产业的上游延伸，走出了一个独特的"南玻模式"。从最初的玻璃进出口到成品玻璃深加工，一点点积累市场和技术，最终发展成为贯穿玻璃产业上下游，横跨平板、工程和太阳能玻璃三大部门，拥有自主知识产权和核心研发能力，能够在世界市场上一争高下的行业龙头企业。这种独特、艰辛而卓有成效的发展道路，使得以曾南为首的南方玻璃创始人团队赢得了企业内部的认同，并积累了广泛的行业人脉和社会资源。

1992 年，南玻 A（000012.SZ）正式在深交所挂牌上市，成为我国最早上市的企业之一。经过债转股和两次配股，发起人股份在上市后不断稀释。原第一大股东招商局出于剥离辅业、回笼资金的目的，不断减持。另外两位发起人股东深圳市建筑材料工业（集团）公司（简称深圳建材）和广东国际信托投资公司（简称广东信托）先后以协议转让的方式将所持南玻 A 股份转让给了深圳国际控股有限公司（深圳国资委旗下港交所挂牌红筹公司，简称深国际）。深国际通过下属的怡万发展和新通产两个账户分别持有南玻 A 股份，并于 2000 年成为南玻 A 的实际控制人。直到 2007 年股权分置改革完成前，南玻 A 的董事长长期由深国际派出。此时的南玻 A 在公司治理构架上形成两个国企大股东（深国际和北方工业）和创始人团队"三足鼎立"的局面（见表 5-8）。

表 5-8　股权分置改革时, 南玻 A 主要大股东持股比例

主要大股东	股份比例（%）
深国际及其一致行动人	25.13
北方工业	12.88

资料来源：wind 资讯。

在股权分置改革完成、非流通股解禁后，原本坚定看好南玻 A 的两个大股东深国际和北方工业很快宣布了各自的退出策略。根据 2007 年《关于实际控制人计划减持本公司无限售条件流通 A 股的公告》，"深圳国际将集中所有资源专注于发展其主业——物流业及与物流业相关的业务。由于本公司所经营的业务不属于其主营业务范围，其将视市场情况，选择合适的时机，依照国家相关的法律、法规，通过深圳证券交易所公开交易，逐步减持其通过怡万发展和新通产所持有的本公司南玻 A 无限售条件流通股"。

与深国际逢高减持，将股份出卖给并购方，最终彻底脱身的做法不同的是，北方工业仍然将南玻 A 视为战略投资对象。在 2016 年的北方工业官网可以看到如下表述："……是各类民族实业企业的坚定战略投资者；在全世界有强大关系网络和销售资源，希望结合南玻 A 在玻璃和光伏产业的技术和优势，实现强强联合，达到双赢"，"'一带一路'，借助渠道，推动南玻 A 国际化经营，产品出口，产能转移"，"在'一带一路'沿线国家实现产能转移的重要产业之一，帮助南玻 A 实现全球化布局"。

然而令人遗憾的是，"血洗董事会"最终使南玻 A 创始人团队希望借助"一带一路"东风，实现袁庚心中"冲出蛇口，走向世界"的梦想遭到重大打击。图 5-8 为股权分置改革后主要大股东的减持路径。

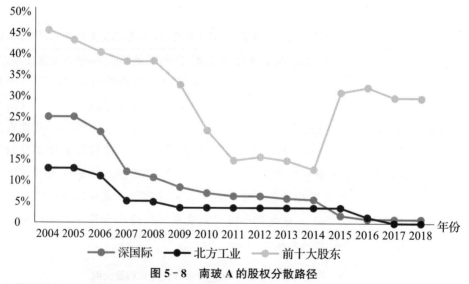

图 5-8　南玻 A 的股权分散路径

资料来源：wind 资讯。

从图 5-8 可以看到，2006 年的股权分置改革是南玻 A 股权结构发生重大变化的关键节点。从这一年开始，随着两大股东的减持，前十大股东的持股比例 2006 年还在 40% 以上，到 2010 年首次低于 30%，并在之后的年份中持续下降。由于不存在控制性股东，2007 年起成为董事长的创始人曾南在南玻 A 中开始发挥举足轻重的影响。

2015 年 2 月，宝能系的前海人寿开始在二级市场大量买进南玻 A 股份。面对宝能系的突然进攻，3 月 19 日南玻 A 宣布停牌，筹划非公开发行股票事宜。这一行为被资本市场解读为南玻 A 管理层开始采取措施阻止宝能系入侵的行动。3 月 27 日，南玻 A 进一步召开董事会会议，审议并通过修改《公司章程》、修改《股东大会议事规则》、修改《董事会议事规则》和修改《独立董事工作制度》4 项议案，提请股东大会审议。在相关议案中，南玻 A 高管层希望通过推出增设职工代表董事，分级分期更换董事会，增加并购方信息披露义务以及限制股东的董事提名权等方式，增加宝能系控制成本，以阻止举牌的宝能系成为南玻 A 的实际控制人。

此举随即引发了前海人寿的强烈反对，并以"内部人控制"谴责彼时的南玻 A 高管团队。前海人寿认为，南玻 A 高管层的议案"不合理地限制了股东改选公司董事的合法权利，过度维护现有董事的董事地位，导致公司成为'内部人'控制的公司"。前海人寿随后提请公司股东大会增加审议 5 项临时议案，其中便包括《关于提请股东大会否决公司董事会提出的公司章程及相关制度修订案的议案》。由于第一大股东前海人寿与管理层僵持不下，致使股东大会延期。表 5-9 介绍了管理层在公司章程修订议案中保留和新增的反并购条款，表 5-10 则介绍了管理层和前海人寿各自提出的条款之间的对比。

表 5-9　南玻 A 高管层章程修改议案中保留和新增的条款

保留	"金色降落伞"	公司与总经理及其他高级管理人员签订的聘任合同不因公司章程的修改而无效、终止或变更等，公司与总经理及其他高级管理人员自愿协商一致时，可以修改、终止或变更合同。公司因合并、分立、被收购及其他股份变动事由在聘任合同期内终止或变更合同，公司应当依照聘任合同规定对总经理或其他高级管理人员进行经济补偿，补偿的标准不低于被解聘人员上一年度年薪总和的 10 倍。
新增	增设职工董事	设职工代表董事一名，由公司职工民主选举产生。
	增加收购方信息披露义务	任何持有或通过协议、其他安排与他人共同持有公司股份达到 10% 或达到 10% 后增持公司股份的股东，应在达到或增持后 3 日内向公司披露其持有公司 10% 股份及后续的增持股份计划以及真实目的，向公司董事会申请同意其增持股份计划。没有及时披露相关信息、披露不完整或未经公司董事会同意增持公司股份的，不具有提名公司董事、监事候选人的权利。
	限制董事会改选	董事会每年更换和改选的董事人数不超过董事会总人数的 1/5。任期届满需换届时，新的董事人数不超过董事会组成人数的 1/2。

资料来源：巨潮资讯网。

表 5 - 10　南玻 A 章程修改议案中涉及变更的条款

	原章程	高管层	宝能系
换届时董事提名权	仅上届董事会。	仅董事会提名委员会。	所有有权主体
股东的董事提名权	连续 180 日以上单独或者合计持有公司发行在外有表决权股份总数的 5% 以上。	连续 12 个月以上单独或者合计持有公司发行在外有表决权股份总数的 5% 以上的股东。	同证监会规定。
股东的独董提名权	同证监会规定。	仅公司董事会。	同证监会规定。
董事会人数	9 人。	9 人。	13 人。
提名总人数	无。	连续 12 个月以上单独或者持有公司发行在外有表决权股份总数的 10% 或以上的股东向董事会提名董事候选人人数不得超过《公司章程》规定的董事会人数的 1/4。	无。

资料来源：巨潮资讯网。

　　从表 5 - 9 报告的高管层公司章程修改方案逐条来看，南玻 A 的《公司章程》原本就规定有 10 倍解约金的"金色降落伞"条款这一市场化解决方案；增设职工代表董事的章程修改本身符合《公司法》的相关规定；而原则上只要股东大会通过是可以增加并购方的信息披露义务的。但除了上述几条中性修改，无论是表 5 - 9 中的限制董事会改选条款还是表 5 - 10 中双方激烈争夺的董事提名权，都一定程度上有悖于《公司法》赋予单独或者合计持有公司 3% 以上股份的股东的董事提名权，及单独或者合并持有上市公司已发行股份 1% 以上的股东可以提出独立董事候选人的相关规定。[①] 从法律角度讲，南玻 A 管理层意在通过修改《公司章程》，提高进入门槛，以阻止前海人寿并购。双方围绕修改《公司章程》这一序幕展开的控制权纠纷大剧即将登场。

　　2015 年 4 月 27 日，前海人寿及其一致行动人的持股比例首次触发举牌线。尽管前海人寿在《详式权益变动报告书》中称已向南玻 A 出具承诺函，保证与上市公司在人员、资产、财务、机构、业务等方面相互独立，没有计划要改变上市公司现在董事会及高管组成，但遗憾的是，前海人寿之后并未严格遵守首次举牌公告时的承诺。前海人寿的举牌也加速了原股东深国际逢高减持、退出南玻 A 的进程。前海人寿在董事会换届选举前提前获得了深国际出让的 3 个董事席位。

---

　　① 见《公司法》第一百零一条和《关于在上市公司建立独立董事制度的指导意见》第四条。

2015 年 11 月，曾南考察马来西亚，确定与旗滨集团分别出资 52％和 48％投资马来西亚项目。该项目得到北方工业和马来西亚政府的大力支持。从需求端来看，国内工程玻璃（节能玻璃）和光伏玻璃的下游市场饱和，急需拓展海外市场；从供给端来看，国内劳动力价格高涨，而东南亚劳动力相对廉价；从政策端来看，北方工业与马来西亚当地政府关系良好；从自身准备来看，南玻 A 已事先进行了必要的人员储备。但在宝能系介入董事会后，该项目不了了之，最终变更为旗滨集团、富隆国际、裕盛投资分别出资 48％，38％，14％。事后，前海人寿曾多次质疑该项目的接替者富隆国际和裕盛投资与南玻 A 高管层有关联关系，将有价值的项目转移给竞争对手旗滨集团。

马来西亚项目的流失造成了严重的连锁反应。2016 年 8—11 月，南玻 A 经历了严重的中层核心员工离职潮，甚至排队签离职协议。仅 10 月一个月内，就有约30 位关键岗位核心员工离职，其中包括 10 名经理级别员工。这 10 名经理中，6 名确认到竞争对手——马来西亚项目的接收方旗滨集团任职。旗滨集团在对上交所问询的回复函中承认，2016 年以来，已从南玻 A 引进业务骨干及管理人员 10 余人。而南玻 A 开发研究院约 70 名员工中有 1/3 辞职，不少跳槽去了南玻 A 在国内中高端工程玻璃市场的对手耀华玻璃。

同期被外界认为使双方真正交恶的股权激励计划之争发生了。我们通过表 5-11 来对比双方的分歧。

表 5-11　股权激励计划之争

	原高管方案	前海人寿修改的方案
提出时间	2016 年 8 月 11 日	2016 年 11 月 4 日
规模	6.5％	3％
实施时间	2016 年	2017 年
基数	2015 年	2016 年
业绩承诺	15％～20％	第一年 100％，后两年 50％
激励分配	侧重高管	侧重中层

资料来源：wind 资讯。

除了激励规模减半和适用基数提高外，股权激励计划方案更大的分歧在于双方各自对业绩承诺的规定。按照高管层提出的方案，业绩不高于 20％的承诺事实上已经远远高于南玻 A 2004—2014 年的年化平均利润增长率 9.9％。而前海人寿要求的业绩承诺为连续三年不少于 50％的高增长。这显然不是通过老办法能做到的，需要进行大规模的资本运作。上述分歧暴露了擅长经营管理的管理团队与擅长资本运作的前海人寿控制权理念的差异。提出如此高的业绩承诺，一定程度上与前海人寿的收购资金来源主要是万能险有关（见表 5 - 12）。与传统保险相比，万能险的资金压力大（算上渠道费，保守估计年费率超过 7%），资金周期短且不确定性大（万能险可以提前赎回，而且期限最长不超过 10 年，实际操作中大部分 5 年内被赎回）。

表 5 - 12　2016 年第三季度宝能系持股比例

持股主体	持股比例（%）
前海人寿·海利年年①	15.45
前海人寿·万能险	3.92
钜盛华	2.87
前海人寿·自有资金	2.15
香港泰承集团（通过银河证券）	1.33

资料来源：前海人寿官网。

管理层和第一大股东前海人寿双方在经营理念上的巨大差异经过几个回合的较量使管理层萌生退意，而前海人寿也意识到现有管理层的经营理念不足以实现其打造"综合性产业集团"的目标。② 在前海人寿给出修改的激励方案 10 天后，"血洗"南玻 A 董事会的大剧高潮上演。

2016 年 11 月 7 日，代表南玻 A 第一大股东宝能系的董事陈琳、程细宝、叶伟青，联合代表第二大股东北方工业的董事王健，向董事会提出"关于制定〈南玻'十三五'发展战略规划〉的议案""关于要求管理层核查光伏电站投资项目的议案""关于公司管理人员任免以及员工聘用相关事宜的议案""关于调整董事会对总经理部分授权的议案""关于要求公司就员工离职等事项作出澄清公告的议案""其他与上述事宜及目前公司状况有关的需要董事会讨论决议的事项"等六项提案。其中，除了比较空泛的第一项提案，第二、三、四项提案都直接冲击到现有管理层，第五项提案则侧面印证了外界对南玻 A 存在严重离职潮的担忧。

在 2016 年 11 月 14 日的董事会临时会议上，上述四位董事现场撤销原提案中所有议案，在会议现场口头提出"关于由董事陈琳代为履行董事长职权的议案"，以董事长曾南身体状况不适合继续履行职务为由，要求取消曾南的董事长职务，并由宝能系董事陈琳代职。这一议案遭到独董张建军的反对，另外两位独董符启林和杜文君则认为此议案存在程序瑕疵③，没有提前通知，不是董事会本次议题，

---

① 海利年年也是前海人寿推出的一款万能险产品。参见前海人寿官网的相关说明。
② 这一阐述参见《关于推动南玻可持续发展的若干意见（征求意见稿）》。
③ 根据南玻 A《董事会议事规则》第六十五条第三款：议案提交：议案拟订完毕，应由董事会秘书先在一定范围内征求意见。经有关方面和人员论证、评估、修改，待基本成熟后再提交董事会讨论决定。因此，在董事会上口头提出陈琳代行董事长职权（意即让曾南下台）的临时议案，按照程序可以被拒绝。

选择弃权。最终，该事件以南玻 A 董事长曾南，董事兼 CEO 吴国斌，独立董事张建军、杜文君，董事会秘书丁九如，财务总监罗友明，副总裁柯汉奇、张柏忠、胡勇、张凡，监事龙隆、洪国安、职工监事鄢文斗辞职收场。新任的南玻 A 董事会组成如表 5-13 所示。

表 5-13　宝能系控制下的南玻 A 董事会

董事背景	董事姓名
北方工业	王健
宝能系	陈琳（董事长）、潘永红（CEO）、程细宝、叶伟青、张金顺
独董	靳庆军、詹伟哉、朱桂龙

资料来源：wind 资讯。

从表 5-13 可以看到，新董事会中，前海人寿凭借 26.16% 的股权，占据了非独立董事席位的 5/6，全部董事席位的过半数。不仅如此，全部三位独董都是由宝能系提名。北方工业虽然在新董事会中仍占据一席之地，但已经完全失去以往主要股东的辉煌。宝能系在对深交所问询的回复函中提到了由前海人寿和北方工业共同提出《关于推动南玻可持续发展的若干意见（征求意见稿）》（简称《意见稿》）。在该《意见稿》中，宝能系明确提出，"力争尽快将南玻集团发展成为一个销售收入超千亿元、利润超百亿元的综合性新型产业控股集团"。鉴于 2016 年是南玻 A 历史上业绩非常好的一年，其营业利润也仅仅 8.65 亿元，要达到利润百亿元的目标，显然不可能只通过产业资本擅长的研发和长期投资，更多需要资本运作、兼并收购。这份《意见稿》从新的角度揭示了产业资本和金融资本之间在经营理念上的深刻矛盾。

最后，我们不得不提到的是，南玻 A 上述局面的出现一定程度上与原两位国资大股东"不作为"有关。深国际时而同意实质为加强内部人控制的《公司章程》修订案，时而提前让出董事席位给宝能系，摇摆不定；而北方工业不仅默许"一带一路"项目流失，甚至参与"血洗"董事会。

通过南玻 A 的案例，我们不仅观察到了"野蛮人入侵"，而且还有基于历史功绩和社会连接形成的中国式内部人控制。双方的遭遇战是导致包括南玻 A 在内的很多上市公司陷入公司治理困境的深层原因。在我国资本市场进入分散股权时代，由上述遭遇战引发的公司治理困境会像阴云一样笼罩很多上市公司，成为现阶段很多公司治理面临的最大挑战，需要引起公司治理理论与实务界的特别关注。

董事会组织与超额委派董事问题

一、董事会组织的一般构架

公司治理专家蒙克斯和米诺曾经指出，"任何一家公司的优势，也就是生存，依赖于两股性质截然不同的力量，即公司所有者的力量与公司经营者的力量之间的权衡"。公司依靠股东获得资本，同时也需要维持公司日常运作的管理层。由于董事会把提供资本的股东和使用这些资本创造价值的经理人连接起来，成为协调二者之间利益冲突的重要机制，因而董事会是市场经济中公司治理的核心。

所谓的董事会指的是由股东大会按照公司章程相关规定任命的公司常设机构，代表股东履行监督经理人的义务，同时向经理人进行战略咨询。而董事指的是董事会的成员。在英美等国家，一个公司的董事会往往包括 CEO（首席执行官）等执行董事和独立董事等非执行董事。我们知道，股东是公司治理权威的体现，股东大会是对公司章程制定和重大事项裁决的最高权力机构。不同于作为权威的股东，作为联结代理冲突的股东和经理人两方的桥梁的董事会是公司治理的核心，而独董是董事会组织制度建设的关键。

在介绍董事会组织的一般构架和设计原理的基础上，从我国资本市场制度背景出发，本讲揭示作为董事会制度建设关键的独董在我国上市公司发挥公司治理作用的潜在途径，剖析独董没有发挥预期作用的制度基础和文化根源。最后，以大股东超额委派董事为例讨论董事会制度建设中如何通过制度完善和文化改良来使董事会真正成为市场经济中公司治理的核心。

(一) 董事会的基本职能

按照商业圆桌会议（1990）所制定的《公司治理董事会组织指引》，董事会应具有以下五项基本职能：

（1）挑选、定期评估、更换 CEO，决定管理层的报酬，评价权力交接计划。遴选经理人，并为经理人设计薪酬合约，激励经理人，是董事会基本而重要的职能。该职能主要由董事会中以独董为主组成的提名、薪酬等专门委员会来具体履行。提名委员会负责公开发布经理人或董事遴选标准和考核程序，组织经理人的面试，评估和完成权力的交接。薪酬委员会在对绩效评估的基础上负责经理人薪酬的制定。

（2）审查并在适当情况下审批财务目标（年报等）、公司的主要发展战略及发展规划等。作为股东的受托人，董事会需要如实向股东报告资金的用途和盈利情况，因而审计或者内控成为董事会另外一项十分重要的职能。这一职能通常由董事会中的审计或者内控专门委员会来履行，审查管理层是否真实披露会计信息等问题。另外，董事会还通过成立战略委员会讨论公司未来发展的战略和相关规划。

（3）向管理层提出建议和咨询。董事会聘请的独董很多是来自其他公司的前任或现任 CEO 以及具有会计、法律等职业背景的专业人员，其重要目的之一在于当高管做出决策时向高管提出建议或接受战略咨询。

（4）挑选并向股东推荐董事会董事的候选名单，评估董事会的工作及绩效。这意味着，董事会除了负责经理人的更选，还需要参与董事自身的更选，对其自身的工作和绩效进行初步评估。

（5）评估公司的制度与法律、法规的适应性。面对外部经营环境的改变和法律制度的调整，公司需要对由此可能对公司产生的影响及时做出评估，并提议包括《公司章程》内在的公司相关规章制度的修改，以积极适应上述变化。履行这一职能的专门委员会通常称为公共政策委员会。但在我国企业实践中，由于此项职能与战略规划有交叉，往往由战略委员会兼任。

从上述董事会的五项职能看，向股东负责的董事会不仅要向股东定期报告公司营运状况，而且还要完成经理人更选和参与董事会自身的更选，同时需要根据外部环境和法律制度的变化提议修改《公司章程》等。因此，赫马林（Hermalin）和韦斯巴赫（Weisbach）把董事会称为市场经济中公司治理的核心似乎并不为过。事实上，我们可以把商业圆桌会议描述的董事会五项基本职能概括为两项：一是监督；二是战略咨询。在这两项功能中，包括履行内控和更选的监督职能显然比

"顾得上才问"的战略咨询功能更加重要和根本。

作为股东的受托人，公司董事在法律上向股东负有诚信责任。因此，是否严格履行诚信责任是股东起诉董事十分常见的诉讼理由和法官对公司董事做出相关处罚的重要法律依据。通常而言，在各国围绕董事诚信责任的法律诉讼实践中，诚信责任具有以下两方面的法律内涵：一是董事向股东负有忠诚义务，这要求董事不能进行有损公司和股东利益的内部交易行为；二是董事向股东负有勤勉义务，这要求董事应努力工作，为股东创造更多财富。尽管明确诚信责任的法律边界是法官对董事是否履行诚信责任进行公平裁决的前提，但法官对于一个董事是否履行诚信义务做出准确判断并非易事。在司法实践中，法官往往按照"业务判断规则"对一个董事是否尽到诚信责任做出裁决。所谓"业务判断规则"是指法官作为法律专业人士并不熟悉董事作为商业精英专业人士做出商业决策的背景和依据，出于对专业决策的敬畏，法官倾向于选择尊重董事做出的商业决策。这项规则，一方面是专业化分工下避免外行干涉内行情形出现的一项制度安排；另一方面也为一些董事逃避相关责任提供了借口。因而，围绕一个董事究竟应该如何履行诚信责任在司法实践中存在不小的争议，这成为我国资本市场发展需要大量高素质法律人才的另外一个重要理由。

(二) 董事会的组织模式

传统上，董事会存在两种典型的组织模式：一是以美国企业为代表的混合模式；二是以德国企业为代表的双层模式。

1. 以美国企业为代表的混合模式

在图 6-1 所示的董事会组织构架中，在股东（大）会和经理人之间只存在董事会，董事会基本的监督经理人与战略咨询两项职能是由董事会混合执行的。因而上述董事会组织模式被概括为混合模式。当然，这并不意味在美国企业的董事会组织模式中对专业化分工不重视。在混合模式下董事之间的分工是通过董事会下设各专门委员会之间的分工来实现的。在美国公众公司的董事会中通常会有薪酬委员会、审计委员会、提名委员会、公共政策委员会、执行委员会等各种专门委员会来具体履行看起来混合在一起的董事会的各项不同功能。除了美国，英国、澳大利亚等很多海洋法系国家的企业也采用混合模式。

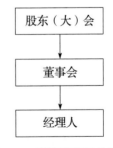

图 6-1 董事会组织的美国混合模式

2. 以德国企业为代表的双层模式

如图 6-2 所示，在德国公众公司的董事会组织中，监督经理人和向经理人提供战略咨询这两项基本职能分别由监事会和董事会来履行。因而，在股东（大）会和经理人之间，除了董事会，还有监事会，从而形成所谓的董事会组织的德国双层模式。其中，董事会只负责战略咨询，为经理人制定经营管理决策建言献策。内部控制等监督职能则由监事会负责。

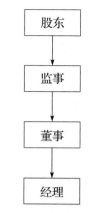

图6-2　董事会组织的德国双层模式

对于混合模式和双层模式孰优孰劣，理论界并未形成一致认识。不过亚当斯（Adams，2001）研究表明，董事会监督和咨询功能存在内在冲突（例如，董事会一方面会告诉经理人应该怎么做，以此履行战略咨询职能；另一方面如果经理人做得不好，则开始履行监督职能，追究经理人的责任），从减少冲突的视角，以德国企业为代表的双层模式可能优于以美国企业为代表的混合模式。

3. 中国企业的董事会组织模式

我国公众公司在向美国和德国等企业董事会组织模式学习借鉴过程中，逐步形成了介于美国和德国模式之间，但既不同于美国模式又不同于德国模式的所谓中国董事会组织模式。按照我国《公司法》的要求，我国上市公司在股东大会下设董事会和监事会两个平行机构，从而使中国的董事会组织模式看上去类似于双层模式。监事会与董事会具有平行地位，同时赋予了监督公司董事和经营者的权利。然而，在中国董事会组织模式下，董事会设定的监督和战略咨询职能是混合在董事会的。这使得中国企业的董事会组织模式又类似于混合模式。

在中国董事会组织模式下，经理人不仅要接受董事会的监督，而且还要接受监事会的监督。看起来加强了对经理人的监督，但不可避免地导致监事会和董事会监督职能的重叠和交叉，使德国模式下监事会和美国模式下董事会原本相对清晰的监督责任边界变得模糊。

而在监事会成员的组成中，我国上市公司最初主要借鉴终身雇佣制下的同样是双层模式的日本企业，监事会主要由职工或股东代表组成。由于这些监事在行政关系上受制于董事会或兼任公司管理层的董事，监督作用难以发挥，导致监事会形同虚设。随着1999年《公司法》的修改和2000年《国有企业监事会暂行条例》的颁布，我国国有企业逐步建立了外派监事会制度，使我国监事会组织模式具有了更多德国模式的色彩。

尽管在1999年中国证监会等部门开始要求赴境外上市公司设立独立董事，但直到2001年独立董事制度才在中国上市公司中实质性推行，其标志是2001年8月中国证监会发布的《关于在上市公司建立独立董事制度的指导意见》。2002年，中国证监会进一步联合国家经贸委发布《上市公司治理准则》，开始在上市公司中强制推行独立董事制度。《关于在上市公司建立独立董事制度的指导意见》规定，在2002 年 6 月 30 日前，上市公司独立董事人数不少于 2 人；在 2003 年 6 月 30 日前，上市公司独立董事人数应占到公司董事人数的 1/3 或以上。

我们注意到，在我国，绝大部分上市公司都选择略高于 1/3 的董事会成员为独立董事，不会高出太多，当然绝对不能低于，这意味着独董比例不低于 1/3 逐渐演变为公司上市的基本合规要求。而我国资本市场引入独立董事的初衷显然不限于每家公司有不少于 1/3 的独立董事，而是希望独立董事能够成为一家公司向资本市场传递改善公司治理的积极信号。一家公司愿意聘请的独立董事越多，表明这家公司对于改善公司治理的决心越大、信心越足。资本市场应该为愿意聘请更高比例独董的公司支付高溢价。然而，在实施环节的"一刀切"，不可避免地导致原本传递改善公司治理的信号适得其反地蜕化为一个合规性要求，这为我国上市公司独立董事与"花瓶"和"表决机器"联系在一起埋下了制度设计的隐患。

需要说明的是，在英美等国家，一个公司的董事会往往包括 CEO（首席执行官）等执行董事和独立董事等非执行董事；而在股权相对集中的中国等国家，一个公司的董事会除了执行董事和非执行的独立董事，还包括部分股东董事。这些董事受部分股东委托，以保护这部分股东的权益为主要职责，向部分股东负有诚信责任，他们显然并非独立董事，也非执行董事（并非总经理或董事长）。有研究表明，非第一大股东委派的董事比独立董事更可能出具否定意见（祝继高等，2015）。

（三）主要国家董事会制度的实际运行状况

事实上，不仅中国，包括美国在内的很多国家的公众公司董事会制度的实际运行并不像公司章程刻画得那么完美。以典型的混合模式为例，在 95% 的美国大公司中，都是由董事会中的提名委员会向董事会推举董事候选人，而出人意料的是，提名委员会通常是从即将成为董事监督对象的 CEO 那里获得候选人名单的。另外，董事候选人常常要接受包括 CEO 在内的整个董事会的面试。这意味着，由于 CEO 手中的权力，我们并不能对由此产生的董事抱有太多的期待。这事实上是另布丘克和弗里德（Bebchuk and Fried，2003）所做出的"（外部）董事在成为解决代理问题的途径的同时，自身也成为代理问题的一部分"著名论断的最重要的理由。

董事会在监督经理人问题上所表现出的低效，长期以来受到理论界的批评。詹森（1993）在 1993 年美国金融学年会的演讲中指出，"当不存在产品、要素、资本市场以及接管的威胁时，建立在内部控制机制基础上的大型公司往往在组织重构和战略调整上缓慢和迟钝，这是内部控制机制失败的证明"。

同样在那次演讲中，詹森预测了董事会组织模式未来改进的三个方向：保持较小的董事会规模；除了 CEO 为唯一的内部董事外，其余全部为外部董事；CEO 和董事会主席职位的分离。詹森的上述预测得到了 Spencer Stuart 调查公司发布的研究报告的支持。按照该报告，美国大公司董事会的平均人数呈递减趋势，1988 年平均为 15 人，而 1993 年平均为 13 人，到 1998 年后稳定在 12 人左右。外部（独立）董事占董事会成员人数的比例不断上升。1998 年在世界 500 强企业的董事中，外部（独立）董事占 78%，比 1993 年增长了 5 个百分点。在世界 500 强企业中，有将近 25% 的公司董事会只有 1 名内部董事；有超过半数的公司给外部董事股票期权。董事的薪酬模式也趋向多样化，有 25 家公司（5%）完全用股票来支付董事的工资。

（四）董事会组织的其他尝试

为了改善董事会的监督功能，在各国公司治理实践中陆续推出一些积极改进的举措和有益尝试，这为我国上市公司董事会组织的完善带来借鉴和启发。

1. 董事会成员的任期交错

交错董事会又称分层董事会。例如，实行任期交错的分类董事会制度的特斯拉把董事会全体成员分为三类，每一类董事的任期为三年，任期交错。包括马斯克在内的第一类董事从 2017 年任职到 2020 年股东大会召开时；包括首席外部董事安东尼奥·格雷西亚斯和马斯克弟弟金伯尔·马斯克在内的第二类董事的任期从 2018 年开始到 2021 年换届完成结束；而包括布莱德·巴斯在内的第三类董事于 2019 年进行换届选举。在美国标准普尔 500 指数成分股公司中，60% 的公司设置了交错董事会条款（Bhojraj et al.，2017）。

引入任期交错的分类董事最重要的作用是有助于董事会实现平稳运行，使每位独董更好地履行监督职能。每次仅仅更换部分董事无疑避免了全部是新人需要花时间重新熟悉了解公司的尴尬和相应的学习成本；而老的董事的存在有助于相关公司政策的延续，从而使公司政策保持稳定。

我国资本市场规定，独董的任期不超过两届。为了获得第二届连任的提名，独董较少在第一任期出具否定意见，以免换届选举时被具有影响力的大股东"逆淘汰"。而在即将结束全部任期的第二任期内，声誉和违规处罚的担心将战胜连任的动机，独董此时出具否定意见的可能性更大。我们的研究发现，在那些全部由第一任期独董组成的董事会中，出具否定意见履行监督职能的董事更加稀缺。因此，如果在我国资本市场普遍推行任期交错的分类董事会制度，一个可以预期的结果是，在每一阶段都存在处于不同任期的独董，独董从整体上将更加稳定和流畅地履行监督职能。

实行任期交错的分类董事会制度的一项潜在功能是延迟或阻止公司控制权转移的节奏。应该说，任期交错分类董事会制度在防范"野蛮人入侵"方面的重要性已经引起我国一些上市公司的重视。在 2015 年万科股权之争后掀起的我国上市公司新一轮公司章程修改中，一些公司推出了在功能上具有任期交错的分类董事会制度性质的相关条款。例如，一些公司修改后的公司章程规定，增加除任期届满或辞职的情形外每年改选非职工董事不超过 1/3、非职工监事不超过 1/2 的规定。但由于这些规定仅仅强调了增加接管成本意味明显的董事或监事不能同时改选，而没有突出董事分类后的任期交错，因此并非真正意义上的任期交错的分类董事会制度。

无论从维持董事会的平稳运行，更好地体现董事会作为公司治理核心的需要，还是在我国资本市场进入分散股权时代后为"野蛮人入侵"设置更高的门槛的需要，我国资本市场也许到了应严肃考虑推出任期交错的分类董事会制度的时候了。

2. 首席独立董事制度

一个成熟的董事会组织制度设计需要独立的第三方来制衡管理层，履行监督管理层和协调股东与管理层利益的职能，以此减少因担任董事长兼 CEO 职位而可能产生的任何潜在利益冲突。特斯拉从 2010 年上市之初即开始设立首席外部董事。

3. 轮值董事长制度

通常董事会是按照多数表决规则，以集体表决的方式来对股东通过公司章程或股东大会相关决议授权的相关事项做出决议，集体履行作为股东代理人的相关权利和义务。理论上，董事长和其他董事在法律上对股东的代理地位是平等的，都是"一席一票"。在一些国家的公司治理实践中，董事长仅仅是董事会的召集人，甚至没有普通董事所拥有的投票表决权。因而，具有董事资格的任何人理论上都能成为董事长。原董事长兼 CEO 马斯克在任性地发布特斯拉私有化消息后受到美国证监会"三年内不得担任董事长"的处罚，他的继任者就是特斯拉前外部董事罗宾·德霍姆。通过董事长的轮值使董事长的治理角色从浓郁的个人色彩还原到其原本的功能角色，有利于治理走向规范化和标准化。董事长仅仅是标准工作流程中一个具体工作岗位，不应赋予其太多的在任董事长的个人色彩；董事长轮值制度有利于营造全体董事民主协商的氛围和治理文化，防范固定董事长职位通常导致的"一言堂"局面进而内部人控制问题的出现。借助商议性民主，综合全体董事的智慧下的董事会决议将超越特定董事长个人能力和眼界的局限，形成未来经营风险相对准确的预判，防患于未然。

我们注意到，继华为实施轮值董事长制度之后，永辉超市 2018 年同样推出轮值董事长制度。

二、董事会独立性究竟应该加强还是削弱？

前面的讨论表明，在英美股权高度分散的治理模式下，除了 CEO 为内部董事外，其余董事会成员全部为独立董事。在我国，随着资本市场进入分散股权时代，无论是居中调停股权纷争，还是防范内部人控制，来自外部、利益中性和注重声誉的独立董事都将扮演十分重要的角色。因此，无论是在股权本来分散的英美等国，还是刚刚进入分散股权时代的中国，董事会监督职能的履行很大程度上依赖于独立董事。在上述意义上，我们看到，尽管股东是公司治理的权威（体现在股东大会是对公司章程制定和重大事项裁决的最高权力机构），董事会是公司治理的核心（董事会是市场经济中公司治理机制的核心），但无疑独董才是董事会组织制度建设的关键。

独立董事，又称外部董事，指的是除了担任公司的董事外，与公司没有任何家族、商业关联的董事会成员。担任独立董事的通常是其他企业的前任或现任经理人，会计师、律师事务所的职业会计师、律师等，以及前政府官员和大学教授等。在美国，其他公司前任和现任 CEO 兼任本公司的外部董事占到全部外部董事的大多数。包括我国等在内，相关规定要求在一家公司中至少有一位来自会计背景的独董，以加强董事会内控和审计等监督职能的履行。

那么，在董事会组织中，是否应该聘请更多的独立董事以提高董事会的独立性呢？这一问题在董事会组织的理论和实践中并非没有争议。对这一问题的讨论让我们从 2001 年会计丑闻主角安然和同期巴菲特领导的伯克希尔-哈撒韦公司的董事会结构比较开始。

（一）安然丑闻与董事会独立性

从图 6-3 可以看出，2001 年发生丑闻之前安然的董事会组织有以下特点：第一，17 人组成的董事会中，除了担任董事局主席的肯尼斯·雷和担任 CEO 的杰弗瑞·斯吉林为安然的内部董事外，其余 15 人均为来自其他公司高管、非政府组织机构负责人和大学教授的外部董事；第二，董事会内设置有执行委员会、审计委员会、财务委员会、薪酬委员会、提名委员会等专门委员会。我们看到，按照前述的董事会组织流行实践，安然堪称现代权力制衡的董事会组织的典范。

ROBERT A. BELFER *Chairman,*	CHARLES LEMAISTRE *President Emeritus*
Belco Oil & Gas Corp.	*University of Texas, Anderson Cancer Center*
NORMAN P. BLAKE	JOHN MENDELSOHN *President*
JR. Former CEO, United States Olympic Committee	*University of Texas, Anderson Cancer Center*
RONNIE C. CHAN *Chairman*	JEROME J. MEYER *Chairman*
Lung Group	*Tektronix, Inc.*
JOHN H. DUNCAN	PAULO V. FERRAZ PEREIRA *Former CEO*
Former Chairman of the Executive Committee of Gulf & Western	*State Bank of Rio de Janeiro, Brazil*
WENDY L. GRAMM *Former Chairman,*	FRANK SAVAGE *Chairman*
U.S. Commodity Futures Trading Commission	*Alliance Capital Management International*
KEN L. HARRISON *Former Chairman and CEO*	JEFFREY K. SKILLING *President and CEO*
Portland General Electric Company	*Enron Corp.*
ROBERT K. JAEDICKE	JOHN A. URQUHART *Senior Advisor to the Chairman*
Professor of Accounting (Emeritus) and Former Dean, Stanford	*Enron Corp*
KENNETH L. LAY *Chairman*	JOHN WAKEHAM *Former U.K. Secretary of State for Energy*
Enron Corp.	HERBERT S. WINOKUR, JR.　*President*
	Winokur Holdings, Inc.,

图 6 - 3　安然董事会结构

　　图 6 - 4 展示了同期股神巴菲特领导的伯克希尔-哈撒韦董事会结构。在只有 7 名董事组成的董事会中,来自巴菲特家族的有 3 人(巴菲特、巴菲特前妻苏姗和儿子霍华德·巴菲特),还有两位是被巴菲特称为"老伙计"和"黄金搭档"的长期合伙人查理·芒格和罗纳德·奥尔森。各种董事会的专门委员会在伯克希尔-哈撒韦的董事会中更是无从谈起。如果说安然被称为现代权力制衡的董事会组织的典范,那么伯克希尔-哈撒韦的董事会组织堪称"任人唯亲"董事会组织的典范了。然而,令人困惑的是,为什么会计丑闻偏偏发生在安然,而伯克希尔-哈撒韦却波澜不兴?

BERKSHIRE HATHAWAY INC.

WARREN E. BUFFETT, *Chairman*
Chief Executive Officer of Berkshire
CHARLES T. MUNGER, *Vice Chairman of Berkshire*
SUSAN T. BUFFETT
HOWARD G. BUFFETT,
Chairman of the Board of Directors of The GSI Group, a company primarily engaged in the manufacture of agricultural equipment.
MALCOLM G. CHACE,
Chairman of the Board of Directors of BankRI, a community bank located in the State of Rhode Island.
RONALD L. OLSONN,
Partner of the law firm of Munger Tolles & Olson, LLP.
WALTER SCOTT, JR.,
Chairman of Level 3 Communications, a successor to certain businesses of Perter Kiewit Sons' Inc. which is engaged in telecommunications and computer outsourcing.

图 6 - 4　伯克希尔-哈撒韦的董事会结构

那么，我们在董事会中究竟应该像安然一样多聘请独立董事，提高董事会独立性，还是像伯克希尔-哈撒韦一样聘请自己的亲属，外加两个"老伙计"就够了？

事实上，颠覆和挑战认知的不仅有安然和伯克希尔-哈撒韦，还有在2008年全球金融风暴中深陷危机的美国国际保险集团（AIG）。

一些学者把被批评为"不仅不保险，而且成为全球性风险的策源地"的AIG的危机起源部分归咎于次贷危机爆发前其"公司治理结构的突变"①。在汲取格林伯格时代公司治理制度设计缺陷的基础上，AIG在其离职后的2005年结合全球公司治理改革潮流，主要进行了三个方面的调整：第一，缩小了董事会的规模，由原来的18人降为次贷危机爆发前的14人；第二，提升了外部董事的比例，由原来占比约56％（18人中10人为外部董事）调整为次贷危机爆发前的86％（14人中12人为外部董事）；第三，根据董事会不同职能方向，增设了提名委员会等专门委员会，例如董事提名从由以前职责笼统模糊的董事和管理层提名改为由职责明确的提名委员会提名。在上述调整中，最重要的调整来自独董比例大幅提升所反映的董事会独立性提升上。那些批评上述治理结构调整的学者认为，"外部董事主导的董事会看上去更加独立，但是丧失了专业性，造成了内部管理的松懈"，由此成为AIG危机爆发的诱因之一。那么，董事会独立性的加强是否像这些学者所说的那样，不仅没有帮助AIG实现预期的改善治理结构的目的，反而适得其反，成为危机爆发的诱因呢？

容易理解，虽然在董事会职能设定上有战略咨询的功能，但在实践中独董往往更加偏重监督功能，因此把经营不善的责任更多归咎于独董有失公允。之所以引入独立董事，恰恰是由于身份独立的独董挑战管理层决策的成本往往低于内部董事。在很多情况下，存在职业依附关系的内部董事不容易提出反对意见，而独董更在意市场声誉，更可能在损害股东利益的相关议案表决中出具否定意见。独董的上述职能定位决定了独董只是企业经营成功的必要条件，而非充分条件。如果发现AIG高管以内幕交易侵吞股东的利益，独董责无旁贷；但把次贷衍生品的风险管理职责的板子打在专长各异的独董身上则有失公平，因为这一风险就连一些专业的金融工程专家都无法识别。

一个有效的内部控制系统的形成需要结合外部环境经营实践的变化，在业已形成的内部控制制度基础上，通过不断调整和完善的独董监督、专业会计师事务所的外部审计以及证券交易所和监管当局检查及查处三方面结合形成的综合防御。AIG陷入危机不是把内部董事简单从2人恢复到8人，甚至请已经离职的格林伯格重新执掌可以避免的。

① AIG成危机制造者背后：金融创新和3个推手，http://www.sohu.com/a/163356025_99977263.

在次贷危机爆发 10 多年后，让我们看一看，在不断经验总结和教训反思中成长的 AIG 会在董事会结构上做出哪些新的变革，是否会按照那些学者所批评的那样，降低其董事会的独立性。

我们的观察发现，在 AIG 目前由 15 人组成的董事会中，除了 CEO 外其余的 14 名成员全部为外部董事。也就是说，AIG 董事会独立性在次贷危机发生 10 多年后不是调低了而是进一步提高了。令人惊奇的是，伯克希尔-哈撒韦同样提高了其董事会的独立性，在 12 位董事中，外部董事高达 8 位，达到了 67%。

那么，如何解读和回答包括安然、伯克希尔-哈撒韦和 AIG 在内的董事会组织中面临的董事会独立性究竟应该提高还是降低的问题呢？我们看到，安然虽然爆发了会计丑闻，但它的董事会组织模式可以复制，具有学术研究和企业实践的可借鉴性和可推广性。如果没有这样的董事会结构，激励扭曲的高管或许会使安然陷入更加严重的丑闻中。而完全依靠巴菲特个人魅力的伯克希尔-哈撒韦的董事会组织模式显然不可复制。如果离开巴菲特，遭遇与安然同样的会计丑闻，我们不难想象，发生在董事会组织"任人唯亲"的伯克希尔-哈撒韦的情形也许更糟。

三、独董发挥公司治理作用的可能实现途径和制约因素

在一般性地讨论董事会组织中独立性应该增强还是削弱的问题后，让我们回到我国资本市场的公司治理实践，在讨论独董发挥公司治理作用的实现途径的基础上，具体探究我国独董并没有很好地发挥预期的监督作用，而是与"花瓶"和"表决机器"等联系在一起的制度基础和文化根源。

概括而言，独董发挥公司治理作用的实现途径有以下几个方面：

第一，独董的设立有利于增加内部人违规成本。按照独董履职的相关规定，独董需要在大股东关联交易、抵押担保等涉嫌损害股东利益的董事会议案上出具独立意见，独董签署的独立意见需要严格的信息披露。这客观上提高了相关信息的透明度，相应增加了内部人损害股东利益的成本。预期到信息披露和独董沟通，甚至遭到独董反对的成本，公司在提出有争议的关联交易议案时将变得十分慎重。

第二，独董在有损股东利益的董事会议案中可以出具否定意见，履行监督职责。按照《上海证券交易所股票上市规则》和《深圳证券交易所股票上市规则》的规定，上市公司必须披露有关重大事项的董事会提案公告。公告内容主要包括每项提案的内容、董事会表决的结果、投反对票或弃权票的董事姓名和理由等信息。这种强制披露董事会提案表决情况的制度安排使得我们能够直接观察到独董的投票行为，以及发表的具体意见。独立董事对董事会提案发表的意见类型通常

包括"赞成""反对""弃权""保留意见""无法发表意见""提出异议""其他"等若干类。受中国传统文化的影响，独董较少采取极端的"反对"票形式来表达自己的反对意见，而是采取其他更为缓和的方式提出异议（叶康涛等，2011）。如果把除了直接赞成外的其他类型统一理解为独董提出异议，不难发现，在我国上市公司中独董投非"赞成"票提出异议依然十分罕见。我们的研究表明，在2005—2013年全部A股上市公司的超过11 072件董事会提案中，仅有0.98%的提案被独董出具了非"赞成"类型意见（郑志刚等，2016）。

尽管独董提出异议十分罕见，但出具否定意见显然是直接而重要的真实监督行为（唐雪松等，2010）。如果有独董提出公开质疑，将向外界传达公司经营管理中存在严重疏漏等问题。以大连港"独董门"为例，2010年从香港联交所回归A股市场的上市公司大连港（601880.SH）深陷"独董门"。在其当年年末公布的董事会提案公告中，独董吴明华对10项提案中的5项投出反对票、2项投出弃权票。事件发生期间公司股价应声下挫。独董吴明华否决的大连港对中铁渤海铁路轮渡有限责任公司超过50倍市盈率的股权收购计划也因此受到投资者的关注和质疑。

独董严格履行监督职责，一方面是出于对未能履职将承担法律惩处风险的畏惧；另一方面则来自自身声誉受损的担心。独董是否向董事会提案说"不"是权衡收益风险的结果。出于规避法律风险的动因，独董有激励对公司涉嫌损害股东利益的行为说"不"（叶康涛等，2011）。例如，2001年郑百文公司因年报中存在严重虚假和重大遗漏受到中国证监会处罚。原独立董事陆家豪也受到监管方的惩处，不仅被处以10万元罚款，还禁止其担任其他公司独董职务。

除了法律风险，独董未能有效履职还有声誉风险。独董如因未能履行监督职责使公司受到监管部门处罚，这将给独董本人的社会声誉带来巨大损失。辛清泉等（2013）研究发现，独董受到公开惩罚增加了独董离职概率，并降低了未来获得其他公司独董职位的可能性。

第三，独董在控制权纷争中可以扮演居中调停角色。随着我国资本市场进入分散股权时代，上市公司将面临越来越多的接管威胁和股权纷争，需要"身在其中，同时能置身事外"的独董扮演重要的居中调停角色。理论上，独董既非单纯的外部人，毕竟独董比其他任何第三方更加了解公司经营管理的实际情况，也非存在利益瓜葛的内部人。因此，独董成为在内部人和"野蛮人"的股权纷争中合适的居中调停者。在万科股权之争的案例中，如果当时独董力量足够强大，能有效发挥居中协调职能，一方面独董（最终通过股东大会表决）可以向在位企业家推出"金降落伞"计划，使其主动放弃反并购抵抗；另一方面由独董主导的董事会提名委员会在听取在位企业家和新入主股东意见的基础上，按照实现公司持续稳定发展的原则，遴选和聘任新的经营管理团队，则万科最终的结果也许比现在更符合市场预期。

因而，对于进入分散股权时代的中国资本市场，面对频现的股权纷争，解决的上策是寻求市场化方案：接管商用"金降落伞"赎回控制权。"金降落伞"计划背后体现的是妥协的策略和舍得的智慧，由此相应成为解决控制权纷争的市场化方案之一。在这一安排中，独董可以扮演十分重要的居中调停角色。解决的中策是借助法律途径。我国资本市场频繁发生的控制权纷争问题一定程度上已经开始超越公司治理问题，逐步演变为法律问题。未来控制权纠纷更依赖独立公正的司法裁决和高效有序的公开执行。而解决之道的下策才是依靠政治途径。万科股权之争后期出人意料的发展局势与具有政治影响力的第三方的过度介入有关。无论证券监管当局的"妖精""害人精"论，还是险资监管当局对资金来源回溯式的合规性调查，甚至深圳地方政府的背书都极大地干扰了万科股权之争市场化解决的方向。万科的股权之争最终看似没有"赢家"。由于独董力量的相对弱小，同时在保持自身独立性和建立良好的市场声誉上存在这样那样的问题，在类似万科股权纷争发生后，独董是否能够成功扮演可能的居中调节者角色，至少从目前来看，我国资本市场还有很长的路要走。

第四，通过提高董事会的独立性，形成对内部人控制一定程度的制衡，显然有助于缓解我国公司治理实践中存在的中国式内部人控制问题。第 4 讲的讨论表明，在我国资本市场更为突出的代理问题是与我国资本市场制度背景下特殊的政治、社会、历史、文化和利益等因素联系在一起的中国式内部人控制。容易理解，来自外部、利益中性、注重声誉和兼职性质的独董挑战实际控制人的制度成本要比存在职业发展依附关系的内部董事低得多，而且来自独董的挑战在文化上比内部董事也容易获得更多的包容和认同。

我们看到，由于独董具有以上四个方面的潜在作用，在我国公司治理实践中，董事会组织面临的主要不是董事会独立性是否应该削弱的问题，而是应该如何加强的问题。

尽管前面的分析表明，独董在增加内部人违规成本、在控制权纷争中居中调停、在有损股东利益的董事会议案中出具否定意见以及缓解中国式内部人控制问题等方面扮演十分重要和关键的角色，但一个毋庸置疑的事实是，独董在我国公司治理实践中并没有很好地发挥预期的作用，而是往往与"花瓶"和"橡皮图章"联系在一起。

那么，为什么独董目前阶段在我国资本市场并没有发挥预期的作用呢？

首先，从独董的产生机制来看，管理层在独董产生过程中的权力成为独董难以发挥预期监督作用的制度根源。即使在英美等股权高度分散的治理范式下，监督 CEO 的外部董事的产生也需要经过公司 CEO 的推荐和面试，而 CEO 的上述权力使得外部董事监督作用的发挥先天不足。而在我国上市公司通常存在作为实际控制人的大股东的情形下，大股东即使在董事会组织中不"大包大揽"，也会主导董事会的换届更迭。最终结果是，只有实际控制人的朋友或朋友的朋友才能有望出任独董。这就使得独董从产生之初就具有一定的任人唯亲的色彩。

其次，任人唯亲的董事会文化成为制约独董有效发挥监督作用的文化根源。在中国资本市场"一股独大"的治理范式下，大股东往往对董事会组织"大包大揽"。受大股东委派的董事并非向全体股东而是向部分委派其成为董事的股东负有诚信责任，这使得在公司董事会中不乏忠诚于作为实际控制人——董事长的董事。不仅如此，在我国上市公司中第一大股东普遍倾向于超过自己的持股比例超额委派董事。在这些公司的董事会中，在忠诚于董事长的人成为多数的同时，那些敢于坚持自己观点仗义执言的独董则无奈地成为少数。有研究表明，对董事会议案出具否定意见将使独董在未来一年内离职的可能性增加，因而在我国上市公司中存在逆淘汰说"不"独董的现象。在逆淘汰的氛围和任人唯亲的文化背景下，独董预期到一旦说"不"不仅离职的可能性提高，而且容易形成"喜欢与管理层对抗"的声誉，今后将很难获得其他公司的聘任。说"不"需要付出如此高昂的成本迫使独董往往选择沉默、奉承，甚至迎合或勾结。

再次，一些上市公司聘请独董本身动机不纯，引入独董的目的并非监督管理层，而是建立政治关联。独董的聘请由此一定程度上演变为这些公司向为其谋取政治经济利益提供帮助的官员背景独董支付报酬的合法途径和隐蔽手段。为了杜绝以聘请独董方式建立政治关联以权谋私，在公司间开展不公平竞争，2013 年 10 月 19 日中组部下发了《关于进一步规范党政领导干部在企业兼职（任职）问题的意见》。上述意见颁布后，我国上市公司迅速掀起独董离职潮，一度平均每月有 33 名独董递交辞呈，几乎每天至少一名独董离职。如此之多的官员背景独董的存在成为我国上市公司治理实践中十分独特的现象。

最后，我国上市公司独董自身的激励不足。从 2001 年我国资本市场正式推出独董制度起，独董薪酬形式长期与固定津贴联系在一起，截至 2015 年底，我国约 94％的上市公司向其独董支付的是在不同独董之间并无显著差异的固定津贴。我国上市公司独董平均薪酬为 55 123 元/年，中位数为 50 000 元/年，最高达 126 万元/年，最少则只有 2 000 元/年。股权激励计划在经理人薪酬合约设计中十分重要，但在我国独董薪酬设计中不允许使用。理论上，独董年度薪酬分为基本年度报酬、董事会会议津贴和董事会专门委员会会议津贴三项，目前，在我国上市公司中只有为数不多的公司将独董的部分薪酬与独董自身的努力（参加会议次数）与风险分担（兼任专门委员会主席或成员的数量）挂钩。

从 2001 年我国资本市场正式推行独董制度以来，围绕独董监督的有效性理论界开展了大量研究。从目前的经验证据来看，在我国资本市场引入独董制度后，我国上市公司的治理结构确实得到了改善，公司绩效相应提升，独董比例与企业绩效往往呈现显著和稳健的正相关关系。

鉴于目前我国上市公司普遍存在"中国式内部人控制"问题和面临股权纷争需要相对独立第三方的居中调停，在我国公司治理实践中一个可以预见的发展趋势是，上市公司将通过聘请更多的独立董事来加强董事会独立性。

独立董事聘请比例增加的一个直接效果是，将抑制大股东超额委派董事现象的发生。独立董事聘请和大股东超额委派的此消彼长有助于公司形成制衡的股权构架，最终削弱和抑制我国上市公司普遍存在的中国式内部人控制问题。

四、董事会组织的超额委派董事问题

在我国上市公司的董事会组织中，一个十分突出的问题是大股东超额委派董事。在南玻 A 的"血洗董事会"案例中，从其董事会构成来看，9 名董事会成员中，除了 3 名独立董事，持股总计 26.36% 的宝能系委派了 6 名非独立董事中的 3 名，占到全部非独立董事的 50%。而在 2017 年 6 月 30 日举行的万科董事会换届选举产生的 11 名成员中，除了 5 名独立（或外部）董事外，持股比例为 29.38% 的第一大股东深圳市地铁集团有限公司提名了 6 名内部董事中的 3 名，同样占到全部非独立董事的 50%。

超额委派董事不仅涉及董事会如何组织，而且是大股东加强公司控制的潜在途径。这里的超额委派董事是指实际控制人委派非独立董事的比例超过其所持有的股份比例。超额委派董事的制度根源是作为实际控制人的大股东能够利用其对董事会的影响力提名更多董事。而超额委派董事反过来有助于实际控制人在董事会决策时获得更大的影响力。

需要说明的是，大股东超额委派董事是中国资本市场制度下独特的公司治理现象。亚洲和欧洲传统家族企业中通常是以股权层面相对或绝对控股来实现公司控制的，因此，这些企业在董事会组织中往往倾向于引入专业技能突出的职业经理人作为董事，以弥补家族成员管理才能的匮乏；而在英美上市公司股权高度分散的治理模式下，董事会组织以除 CEO 外其余全部为外部（独立）董事为流行实践，超额委派董事问题并不典型。然而，在 2006—2015 年样本观察期间，中国资本市场有 10% 以上的上市公司存在不同程度的实际控制人超额委派董事现象。

从超额委派董事的实现机制看，大股东利用董事会组织中提名更多董事，形成对董事会重大决策的实际影响力（控制权）与其持股比例所反映的责任承担能力（现金流权）的分离。类似于第 3 讲介绍的金字塔式控股结构，控制权与现金流权的分离形成承担责任与拥有权力的不对称，构成经济学意义上的负外部性。

我们的研究表明，不具有相对控制权的第一大股东更可能借助超额委派董事来加强对上市公司的控制。因而超额委派董事与作为实际控制人的主要股东的持股比例之间存在相互替代关系，成为希望获得更多控制权和影响力的实际控制人无法通过持股比例实现公司控制的一种战略补救手段。而超额委派董事与借助金字塔式股权结构实现的现金流权与控制权的分离程度和委派董事长之间则存在相互补充关系。超额委派董事、是否委派董事长以及借助金字塔式股权结构实现的两权分离这三种获得超级控制权的手段成为相互加强的力量，三者共同帮助实际控制人尚未通过持股实现相对控股时加强对公司的控制。

我们注意到，按照阿里巴巴《公司章程》的规定，尽管以马云为首的合伙人团队持股仅 13%（马云本人持股比例仅为 7.6%），却拥有对于董事的特别提名权，能够任命半数以上的董事会成员。需要说明的是，不同于阿里合伙人制度和京东双重股权结构形成的同股不同权是事前的协议行为，超额委派董事是实际控制人在同股同权股票发行框架下的事后的道德风险行为。

长期以来，被视作董事积极行使监督权力的投非"赞成"票行为，在中国资本市场公司治理实践中，无论是数量还是监督效果都比预期的少和差。我们的研究发现，超额委派董事往往对董事以投非"赞成"票方式履行监督职责形成严重干扰，成为上述结果出现的潜在原因之一。实际控制人超额委派董事比例越高，董事投非"赞成"票的可能性就越低；而以往文献证明的董事投非"赞成"票所带来的提升经济绩效、降低控股股东以资金占用形式实现的隧道挖掘行为等效应，在超额委派董事情形下大打折扣，失去了应有的监督效果。因而，实际控制人没有超额委派董事成为董事投非"赞成"票具有监督效力的一个重要前提。在公司治理实践中，为了提高董事会监督的有效性，除了从文化上鼓励董事说"不"，还需要在诸如董事会组织等制度环节确保不同股东力量之间形成制衡，避免大股东机会主义行为的发生。

与上述预期相一致，我们的研究结果表明，实际控制人超额委派董事越多，以关联交易方式进行的隧道挖掘行为越严重，企业未来经济绩效表现越差；而当企业为非国有性质、两权分离程度高和实际控制人持股比例较低时，在实际控制人超额委派董事的企业中，隧道挖掘行为会更严重，相应的经济绩效表现更差。

我们看到，超额委派董事的实质，是为隐身在金字塔式股权结构下的实际控制人隧道挖掘行为提供的加强公司控制的潜在工具。因此，超额委派董事现象的潜在解决途径，一方面就事论事，对超额委派董事本身进行限制；另一方面则需要改变制度温床，使金字塔式股权结构扁平化。

　　总的来说，我们的建议是：一方面在董事会的结构安排上合理设置主要股东提名董事的比例，以实际控制人所持股份比例为上限，确保其责任承担能力与控制影响力对等；进一步完善累积投票制度，以保证能够代表中小股东利益诉求的董事在董事会的选举中胜出；从长远目标看，可以借鉴英美公司治理实践，董事会构成以独立董事为主，使代表不同但存在冲突的利益诉求各方形成合理的制衡。另一方面鉴于金字塔式股权结构目前已蜕化为实际控制人获得超级控制权的制度温床，从完善公司治理制度环境出发，我国资本市场也许已经到了向金字塔式股权结构说"不"的时候了。

五、总结

　　公司董事会是把代理冲突的股东和经理人两方联结起来的桥梁，成为协调两者利益冲突的重要机制，因而董事会是市场经济中公司治理的核心。董事会的职能集中在监督和战略咨询上，即代表股东监督经理人，同时作为专业人士向经理人提供战略咨询。

　　目前在董事会组织中存在以美国企业为代表的混合模式和以德国企业为代表的双层模式。我国上市公司在借鉴学习美国混合模式和德国双层模式的基础上，形成了在外形上具有董事会和监事会双层、在职能上却将监督和战略咨询职能混合于董事会的"中国模式"。

　　在董事会组织和运作实践中，来自外部、利益中性和注重声誉的独董成为董事会制度的关键。尽管独董的设置有利于增加内部人违规成本，在出现控制权纷争后可以居中调停，但鲜有独董对大股东提出的议案出具否定意见，使独董在公司治理实践中与"花瓶""表决机器"等联系在一起。究其原因，除了与独董产生、连任和薪酬制定的制度根源有关，还与逆淘汰说"不"独董和任人唯亲董事会文化等有关。

　　超额委派董事进一步削弱了部分董事出具否定意见设定的监督效果。不仅如此，超额委派董事形成的负外部性还提高了控股股东利用关联交易占用资金进行隧道挖掘的可能性。因此，对于董事会组织，一方面应该以实际控制人持股比例为限限制大股东的超额委派董事行为；另一方面通过制度完善和文化改良充分发挥独立董事的关键作用，使董事会真正成为市场经济中公司治理的核心。

延伸阅读

上市公司董事制度中的"中国故事"

本文分享的是来自我国上市公司董事制度运行中的"中国故事"。之所以称为"中国故事"，并不意味着这些故事只会在中国发生，更不意味着需要别具一格的中国公司治理理论去解释它，只是强调这些故事中有深深的中国文化和制度元素的烙印。只有很好地理解了中国文化和制度特色，才能很好地理解这些故事背后所包含的公司治理的一般逻辑。

这四个公司治理故事分别围绕董事如何产生、如何更迭以及如何履职等环节展开。有些故事与全体董事有关，有些只与独立董事有关。第一个故事与董事如何产生有关，讲述董事会组织中实际控制人超额委派董事；第二个故事与独董的更迭有关，讲述独董换届了但未连任；第三个故事同样与独董的更迭有关，讲述一些独董在任期结束间隔几年后重新被返聘为独董；第四个故事与独董的履职有关，讲述独董对董事会相关议案说"不"、出具否定意见的任期阶段特征。这些故事并不一定会在每一家上市公司发生，但为数不少的上市公司曾经发生过其中的一个故事或几个故事。

故事一：超额委派董事

2019年6月，W公司完成了新一届董事会换届。新一届董事会有11名成员，其中5名独立董事、6名内部董事。持股比例仅为29%的大股东T推荐了内部董事中的3名，占全部内部董事的50%，远高于其持股比例，超额委派董事。

超额委派董事很好地体现了实际控制人加强公司控制的意图，成为实际控制人控制权安排的一种重要实现形式。公司名义上属于全体股东，但部分主要股东通过在董事会中委派超过自己持股比例的代表，可以在董事会相关议案的表决中发挥更大的影响力，使其意志得到很好的贯彻和实施，由此成为实际控制人。

那么，为什么上市公司超额委派董事现象在我国资本市场更为典型呢？在亚洲和欧洲有很多家族企业，它们也会委派董事。但这些家族企业在股权层面往往相对或绝对控股，并不担心控制权旁落，在董事会组织中倾向于引入专业技能突出的职业经理人作为董事，以弥补家族成员管理才能的匮乏和不足。因而，超额委派董事并非这些看似需要加强公司控制的亚欧家族企业的典型做法。而在股权高度分散的英美公司治理模式中，董事会中除CEO外其余全部为外部董事，因而也鲜有大股东超额委派董事的现象发生。而2003—2015年我国约有17%的上市公司存在不同程度的超额委派董事现象，最大的超额委派董事比例高达50%。这一现象的出现，一定程度上与我国"一股独大"的股权结构和大股东对董事会组织的"大包大揽"的传统有关。

那么，应该如何解读超额委派董事现象呢？假设有一家金字塔式股权结构的企业集团，母公司持股子公司 50%，子公司持股孙公司 50%。虽然母公司对孙公司现金流权只有 25%（50%×50%，由母公司出资占孙公司全部资本比例所体现），但其（通过 50%控股子公司）对孙公司的控制权却是 50%（由子公司对孙公司 50%投票表决权所体现）。借助金字塔式股权结构，只有孙公司 25%现金流权的母公司，实现了对孙公司 50%以上的控制，导致控制权和现金流权的分离。这里的控制权反映的是实际控制人在上市公司股东大会上以投票表决方式实现的对重大决策的影响力，而现金流权反映的是以实际投入上市公司出资额为表征的责任承担能力。控制权与现金流权的分离意味着承担责任与拥有权力的不对称，形成经济学意义上的负外部性。由此实际控制人可以利用上述控制权与现金流权的分离机制，通过关联交易、资金占用等方式对子公司、孙公司的资源进行隧道挖掘，从而损害了子公司、孙公司外部分散股东的利益。

由此可以看出，在形成控制权与现金流权分离、产生经济学意义上的负外部性上，W 公司的大股东 T 超额委派董事的行为，与实际控制人通过金字塔式股权结构加强控制的经济后果是一致的。只不过金字塔式股权结构是利用控制链条实现控制权和现金流权的分离，而超额委派董事是作为实际控制人的主要股东利用在董事会组织中提名更多董事，形成董事会重大决策的实际影响力与其持股比例所反映的责任承担能力的分离实现的。但无论是金字塔式股权结构还是超额委派董事都意味着承担责任与拥有权力的不对称，使实际控制人隧道挖掘、损害外部分散股东的利益成为可能。

我们的研究表明，实际控制人超额委派董事越多，未来以关联交易方式进行的隧道挖掘行为越严重，企业未来经济绩效越差；而当企业为非国有性质、两权分离程度高和实际控制人持股比例较低时，实际控制人超额委派董事的，隧道挖掘行为更严重，相应的经济绩效更差。因此，我们的建议是，在董事会组织结构安排上应该合理地设置主要股东提名董事的上限，以确保其责任承担能力与控制能力对等。

故事二：独董换届未连任

在英美上市公司中，如果一个独董离职，往往会公开辞职，辞职信息将会出现在上市公司信息披露公告中。而独董的中途离职往往向投资者传递了负面信息，容易引起股价波动，有时甚至会使独董自身声誉受损。

同样是独董更迭，在我国资本市场有一种特殊的更迭方式——独董换届未连任。其制度元素来自我国上市公司董事会中成员人数不能少于 1/3 的独董有两个任期、每个任期不超过 3 年的相关规定。一个独董在两个任期之间可以选择或被选择是否连任。其文化元素则来自我国长期盛行的"和为贵"的商业文化，彼此不希望打破业已形成的人际关系。一些需要离职的独董选择在上一届任期届满、新一届尚未开始时，以换届未连任的方式，选择静悄悄地离开。由于与换届信息混杂在一起，独董以上述方式的离职弱化了独董更迭通常伴随的负面效应，避免股价剧烈波动。

K 公司第六届董事会的独董 L 在 2018 年换届时并没有继任第七届董事会的独董。令人惊奇的是，在 2019 年，由于 K 公司 2009—2012 年间在公司治理、信息披露、财务会计等方面的违规行为，被监管机构责令限期改正。

上述案例给我们的启发是，除了独董公开辞职外，外部投资者也许可以通过观察独董换届时是否连任来解读其可能传递的公司治理状况信息。

我们的研究表明，如果一个独董在任期届满时选择以换届未连任的方式悄悄离职，这样的公司未来出现违规行为的概率会显著增加。如果该独董是会计背景，这个公司未来出现违规行为的概率将更高，情节将更加严重。

故事三：独董返聘

在深交所上市的 Y 公司在 2019 年聘任 A 和 B 担任第七届董事会独董，而 A 和 B 都曾在 2010—2016 年担任该公司第四、五届董事会独董；在上交所上市的 Z 公司把曾在 2009—2017 年任职第一、二、三届独董的 W 在其离任两年后于 2019 年重新返聘，担任第四届董事会独董。简单的统计表明，在 2009—2014 年间，在我国上市公司中，存在返聘独董现象的公司占当年换届公司的比例从 2009 年的 1.36% 上升到 2014 年的 9.67%。

独董返聘现象的发生，一方面源于前面提及的我国上市公司每位独董只有两个任期、每个任期为 3 年的制度背景；另一方面还与文化有关。如果说是否允许选择"不独立"的候选人作为独董是制度问题，那么在满足独董基本任职资格的前提下，选择任人唯亲还是任人唯贤显然是文化问题。毕竟，在形式上这些返聘的独董并没有违反监管当局关于独董任期不得超过两届的规定。作为对照，我们注意到一些国家上市公司虽然没有对董事的任期进行限制，但董事任期超过一定年限（10 年）则不再被认为是独立董事。因而，独董返聘现象同样是在我国资本市场制度下独特的公司治理故事。

问题是，这样返聘的独董还是"独立"的董事吗？这与设置利益中性、主要依靠声誉激励的独董的初衷还一致吗？我们担心，独董返聘在一定程度上会削弱独董的独立性与监督职能的有效履行。带着这样的疑问，我们实证检验了独董返聘的影响因素和经济后果。研究表明，在董事长近年未发生变更、董事长源自内部晋升、董事长在上市公司领薪以及独立董事从未发表否定意见的公司更可能返聘独董，因而，这些因素成为识别一个公司是否具有任人唯亲董事会文化的重要标识。从独董返聘带来的经济后果看，存在独董返聘的公司未来发生关联交易的可能性更大，代理成本更高，企业绩效表现更差。一方面与首次聘任的独董相比，返聘的独董更少对董事会议案说"不"；另一方面返聘的独董更倾向于支持董事会向管理层发放高薪酬，但用来反映激励增强的管理层薪酬绩效敏感性却没有显著变化，因而增加的薪酬流于损害股东利益的所谓"经理人超额薪酬"。

故事四：独董说"不"任期阶段特征

上文提及，对董事会议案说"不"是独董履行监督职能的一种真实、直接而重要的表现。从 2004 年 12 月开始，我国沪、深证券交易所要求上市公司披露独董针对董事会提案发表的具体意见，包括提案内容、董事会表决结果、投反对票或弃权票的董事姓名和理由等信息。这为我们观察独董履职状况带来便利。理论上，独董对董事会提案发表的意见类型可以包括"赞成""反对""弃权""保留意见""无法发表意见""提出异议""其他"等。但容易理解，一方面受中国传统文化影响，独董较少采取极端的"反对"票形式来表达自己的反对意见，而是采取较为缓和的方式提出异议；另一方面有研究表明，我国上市公司对董事会中说"不"的独董存在逆淘汰机制，与未对董事会提案说"不"的独董相比，说"不"的独董未来一年内离职的可能性要高出 1.36 倍。由于上述两个原因，在 2005—2013 年全部 A 股上市公司的超过 11 072 件董事会提案中仅有 0.98% 的提案被独董出具了"非赞成"类型意见。

有趣的是，同一独董的两个任期内说"不"的行为也有差异。我们的实证研究表明，我国上市公司独董在其首个任期和第二个任期中监督行为存在显著差异。在第二个任期，独董对董事会提案出具否定意见的可能性是首个任期的 1.41 倍。

如何解释这种有趣现象呢？不难理解，对于谋求连任的独董，面对可能存在的逆淘汰说"不"独董的机制和任人唯亲的董事会文化，选择沉默闭嘴是明智之举；只有在不得不离开、从此成为路人的第二个任期，维护独董声誉和职业发展的考量才可能超过逆淘汰机制和文化的效应。

同样有趣的是，在发生过逆淘汰说"不"独董事件的公司中，独董在首个任期更倾向于沉默和顺从。因而逆淘汰说"不"独董不仅短期甚至长期影响独董未来监督的有效性，成为我国上市公司独董并未发挥预期监督作用的重要原因之一。基于此，我们建议，在我国上市公司董事会组织中可以考虑推行独董任期交错制度，即董事会分批进行更迭。这除了有助于保持董事会运行的稳定和政策的持续，还将使得每届董事会自然存在处于不同任期阶段的独董，由此使独董说"不"的可能性增加，从而提高独董监督的有效性。

如何为经理人设计薪酬？

一、从国企高管限薪看如何设计经理人薪酬合约

过去十多年，两轮国企高管限薪政策出台，其背景是在一些国企中出现经理人薪酬超额。

根据媒体报道，中国平安有 3 名董事及高管 2007 年的税前薪酬超过 4 000 万元，其中董事长马明哲税前报酬为 6 616.1 万元；华发股份 2007 年净利润同比增长 81.6%，高管薪酬总额却增长 334%；东华实业 2007 年净利润同比增长 41.5%，高管薪酬却增长 106%；上海机场 2008 年公司净利润下降 49%，高管薪酬却上涨了 20%；三友化工 2008 年净利润同比下滑 37.45%，高管薪酬增幅却达到 45%；南方航空 2008 年亏损 48.29 亿元，但支付高管薪酬同比增长 49.8%。

从公司治理视角来看，经理人超额薪酬无疑会损害股东利益，是股东被迫承担的一种特殊代理成本；从社会公平视角看，少部分获得的与付出不对称的超额薪酬加剧了贫富差距，损害了社会公平。正是在此背景下，我国国企系统先后发动了两轮高管限薪。

第一轮是 2008 年次贷危机前推出的限薪政策，后来随着次贷危机演化为全球金融风暴，基于激励经理人带领企业走出危机阴影的目的，相关限薪政策不了了之。第二轮国企高管限薪政策始于 2014 年 11 月印发并于 2015 年 1 月 1 日起实施的《关于深化中央管理企业负责人薪酬制度改革的意见》（中发〔2014〕12 号），

被称为史上最严限薪令。

按照中发〔2014〕12号文，央企组织任命负责人的薪酬水平分为基本年薪、绩效年薪和任期激励收入三个部分，每部分按照上年度央企在岗职工平均工资（约6.8万～7.8万元）的一定倍数来限制。其中，基本薪酬不能超过上年度央企在岗职工年平均工资的2倍；绩效年薪不能超过6倍；任期激励收入不能超过该负责人任期内年薪总水平的30%（约为上年度央企在岗职工年平均工资的2.4倍[(2+6)×30%]）。通过该限薪政策，央企组织任命负责人的薪酬水平和央企在岗职工年平均工资水平差距将控制在10.4倍（2+6+2.4）以内。

需要说明的是，虽然上述限薪政策主要针对央企组织任命负责人，但由于组织任命负责人和职业经理人的边界比较模糊，而且具有相关传染外溢效应，因此这一政策对整个国企经理人薪酬设计都产生了重要影响。

在该政策出台之后，很多专家学者从不同角度对这一政策提出批评。我也曾明确指出，"一刀切"的限薪会导致管理人才的流失，还会诱使经理人从谋求显性薪酬转为谋求隐性薪酬，反而增加了企业的代理成本，使股东得不偿失；而当隐性薪酬遭受政府强力反腐也不可得时，国企高管各种所谓的懒政、庸政和惰政就会纷至沓来。我们看到，不作为是国企受到的普遍诟病之一，而2015年推行的国企高管限薪则可能是不作为的制度诱因之一。

然而，时隔两年，2017年，多地推进国企改革细化方案，国企市场化薪酬改革提速。随着央企、国企的"一把手"更多地从市场中选聘产生，关键性的薪酬改革也开始启动，以市场化薪酬为主体的改革提速。

至此，围绕经理人薪酬设计，国企高管限薪政策波动事实上提出了三个基本问题：

第一，经理人薪酬制定的基准是什么？上年度央企在岗职工年平均工资能否成为评价国企高管薪酬是否合理的基准？在评价经理人薪酬是否合理时，是经理人为企业创造多少价值重要，还是上年度央企在岗职工年平均工资重要？

第二，是否需要考虑经理人薪酬的不同影响因素？如果一家国企的绩效与另一家国企的绩效不同，那么两家国企高管拿相同的薪酬合理吗？除了企业绩效，经理人风险态度、外部经营环境的不确定性、企业规模和所处行业的竞争程度等都是经理人薪酬制定中不容忽视的因素。难道我们在国企高管的薪酬制定中可以忽略这些因素吗？

第三，一个企业究竟应该由谁来参与制定经理人薪酬合约？是相关政府部门，还是信息更加对称、能够对企业绩效做出客观评价的董事会？

接下来让我们带着上述三个基本问题，在回顾薪酬合约设计演化历史的基础上，讨论经理人薪酬合约制定应该遵循的基本原理。

二、从泰罗科学管理到基于信息经济学的经理人薪酬合约设计

(一) 经理人薪酬合约设计思想的演化

让我们简单回顾经济史上薪酬合约设计思想的演变。在泰罗的科学管理时代,所推行的工人差别计件工资是通过"件"的确定来为付出不同努力的工人确定工资水平。工人完成的"件"不同,获得的工资就不同。马克思在《资本论》中同样对薪酬合约设计思想有所涉及。马克思认为,劳动力的价值是由生产劳动力这一特殊商品的社会必要劳动时间决定的。社会必要劳动时间是指在现有社会正常的生产条件下,在社会平均的劳动熟练程度和劳动强度下制造某种使用价值所需要的劳动时间。

我们看到,泰罗之所以能够做到所宣称的科学管理,是基于职能工长能够对工人的产出记"件"的标准化、科学定额。然而,对于帮助工人记"件"的职能工长薪酬设计,其工作性质无法计件,泰罗仅仅强调由于管理职能的差异,其与工人的薪酬存在差别。在科学管理时代,泰罗显然无法回答为职能工长制定薪酬的基准是什么,当然更不能回答为什么没有付出太多体力劳动的职能工长挣的工资反而比体力付出巨大的普通工人高得多的问题。而在马克思提出的决定劳动力价值(工人工资)的社会必要劳动时间,是需要(资本家与工人)对"现有社会正常的生产条件""社会平均的劳动熟练程度和劳动强度"具有充分、认识一致的信息,但同样很难做到。

从股东和经理人之间信息对称和完全的假设出发,新古典经济学认为,作为劳动力(人力资本)的价格的工资由劳动力的供给和需求平衡来决定,因而工资是劳动力所付出人力资本的补偿。新古典经济学的厂商理论把企业理解为一个生产函数和利润最大化的黑箱,并不存在企业理论,当然对企业中经理人的薪酬如何制定并不能提供更多有价值的参考。例如,按照新古典经济学,经理人薪酬(经理人人力资本的价格)是由经理人的供求关系决定的,那么理论上在均衡时所有(同质的)经理人的薪酬应该是完全相同的(获得均衡工资)。

无论泰罗基于科学定额和标准化的工人薪酬制定,还是马克思对社会必要劳动时间的界定,以及新古典经济学劳动力价格取决于劳动力供求平衡都基于信息充分、完全的假设,然而,现实中这一假设并不成立。为经理人制定薪酬的现实困扰是,与计件工资的工人不同,经理人(类似于职能工长)的努力程度对于股东而言不仅法律上不可证实,甚至不可观察。这意味着,股东关于经理人的努力

程度是信息不完全的，因而泰罗无法对职能工长的努力程度做到"科学定额"和"标准化"。马克思同样无法基于社会必要劳动时间的概念来准确确定劳动力这一商品的价值，原因是"现有社会正常的生产条件""社会平均的劳动熟练程度和劳动强度"等由于经理人努力程度的私人信息存在大量噪声。

因此，上述基于信息完全的薪酬理论事实上都无法为经理人（职能工长）薪酬制定提供科学的理论基础。这一状况直到 20 世纪七八十年代基于现代博弈论的信息经济学的发展成熟才大为改观。

（二）经理人薪酬合约设计大厦的两大基石

构成现代经理人薪酬合约设计理论的两大基石：一是 2007 年诺贝尔经济学奖得主梅耶森发展的显示原理基础上的直接机制理论；二是 2016 年诺贝尔经济学奖得主霍姆斯特姆发展的激励合约设计思想的激励相容理论。

在梅耶森和霍姆斯特姆看来，企业经营状况不好既有可能是由于外部经营环境（系统风险）的恶劣，也有可能是由于经理人的偷懒（个体风险）。股东通常无法识别企业经营状况的好坏是由于前者还是由于后者，又或者一部分由于前者、一部分由于后者。经理人的努力以及什么原因导致企业经营状况不好具有私人信息，而股东对经理人的努力不仅不可证实甚至不可观察。因而为经理人设计薪酬合约需要解决的核心问题是，如何解决围绕经理人的努力程度在股东（受股东委托维护股东权益的董事）与经理人之间的信息不对称问题。

而股东和经理人围绕经理人努力程度信息不对称的直接后果是经理人存在严重的道德风险倾向。例如，鉴于股东对经理人努力不可证实甚至不可观察，在给定的平均薪酬水平下，经理人不仅会选择偷懒，以减少自己的负效用，而且会利用实际控制权盲目追求企业扩张和超过需要的在职消费，甚至通过关联交易等方式谋取私人收益，使股东的利益受到损害。

围绕如何解决由于（事前）信息不对称导致的道德风险问题，梅耶森和霍姆斯特姆分别从不同的视角提出可能的解决思路。这两个思路成为今天经理人薪酬合约的两块理论基石。在这两块基石上，我们共同构筑起现代经理人薪酬合约设计的大厦。

梅耶森发展的直接机制理论的解决思路是，尽管经理人的努力是不可证实甚至不可观察的，但能否找到一个可以观察和证实的"努力的结果"，通过将经理人的薪酬与其努力结果挂钩，从而达到引导经理人努力工作的激励目的。这一可以观察和证实的"努力的结果"被梅耶森称为直接机制。按照显示原理，任何一个机制所能达到的配置结果都可以通过一个直接机制实现（Myerson，1979；Myerson，1988）。这意味着，经理人薪酬合约设计的关键是寻找作为"努力的结果"的直接机制。

作为"努力的结果"的直接机制,或者是在法律上可证实的,或者即使是可观察的,但投资者存在可置信的威胁通过付出成本采取必要的行动获得相关信息。而企业绩效成为现实中反映经理人努力结果潜在的直接机制之一。例如,股东可以通过需要董事出具意见和公司所聘请的会计师事务所审核的季度和年度绩效报告获得绩效的相关信息;怀疑数据不真实的股东甚至可以聘请第三方会计师事务所进行清产核资来对绩效做出科学准确的评估。

直接机制(企业业绩等)由此成为连接经理人的努力程度和其最终获得的报酬的桥梁。容易理解,虽然努力未必取得好业绩,从而获得好报酬,但一般而言,努力越多,获得好业绩的可能性就越大。通过薪酬与可证实的直接机制(企业业绩等)挂钩,由此达到鼓励经理人付出更多的努力这一激励目的。一句话概括,尽管经理人的努力不可证实,但经理人努力的结果是可以证实的。

泰罗科学管理时代围绕工人的薪酬制定之所以是有效的,很大程度上是由于工人计件工资的"件"作为"努力的结果"是可以(被职能工长)证实的直接机制,而与这一直接机制挂钩的计件工资自然可以激励工人努力工作。我们看到,泰罗对工人的薪酬设计暗合了直接机制理论。但同样的薪酬制定,类似于经理人的职能工长的薪酬制定却复杂得多。由于与工人的计件相比,职能工长的"努力"是不可观察和不可证实的,无法找到好的直接机制,职能工长的薪酬制定被迫从计件转向计时。但计时不可避免地引发"8 小时工作制"等生理和伦理挑战,甚至引发"剥削"的指责。

中国从 20 世纪 50 年代初期的经济建设到 70 年代末的改革开放,很大程度上也是在寻找直接机制开展激励机制设计中不断试错。在人民公社中,农民吃到的"大锅饭"并没有与每个农民自身的努力进而努力结果关联起来,偷懒甚至毁坏"大家"的农具成为这部分农民的理性选择;在农村改革推行联产承包责任制后,农民的收入直接与自己的努力进而努力的结果挂钩,由此激励充分的农民努力工作,衰败的农村走向繁荣。在国营工厂,同工同酬下的工人同样无法将每个人的努力进而努力的结果与工资挂钩,干好干坏一个样。这是很多集中了大量社会资源却依靠政府补贴维持的国营工厂背后的原因。而在 20 世纪 80 年代国营工厂推行绩效工资后,工人努力工作的热情才被激发,工厂生产的产品渐渐多了起来。

应该说,寻找梅耶森的直接机制的努力在过去、现在和未来的商业经营活动中持续进行。是否激励充分,很大程度上取决于能否根据生产经营活动的特征找到适合企业特色的反映"努力的结果"的直接机制。在被誉为"民国时期西北拓荒第一人"的林竞先生(1894—1962)写于 20 世纪 30 年代的《亲历西北》一书中,讲述了一个旅蒙晋商的激励故事。明清时期,晋商财东豢养的由 150 匹骆驼组成的一个称为"账房"的驼队，除了从事商贸运输带来的收益外，作为服装被褥原料的驼毛同样是一笔不菲的收入。那么，财东是怎样确保这150匹骆驼的驼毛不被"掌柜的"（经理人）和伙计随意处置，而毫发无损地回收呢？

按照晋商财东与伙计的约定，"其毛除织线使用外，均归财主"，但"颈腿之毛，则归伙计"。这一激励合约的巧妙之处在于，虽然财东不知道他应该收回多少驼毛，但通过观察伙计所留取的颈腿之毛的数量，大致可以估算出腹胸驼毛应该有的数量。而伙计为了得到骆驼颈腿之毛，必然会想办法保全骆驼躯干之毛。因而颈腿之毛的数量成为估算应收躯干驼毛数量的"充足统计量"。驼队驼毛数量在伙计那里的私人信息就是通过这样的激励合约设计被足不出户的财东有效揭示出来的。我们看到，旅蒙晋商驼队财东在驼毛回收问题上所采用的激励机制原理，竟然与多年以后霍姆斯特姆发展的充足统计量的思想不谋而合，而充足统计量是好的直接机制需要具备的基本特征。旅蒙晋商这种来自商贸活动实践的机制设计智慧令人叹为观止！

梅耶森的直接机制理论仅仅解决了经理人薪酬合约设计以什么为基准的问题，并没有解决如何设计的问题。如果说霍姆斯特姆的充足统计量思想是循着梅耶森的直接机制理论的思路寻找直接机制可能具有的特征，那么霍姆斯特姆将纳什均衡的思想应用于经理人薪酬合约设计发展出来的激励相容理论，则成为解决信息不对称下经理人道德风险问题的另一个重要思路（Holmstrom and Milgrom，1987）。由此，激励相容理论成为经理人薪酬合约设计的另一块理论基石。

激励相容理论源于博弈论中的纳什均衡合作共赢的思想。当股东（或其授权的董事）为经理人设计薪酬合约时，不能仅仅想到如何使股东自己的价值最大化，而且要想到如何使经理人预期的收益同样实现最大化。这在具体的薪酬合约设计中，体现为股东为经理人设计的薪酬需要满足两个基本约束条件。

一是体现新古典经济学机会成本思想的个体理性约束，或称经理人的参与约束。经理人从接受一家公司聘用中可以获得的薪酬应该不少于受聘其他任职机会的薪酬。形式上，经理人从董事会所设计的激励合约中得到的期望效用将不低于经理人的保留效用。这里的保留效用指的是经理人受聘其他企业可能获得的报酬，反映的是新古典经济学的机会成本。经理人参与约束的满足是最基本的约束条件，只有满足这一条件，经理人才会考虑是否接受股东的聘用。

二是激励相容约束。股东（或其授权的董事）在为经理人设计薪酬时应考虑到，股东通过为经理人提供薪酬激励不仅对股东而言是最优的，即在股东获得的回报与支付经理人薪酬的平衡基础上的股东价值最大化，而且所提供的薪酬对经理人而言在平衡努力付出的收益和负效用后也需要是最优的。只有想经理人之所想，善待经理人的薪酬合约设计才能充分激励经理人努力工作，最终实现股东价值最大化。当激励合约设计能够使股东为经理人制定高的薪酬和经理人为股东创造大的价值同时成为股东和经理人的最优战略选择时，才能实现激励相容。

换言之，代表股东诉求的董事会向经理人支付的薪酬水平应该使经理人有激励选择对自己最优的努力程度。一个称职的董事会预期到，只有向经理人提供足够的薪酬，才能使经理人没有激励偏离使其期望效用最大的努力程度，即看起来股东向经理人支付了高薪酬，但激励充分的经理人可以为股东创造更多的价值，因而是值得的。

具体而言，由于所有权和经营权的分离形成的信息不对称，股东希望获得经理人的相关信息，鼓励经理人"讲真话"，必须向经理人支付信息租金。信息租金指的是，由于具有私人信息的经理人对信息的占有，将获得非生产性的配置资源。类似于地主由于对土地的占有而获得地租一样，经理人由于对私人信息的占有将获得信息租金。信息不对称程度越大，经理人获得的信息租金就越高。因而，最优激励合约的本质是在激励和风险分担的两难冲突中选择的结果。

在公司治理实践中，对经理人薪酬激励合约设计合理性的判断取决于经理人薪酬与企业绩效之间是否存在显著的敏感性，即薪酬绩效敏感性，其理论基础是经理人薪酬合约设计理论中在实现了股东和经理人激励相容之后股东和经理人之间最优的分成比例（Holmstrom and Milgrom，1987）。墨菲（1999）开展的经验研究表明，美国企业绩效与 CEO 薪酬的敏感性为 1 000：6，即股东权益每提高 1 000 美元，则 CEO 可以获得 6 美元的激励报酬。约翰和钱（2003）的研究表明，美国银行业 CEO 薪酬与企业绩效的敏感性为 1 000：4.7，这是因为银行业的高风险和受到高度监管的特性使银行业的薪酬绩效敏感性通常低于制造业等其他行业。

基于信息对称的新古典经济学认为，均衡工资的确定是由劳动力的供给与需求的平衡决定的，经理人薪酬作为经理人劳动力（人力资本）的价格，是经理人付出人力资本的补偿，因而，所有（同质的）经理人的薪酬应该是相同的（获得均衡工资）。而基于信息不对称的信息经济学认为，经理人薪酬除了体现机会成本、保留效用，还应该包括信息租金。即使保留效用相同，但如果私人信息不同，信息租金就不同，从而经理人薪酬就有理由不同。因而，在信息经济学看来，经理人薪酬合约设计既要考虑人力资本付出的补偿，还要考虑向经理人提供激励。

需要说明的是，上述基于直接机制理论和激励相容理论开展的激励机制设计具有一般性，不仅适用于股东及其委派的董事为经理人设计薪酬，也适用于经理人为雇员设计薪酬。雇员和经理人之间同样存在信息不对称，经理人可以借助上述思想通过激励合约设计形成对雇员的激励。只不过在股东对经理人薪酬合约设计时，在信息不对称中具有私人信息的经理人作为信息知情的一方是"代理人"，而在经理人对雇员的薪酬合约设计时，在信息不对称中雇员具有私人信息，经理人作为信息不知情的一方转化为"委托人"。

（三）经理人薪酬设计的三项原则

经理人薪酬设计需要遵循的三项原则，事实上是对前文提出的三个经理人薪酬合约设计的基本问题的回答。

第一，评价经理人薪酬合约设计的基准是经理人为企业创造的价值。因为在股东与经理人之间围绕经理人的努力程度存在信息不对称，努力是不可观察和证实的，我们需要找到能够一定程度上反映经理人"努力的结果"的直接机制，将经理人的努力通过直接机制与其最终获得的薪酬挂钩。企业绩效则是经理人薪酬合约设计潜在的直接机制之一，未必是最好的，更非唯一的。好的直接机制需要根据薪酬合约设计所面临的信息不对称的内容和程度灵活选择。激励强弱的判断标准是经理人薪酬绩效的敏感性。因而，评价经理人薪酬合约设计的基准是经理人为企业创造的价值，而不是上一年度普通雇员的平均薪酬。

第二，经理人薪酬设计受多种因素影响。经理人薪酬设计受企业绩效、经理人风险态度、外部经营环境的不确定性、企业规模以及企业所处产业的竞争程度影响。制定政策时须综合考虑以上因素，企业绩效（规模，所处产业竞争状况）不同，经理人薪酬就应该有所不同。

第三，经理人薪酬设计和实施由更具信息优势的公司董事会来完成。由于经理人努力的信息不对称和不完全，应该由具有信息优势的公司董事会而不是由不具有信息优势的政府部门来主导经理人薪酬制定和"一刀切"的限薪。

我们知道，推出限薪政策的最初缘由是作为代理成本的特殊表现形式的经理人超额薪酬的存在。而经理人超额薪酬问题通常是由以下几方面原因引起的：一是股票期权等激励手段的采用。二是经理人权力（Bebchuk and Fried，2003；Bebchuk and Fried，2004）。在英美等分散股权结构下，内部人控制的经理人能够通过俘获董事会及其薪酬委员会来为自己制定薪酬。三是任人唯亲的董事会文化（郑志刚等，2012）。研究发现，经理人与董事之间可能互相输送利益，彼此为对方发高薪。当然，任人唯亲董事会文化的背后依然是经理人权力。

因而，对于经理人超额薪酬问题的解决，从短期看，可以要求公司董事会（薪酬委员会）自查并向社会披露信息，而不是政府部门"一刀切"地限薪。而自查评价选取的基准，只能是经理人薪酬绩效敏感性。如果企业绩效下降，而经理人薪酬在增加，显然是不合理的薪酬设计，应该予以纠正。从长期看，无论是任人唯亲的董事会文化还是其背后的权力根源，经理人超额薪酬的出现成为不合理公司治理结构存在的明证，需要通过完善公司治理结构来实现。

三、经理人薪酬包的构成

在经理人薪酬激励合约制定中,可用来作为激励手段和工具的薪酬支付方式很多,统称为公司管理层的薪酬包,简单区分为显性薪酬和隐性薪酬。其中,显性薪酬包括货币薪酬、股权激励、福利与津贴等;隐性薪酬包括在职消费等。

显性薪酬中的货币薪酬是企业通常采取的短期激励方式,一般由两部分构成。一是基本薪酬,即与职位相联系的固定报酬,是经理人每一工作年度所取得的基本收入。二是年度奖金,即根据设定的业绩目标和奖励标准向经理人发放的奖金。年度奖金是常用的一种短期激励。

除了货币薪酬之外,现代股份公司围绕经理人薪酬合约设计越来越多地采用中长期激励计划,包括股票期权、限制性股票、股票奖励、影子股票(有股无权)、股票升值权等。而长期激励收益是与股票价格或利润等指标挂钩的不定期发放的奖金,通常作为限制性股票奖励和股票期权的一种补充。目前一些国有企业高管在三年后发放的任期奖励在性质上与长期激励收益有相似之处。

在我国公司治理实践中,一些公司目前主要采用的中长期激励计划是限制性股票奖励和股票期权两种方式。限制性股票奖励是指经理人获得的无需事先投资的股票奖励。当限制性股票所规定的期限结束,即持有限制性股票奖励的经理人为公司服务一段时期,这些股票可以自由支配。

股票期权是指激励对象(公司高管、技术骨干)可以在事先约定的时间内,以预先确定的价格购买公司股票,并在一定时期后将股票在市场上出售的权力。詹森和麦克林早在 1976 年就提出,面对与经理人之间的代理冲突,股东应该授予经理人股权激励,以此来协调股东与经理人之间的利益冲突。明清时期晋商商号发给掌柜的和财东的本金的银股相对的身股是世界上最早的雇员持股计划(Morck et al., 2000)。股票期权是一种期权,但不同于一般的期权,不可转让交易,只是执行和不执行的问题。期权的价值会随着股票市值的上涨而增加,从而可以为经理人带来丰厚的收益,构成经理人的长期激励之一。

股票期权是在经理人薪酬合约设计实践中寻找直接机制而做出的尝试和努力。与企业会计绩效是对直接机制一定时期(会计年度)后静态评估不同,股票期权包含了动态灵活评估的因素。在股票期权中,未来的股价成为短期的(会计或市场)绩效这一传统直接机制的替代。这进一步表明,企业绩效只是经理人薪酬合约设计潜在的直接机制之一,但并非唯一和最好的直接机制。

除了包含动态灵活评估的因素,与货币薪酬相比,股权激励还具有以下优点:

第一，好的股权激励与企业绩效挂钩，成为好的直接机制；第二，不涉及现金的支付，这对于缺乏现金的企业尤为重要；第三，作为滞后的补偿，股权行权时机选择可以为（进行税收筹划后）企业和经理人带来税收优惠。墨菲（1999）、柯尔和盖伊（2001）等的研究表明，经理人薪酬对企业绩效的敏感性随时间而增加，其中敏感性增加大多来自经理人的股权与期权激励。股权和股票期权逐步成为美国公众公司经理人努力补偿的重要手段。

当然，股权激励也存在明显的不足。首先，股票期权所依据的股票市值变化有时并没有真实反映公司的业绩，而是经理人在股权激励的激励扭曲下进行利润操纵和盈余管理的结果，一定程度上背离了通过股权激励推出寻找更好的直接机制的初衷。容易理解，与线性薪酬合约（例如奖金等）在固定会计年度对绩效静态评估相比，股权激励在包含动态灵活评估的元素的同时，赋予作为激励对象经理人操作空间，使得股权激励的推出偏离了最初预期的寻找更好的直接机制的方向。以1997年底的美国资本市场为例。20世纪90年代以来，道琼斯指数上涨了263%，经理人因此从股票期权中获得持续的高报酬，然而对于许多公司，其真实业绩并没有显著增长。美国最大的365家公司的CEO的报酬相对于标准普尔500指数增长了36%，而公司的盈利指数却下降了1.4%。

其次，作为高能的激励手段，容易诱使经理人在行权前做假账，导致会计丑闻的频繁发生。2002年的安然、世通等会计丑闻的爆发与伴随股权激励推行产生的激励扭曲有直接的关系。虽然美国2008年次贷危机引发的全球金融风暴很大程度上归咎于次贷等金融工具创新过度，但同样不容忽视的是，这与经理人在高能股权激励诱发下，铤而走险，盲目发行，失去对风险的合理控制脱不了干系。在上述意义上，全球金融风暴是金融工具创新过度和股权激励带来的激励扭曲共同作用的结果。

再次，作为激励范围扩大版的经理人股权激励计划，员工持股计划所具有的客观防御（"野蛮人入侵"）功能，可能演化为实际控制人加强内部人控制的工具。为了避免外部接管威胁到经理人地位，经理人不仅会诱导员工持有本公司股票，甚至直接推动员工持股计划的实施（Rauh，2006）。为应对分散股权时代"野蛮人入侵"和加强公司控制，我国一些上市公司持股比例较低的实际控制人推出员工持股计划，使最初出于激励员工目的的员工持股计划客  观上具有防御"野蛮人入侵"的新功能。例如，股权结构分散的安利股份的第一大股东安利投资持股比例仅21.90%，且与第二、三、四、五大股东均不存在一致行动关系。2017 年安利股份由于业绩大幅下滑，引发股价直线下跌。面对陡然增加的被收购风险，安利股份推出员工持股计划。按照《员工持股计划实施方案》，安利股份筹集资金总额达 6 000 万元，其中员工自筹资金金额不超过 800 万元，控股股东安利投资向员工借款不超过 5 200 万元，同时控股股东对员工自筹资金年化收益率提供保底承诺。这一操作被媒体评价为安利投资抵御"野蛮人入侵"的"连珠弹"之一。

我们的研究表明，实际控制人持股比例低、股权结构分散、面临被收购威胁的上市公司更有动机实施员工持股计划；实施员工持股计划后上市公司被举牌次数显著降低，董事长任期显著延长，内部人控制格局形成的可能性增大；当存在实际控制人提供担保或引入过高融资杠杆比例时，原本只是客观具有防御功能的员工持股计划，演变为由实际控制人主动推出的隐蔽加强公司控制的主动防御型员工持股计划（郑志刚等，2020）。

最后，由于股东与雇员的角色冲突，员工持股计划为未来的控制权纠纷埋下隐患。在第 4 讲讨论的中国式内部人控制问题中，山水水泥的控制权纷争很大程度上与员工持股计划推行过程中员工与股东利益的角色冲突有关。

我们注意到，美国资本市场以安然等会计丑闻为分水岭，股票期权作为激励手段开始进入低谷。霍尔和墨菲（2003）等的研究表明，在美国安然等会计丑闻爆发后，标准普尔 500 企业向雇员支付的股票期权从 2000 年的 1 190 亿美元一度下滑到 2002 年的 710 亿美元。曾经大力倡导通过股权激励协调经理人与股东代理冲突的詹森教授一度修正自己的观点，称股权激励为经理人激励的"鸦片"。

事实上，对于股权激励设计和实施过程中出现的问题，完全可以采取一些改进措施来扬长避短。例如，指数化股票期权或者限制性股票能够剔除经济走势的影响，更加反映企业真实业绩，因此，在股权激励计划设计中受到更多青睐，这一定程度上与改良后的标的更加接近真正的直接机制有关。

中国证监会 2005 年 12 月 31 日发布了《上市公司股权激励管理办法（试行）》（本办法于 2016 年 7 月 13 日正式发布，并于 2016 年 8 月 13 日起施行）正式推出了针对公司高管的股权激励计划。从 2006 年初到 2011 年底，我国共有 301 家上市公司提出大约 351 份股权激励计划。其中，采用股票期权方式的为 263 例，采用限制性股票的有 72 例。2006 年 10 月，国资委与财政部联合出台了《国有控股上市公司（境内）股权激励试行办法》，规定：首次实施股权激励计划的，授予的股权数量原则上不得超过上市公司股本总额的 1%；公司全部有效的股权激励计划所涉及的标的股票总数累计应控制在上市公司股本总额的 10% 以内；国有高管人员个人股权激励的预期收益水平不可以超过其薪酬总水平的 30%。由于激励额度受到限制，国有上市公司高管对采用股权激励的积极性不高。在 351 份股权激励方案中，286 份来自民营企业，来自国有上市公司的只有 65 份。

2019 年 11 月，国资委公布了《进一步做好中央企业控股上市公司股权激励工作有关事项的通知》，加大激励力度，积极推动上市公司股权激励举措落地实施的意图明显。该通知规定，中小市值上市公司及科技创新型上市公司，首次实施股权激励计划授予的权益数量占公司股本总额的比重，最高可以由 1% 上浮至 3%。上市公司两个完整年度内累计授予的权益数量一般在公司总股本的 3% 以内，公司重大战略转型等特殊需要的可以适当放宽至总股本的 5% 以内。

公众公司在薪酬制定方面呈现多样化趋势。除了上述货币薪酬和股权激励外，一些公司还会选择福利或津贴这一显性的非货币报酬方式作为经理人上述显性薪酬的补充。在各国公司治理实践中，福利包括法定福利、公司内部福利和补充福利，如养老金、医疗与牙医服务、寿险、伤残，高层经理的补充退休金、补充医疗与残障、补充寿险等。津贴包括俱乐部会员资格、提供理财顾问、享用专用交通工具以及定期体检和免费旅游等。

除了显性薪酬，经理人的薪酬包还包括隐性薪酬，其中最具有代表性和充满争议的是在职消费。在职消费是公司管理层在行使职权和履行职责过程中，用于满足个人消费目的的货币或其他形式的支出。这些支出由于与管理层职务相联系而最终由公司负担。在职消费在早期的公司治理文献中被认为是公司管理层代理成本的集中体现，是现代公司治理需要重点解决的潜在问题之一（Jensen and Meckling，1976 等）。耶麦克（2006）以为 CEO 配备公司飞机为例考察了在职消费信息披露后市场的反应。他的研究发现，上述事件的累计非正常收益显著为负，从而支持了詹森等所持的在职消费是代理成本的观点。然而，拉詹和伍尔夫（2006）的研究却发现，在职消费有助于节约时间，提高工作效率，并且可以节税、提高管理者的威望与地位。因而，在拉詹等看来，作为经理人薪酬包的一部分，在职消费发挥着重要的隐性激励功能，成为货币薪酬等显性薪酬的重要补充。

四、薪酬设计原理的一个应用：如何为独董设计薪酬？

了解和掌握薪酬设计的一般原理之后，更重要的是应用薪酬设计的一般原理针对特定激励对象来开展薪酬设计。接下来我们以独董的薪酬设计为例讨论如何应用薪酬设计的一般原理，结合激励对象的具体特征和激励情形为独董科学设计薪酬合约。

长期以来，公司治理理论和实务界更加关注的是经理人的薪酬设计问题，而对参与甚至主持经理人薪酬设计和实施的独董，其自身的薪酬设计问题并没有给予应有的重视。我们总是隐含地想当然地假定独董的激励是充分的，存在一个严格履行诚信责任、有激励向经理人制定和实施最优薪酬激励合约的董事会。然而，董事会作为解决经理人与股东代理问题的潜在工具时，其自身同样存在代理问题（Bebchuk and Fried，2003）。作为外部分散股东的代理人，履行监督经理人职能的董事会同样需要来自委托人股东的激励。因而，使董事会能够像股东一样思考的激励独董问题事实上像如何激励经理人这一基本的公司治理问题一样重要。

从 2003 年我国资本市场正式推出独董制度开始，独董薪酬形式长期与固定津贴联系在一起。我国上市公司独董平均薪酬为 55 123 元/年，中位数为 50 000 元/年，最高达 126 万元/年，最少则只有 2 000 元/年。截止到 2015 年底，我国约 94％的上市公司向其独董支付的仍然是在不同独董之间并无显著差异的固定薪酬。值得一提的是，在经理人薪酬合约设计中十分重要的股权激励计划在我国独董薪酬实践中明确不允许采用。2006 年颁布的《上市公司股权激励管理办法》第八条明确规定，激励对象可以包括上市公司的董事、高级管理人员、核心技术人员或者核心业务人员，以及公司认为应当激励的对公司经营业绩和未来发展有直接影响的其他员工，但不应当包括独立董事和监事。作为对照，按照 Spencer Strart 调查公司的研究报告，公众公司董事的薪酬模式趋向多样化，在《财富》世界 500 强企业中，有超过半数的公司给外部董事股票期权，其中，有 25 家公司（5％）完全用股票来支付董事的工资。

在我国独董薪酬实践中，围绕独董薪酬设计的第一个困惑是，一些人质疑领取薪酬会使独董丧失独立性。独董的薪酬最初以"车马费"形式发放，这事实上就出于规避上述质疑的目的。前面介绍的薪酬设计原理告诉我们，要想使一家公司的前任或现任 CEO 愿意兼任另一家公司的独董，必须考虑其兼职的机会成本所反映的保留效用。因而，在个体理性约束看来，为独董的付出支付报酬是十分自然的事，是如何科学制定合理薪酬的问题，而不是应不应该支付的问题。

独董薪酬设计的第二个困惑是，我们能否想当然地认为，以声誉激励为主的独董就应该获得固定津贴作为薪酬？我们看到，如同经理人薪酬激励合约设计一样，不同独董监督努力付出不同，其私人信息不同，同样应该获得不同的薪酬来进行信息租金补偿。根据独董参加会议次数和董事会专门委员会委员任职数量不同，在同一公司不同独董之间薪酬可以出现差异。独董参加会议次数反映的是独董履职的努力程度，因而，参加会议越多，独董履职努力的付出越多，独董由此获得的补偿就应该越多；一个独董在董事会专门委员会中兼任的主席和委员职位，除了努力付出的差异外，还要承担相应职责面临监管和法律处罚的履职风险，因而独董兼任的专门委员会的主席和委员职位数量越多，由此获得的履职风险补偿就应该越多。因而，在理论上，独董年度薪酬可以分为年度基本报酬、董事会会议津贴和董事会专门委员会会议津贴三项。

独董薪酬设计的第三个困惑是，既然独董薪酬设计的逻辑出发点依然是信息不对称，那么独董薪酬设计和董事（经理人）薪酬设计一样吗？

需要说明的是，尽管他们的薪酬设计遵循同样的原理，但由于激励内容和激励情景的不同，独董与经理人薪酬设计具有很多不同之处。一方面，与企业绩效由于法律上的可证实性而成为与经理人薪酬挂钩的直接机制不同，独董监督和战略咨询的经济后果并不容易得到证实。有时，一些独董监督（例如独董对某些董事会议案说"不"）从短期看甚至不利于企业绩效的提升。另一方面，由多名独董和其他内部董事共同参与的监督和战略咨询具有准公共品的性质。独董在进行监督和战略咨询时存在搭便车的倾向，这使得独董监督和战略咨询的经济后果更加难以识别。上述两方面的特征决定了独董薪酬设计在一定程度上比经理人薪酬设计更加复杂。

因此，独董薪酬设计应该遵循以下原则：

首先，经济后果难以直接观察的事实决定了在独董薪酬设计上应该以声誉激励为主。上市公司提供的薪酬只是其所获得的各种隐性和显性补偿的一部分。独董同样希望在看起来货币薪酬不那么高的公司获得严格履行监督和战略咨询职责的良好声誉而在未来获得更多公司的聘用。因而，对独董的薪酬设计，并不需要像为经理人薪酬设计那样太多强调薪酬绩效敏感性。在上述意义上，我国独董薪酬实践中禁止独董获得类似于为激励经理人向其推出的高能股权激励具有一定的合理性。

其次，虽然独董履职的经济后果难以直接观察，并在法律上难以证实，但这并不意味着独董薪酬不可以也不应该存在变化。同一公司的不同独董参会次数、参加调研次数的不同意味着独董个人的努力付出程度不同；兼任董事会专门委员会委员或主席的岗位和数量的不同意味着承担的岗位职责和履职风险不同。因而同一公司不同独董获得的薪酬应该并不完全相同。

我们的研究表明，提高独董的平均薪酬水平依然是改善我国上市公司独董激励强度的关键。激励充分的独董更愿意参加董事会会议，并更可能从股东立场出发针对董事会议案发表否定意见，以此来积极履行监督职能。因而，向独董提供高的薪酬虽然看起来增加了企业成本，但激励充分的独董将有助于企业改善绩效，给股东带来更多的回报。只有在独董激励相对充分时，差别化的独董薪酬设计才会发挥预期的激励作用；对于独董这一更加注重外部声誉的社会精英群体，单纯像激励经理人和普通雇员一样，推出差别化的独董薪酬政策，有时并不能实现预期的激励效果。

五、总结

　　经理人薪酬合约设计是缓解经理人和股东之间代理冲突的有效方式。本讲从国企高管限薪这一现实问题切入,在回顾经理人薪酬设计理论演进的基础上讨论了经理人薪酬设计需要遵循的一般原理。经理人薪酬设计一方面需要寻找直接机制,将经理人的薪酬与其所付出的努力挂钩;另一方面则要考虑对经理人占有的私人信息以信息租金方式进行合理补偿,做到激励相容。经理人薪酬设计将一定程度上解决经理人由于努力的私人信息特征所具有的道德风险倾向,经理人薪酬合约设计由此成为十分重要和基本的公司治理机制之一。

　　对于经理人薪酬设计,首先,评价经理人薪酬是否合理的基准是经理人为企业创造的价值,而非上年度央企在岗职工年平均工资。其次,经理人薪酬制定应充分考虑企业绩效、企业规模、经理人风险态度和外部经营环境变化等因素的影响。第三,经理人薪酬设计和实施应由更具信息优势的公司董事会来完成。不符合上述原则的"一刀切"限薪令必然会造成管理人才的流失、国企高管的贪腐和不作为。

　　管理层的薪酬包分为显性薪酬和隐性薪酬。显性薪酬包括货币薪酬、股权激励、福利与津贴等;隐性薪酬包括在职消费等。

　　不同于经理人薪酬设计,经济后果难以直接观察的事实决定了在独董薪酬设计上应该以声誉激励为主,但这并不意味着独董薪酬不可以也不应该存在变化。同一公司的不同独董参会次数和兼任董事会专门委员会委员或主席的岗位和数量不同,所获得的薪酬就应该不同。向独董提供高的薪酬虽然看起来增加了企业成本,但激励充分的独董将有助于企业改善绩效,这将给股东带来更多的回报。

延伸阅读

实施员工持股计划,这两家民营企业做对了什么?

　　作为基本薪酬和奖金的补充,员工持股计划一直被认为是协调股东与员工利益、激励员工的重要手段。然而,实施员工持股计划在公司治理实践中却是一等的难事。那就是,它需要使员工相信,未来公司实际控制人愿意与持股的员工一道有福同享,有难同当,员工持股后真能分到红。而这一点事实上即使对一些上市公司有时也很难做到。否则我们就不会观察到,一方面监管当局对上市公司越来越严的信息披露要求和频繁的监管处罚；另一方面一些上市公司层出不穷的盈余管理、会计造假和关联交易，甚至直接的资金侵吞、占用和转移。

然而，对于即使上市公司都很难做到让持股员工相信实际控制人会拿出真金白银分红的员工持股计划，在来自河北的两家并未上市的民营企业中却出人意料地做到了。2019 年 6 月 22 日在河北石家庄举办的"首届公司治理与企业成长高端论坛"上，我有幸与来自河北的两位企业家进行了面对面交流。其中一位是信誉楼百货集团有限公司（简称信誉楼）的董事长穆建霞，另一位是河北恒信集团的董事长武喜金。那么，这两家实施员工持股计划的民营企业是如何做到让持股员工相信是"真分红"？换言之，实施员工持股计划，这两家民营企业做对了什么？

一、信誉楼做对了什么

作为一家百货公司，首先让人惊讶的是在电商对实体店冲击如此惨烈的今天，信誉楼是如何生存下来的？事实上，它不仅做到了持续生存，而且做到了稳健发展。在成立的 35 年中先后开设自营店 33 家，如今依然保持持续扩张的态势。根据我的观察和理解，其经营之道，其一在于细分市场的精准定位。例如他们往往选择在城乡接合部，或者电商有时无暇顾及甚至不屑顾及的乡村、县城选址开店。其二是多年来他们培养了一支非常优秀的员工队伍，建立了完善的售后服务体系，形成了很好的顾客忠诚度。这些经验丰富的"买手"（就是柜组主任）十分了解和清楚一个顾客需要什么样的商品和服务，并提前帮你采购到店中，使你乘兴而来满意而去。这个规模大约 6 000 人的"买手"团队及相关管理人员，是信誉楼借助人力资本完成的一种大数据人工采集工程。当然，从信誉楼的成功我们看到，对于中国巨大的市场需求，除了如火如荼的电商和沃尔玛、物美等零售行业中的正规军，还为信誉楼这样的品牌卓越、顾客忠诚度高、商品价格优势明显和售后服务优良的传统零售企业留下了充足的发展空间。

那么，信誉楼是如何将庞大的导购员队伍和管理团队激励得如此充分的呢？这就离不开他们可圈可点的公司治理机制设计。概括而言，其核心激励制度有两个：一是员工持股计划；二是退休安置金制度。当员工退休后，他可以一次性拿到一笔高额的安置费，这使得每个员工都有稳定的预期，愿意终身以信誉楼为家。如果说退休安置金制度侧重解决退休后的保障问题，那么员工持股计划则侧重解决员工当下的激励问题。这就回到上面提出的问题：信誉楼是如何让这些员工相信不仅当下能从信誉楼的发展中分到红，而且未来退休时可以真的拿到一笔数额不菲的退休安置金。

从股权结构设计来看，他们针对不同岗位设计员工持股计划，而且明确规定个人持股的最高上限不超过 5%。股权不允许继承（包括创始人）和自行转让，拥有收益权、选举权和被选举权。作为创始人的张洪瑞持股不足总股本的 1‰；截止到 2018 年底，持有岗位股的星级导购员、柜组主任及以上级别的管理人员达 9 000 多人。按照穆建霞董事长的介绍，张洪瑞 1984 年在创业之初就明确表示："我干信誉楼不是为个人发财，就想干一番事业。我搭台，让员工唱戏，都唱个大红大紫。"他的创业初衷后来被延伸为信誉楼的企业使命，那就是"让员工体现自身价值，享有成功人生"。一心只想强调信誉楼"不追求做大做强，追求做好做健康，追求基业长青"的张洪瑞并不想把信誉楼做成家族企业，目前他的三个子女只是信誉楼的高层管理人员。他的一个朴素理想是，在 300 年后还有人能记起一个名叫张洪瑞的人曾经创办了一家称为信誉楼的百货店就足够了。另外，据穆建霞董事长介绍，老实人张洪瑞最初并不愿进入被认为"无奸不商"的商业领域，善于为他人着想是他的思维习惯，诚信是他做人做事的本分，信誉楼的公司名称由此得名。因而，从张洪瑞先生到信誉楼，天然具有诚实的基因，当然愿意与员工共享未来，而不是成就一家家族企业。

上述分散的股权结构和企业诚实的基因固然有助于建立员工信任，但在我看来，一个更为重要和根本的制度是他们建立了一个员工可以直接参与并进行权益诉求表达的公司治理构架。这就是他们以直选方式产生的董事会组织。信誉楼董事会每四年换届一次。在 2016 年举行的由 700 多名岗位股股东代表参加的第二十二次岗位股股东代表大会上，经过监事会提名产生 121 个董事候选人，然后从这些提名的候选人中差额选举出 46 人组成董事会，加上从社会聘请的独立董事 3 名，组成成员共 49 位的董事会。此外还有 16 位候补董事。

应该说信誉楼在董事会建设中创造了两个在中国公司治理实践中的"奇迹"。一是股东大会参加的人数。这个被称为岗位股的股东代表大会的参会规模一度达到 700 人。在我国上市公司治理实践中，在"一股独大"或相对控股的股权结构下，鲜有外部股东愿意花时间和精力参加根本无法左右议案表决结果的股东大会。所谓股东大会往往是列席的董事和高管人数超过代表少数大股东的股东代表的人数，这是我国上市公司股东大会的常态。然而，在信誉楼，同时有 700 位岗位股的股东代表参加股东大会，这是怎样的一个情景？它让我联想到巴菲特伯克希尔-哈撒韦公司盛况空前的股东大会。二是由 49 位正式董事（现增补到 52 人）和 16 位候补董事组成的董事会。在公司治理流行小董事会规模的趋势下，52 位董事同时开会那又是怎样的一个场面？按照穆建霞董事长的介绍，在董事会召开会议前，公司会把议案提前足够的时间让董事进行充分的准备；在董事会会议期间，每个董事都可以畅所欲言自由表达；最后则以投票表决的方式按简单多数原则形成董事会的最终议案。

由于是针对岗位设计员工持股计划，信誉楼的岗位股的股东代表和提名的董事候选人及最终选举出来的董事彼此都相对熟悉。通过上述提名和选举，信誉楼把股东公认的公道正派、能力强和有担当的董事选举出来。我们看到，信誉楼的公司治理制度建设无意中契合了现代政治制度民主选举的原理，通过直选方式使所选举的代理人真正向大部分公众负责。在信誉楼，通过上述董事提名和选举过程，持有信誉楼股票的员工一方面相信能把维护自身权益、严格履行承诺的董事选出来；另一方面，更为重要的是，他们相信他们有渠道（参与提名和选举）来保障自己的权益。因而他们愿意相信，公司向其做出的分红和退休安置金的发放的承诺是可信的。我认为这是信誉楼在员工持股计划实施中做对了些什么的关键。

当然，信誉楼在公司治理制度建设上取得的成就不限于此。例如，在实践中，按照穆建霞董事长的介绍，他们严格实行董事会、监事会和总裁"立法权""监督权""行政权"三者的独立和制衡。如今，创始人张洪瑞和穆建霞董事长积极思考的问题是，如何设计一个无终极所有者的股权制度安排。我们看到，不关注控制权，不一味"为了控制而控制"，往往能获得更为长久的控制权。这是公司治理实践中控制权安排的悖论，当然一定意义上也是人生哲学的悖论。我理解，这同样是信誉楼在电商围追堵截的今天能够杀出一条血路、冲出重围十分重要的公司治理制度保障。在这里让我们衷心祝福这家本性诚实、在公司治理制度上锐意创新的民营企业在未来再续今日的辉煌。

二、恒信集团做对了什么

全员持股的恒信集团在公司治理制度设计上与主要针对管理层持股的信誉楼有殊途同归之趣和异曲同工之妙。

在实践中，恒信集团设计了一套十分复杂的股份合作制下的全员持股计划。除了包括普通股和名目繁多的优先股在内的资金股，他们还设计了劳务股，形成了具有恒信集团特色的员工持股计划。以恒信集团的劳务股为例，他们把劳务股大体分为四类：

一是工龄股。在恒信集团工作时间越长，员工获得的工龄股越多。工龄股不能转让，离开时自动清零。工龄股的设计意味着员工的离职成本会很高，鼓励员工对企业的忠诚。

二是岗位股。岗位股与员工当年度职务、岗位和履职情况挂钩。随着岗位变化该股同步变更，一年一累积，当年清零，不跨年累计。这一设计在原理上类似于岗位固定津贴。

三是积分股。积分股是对员工遵守公司制度采取的一项数量化考核体系。例如员工完成每天一条总结信息、每天参加晨会、通过钉钉签到签退、参加体育锻炼、参加公司集体活动、遵守公司所有制度办法等，都会获得相应的积分股。积分股一年一统计,不跨年统计。

以上三种劳务股与员工个人所在部门的效益无关。这三种劳务股占普通股收益的比例逐年提升,到 2019 年已达到 21%。

四是超额分红。超额分红只与每个部门、每个员工的效益挂钩,类似于年终奖励。

恒信集团在实践中摸索出了一套行之有效的以股权设计方式完成的复杂的薪酬设计。

与信誉楼面临的类似问题是,这样复杂的股权设计凭什么让恒信集团持股的员工相信,这一切都是真的,而不是假的。在恒信集团的员工持股计划中,一个十分重要的制度安排是任何单一股东持股比例不能超过 20%,即使是创始人兼董事长的武喜金同样不能超过此线。他们之所以做这样的规定,按照武喜金董事长的介绍,就是希望避免出现一个人说了算的局面,而是通过股权制衡形成一种自动纠错机制,避免恒信在重大战略决策上犯大的错误。

除了股权设计上避免"一股独大"的限制,恒信集团取信于员工的一个十分重要的制度保障,在我看来,依然来自基本的董事会组织等公司治理制度。恒信集团每三年选举一次董事。董事会与监事会的候选人资格必须满足以下四个硬性条件:最少持有 3 万普通股;在分公司经理以上岗位任职一年以上;积分不低于80 分;在恒信集团工作时间不低于 906 天。符合上述要求的员工都可以提前一年报名参加董事和监事的竞选。股东提前半年开始向各位候选人提出问题。竞选时允许职员和股东家属列席,同时欢迎社会人士列席监督。在候选人向股东所提问题答辩之后,由股东投票选举董事会和监事会的各个席位。

在众多董事候选人中,根据得到股东投票的多寡选举出前九名。其中,前七名成为正式的董事,第八和第九名成为候补董事。监事的选举同样如此,共选出 5+2 名,前五名是正式监事,后两名是候补监事。更有趣的是,他们居然根据选举得票的多寡在董事和监事中排序。也就是说,他们有排名第一的第一董事和第一监事。容易想到,同样是董事,排名第一的董事所包含的员工股东对他的信任程度,从而对公司重大决策的影响力,自然与排名第七的董事是不同的。如果一个董事辜负了员工股东对他的信赖,等待他的将是三年后董事选举的排名靠后甚至落选。

同样值得一提的是,恒信集团议事会由董事会、监事会和总经理组成,每旬末晚上召开例会。那些不在石家庄的高管成员通过网络参会。议事会允许所有股东列席,允许远程视频参加,让股东了解集团决议的形成过程。在每月底最后一天召开的职员(员工)大会上,公司会专门解读当月议事会决议和介绍集团近期发生的大事。和信誉楼一样,恒信集团把做长做稳看得高于做强做大,把百年公司当成公司治理的主要目标。普通股股东不偏重能力和学历，最看重的是能否长期在公司干下去，看重忠诚度。在我看来，恒信集团就是通过这样一系列员工广泛参与的公司治理制度和透明公正的企业文化，使每位员工都相信公司，相信公司做的每一个承诺。那些分红和各种各样的股权设计兑现又有什么值得怀疑的呢？

我们看到，建立让每位持股员工有权参与和说"不"的公司治理制度，使每位员工股东相信管理层说的每句话、做的每件事都会兑现，这才是对一些上市公司都很难推进的员工持股计划在信誉楼和恒信集团得以顺利推进的关键所在。至此，我不仅联想到目前正在积极推进混合所有制改革的国企。看起来国企是全民所有，但一些国企通过一些腐败官员寻租设租的权力私相授受，偏离了全民所有的轨道，而类似于信誉楼和恒信这样的民企，却经过透明公开公正的治理制度构建使其成为公众公司。

通过信誉楼和恒信集团的案例分析，我们事实上看到了关于员工持股计划实施过程中十分重要的问题，那就是，设计员工持股计划固然十分重要，但更重要的是要让持股受益人相信这一计划并非永远停留在计划阶段，而是真的可以实施。从这两个案例的讨论中，我们也看到，一个好的公司治理制度的设计和运行不仅是为了使股东可以行使所有者权益，而且是为了使股东和员工相信这是未来实施包括员工持股计划在内的各项计划的庄严的制度承诺。正是因为有了这样的制度承诺，即使像信誉楼和恒信集团这样的民企也可以实施即使一些公众公司都无法做好和做对的员工持股计划。这恰恰是作为民营企业的信誉楼和恒信集团在实施员工持股计划上做对的地方。

拓展案例

民生银行如何为独董设计薪酬？

上市公司引入独董的目的是希望独董可以摆脱公司内部人的影响，从股东整体利益出发来履行经理人监督和战略咨询等职责，从而解决经理人代理问题。然而，正如别布丘克和弗雷德（2003，2005）指出的，董事会在解决经理人代理问题的同时，作为股东的代理人同样存在代理问题和相应的激励问题。派瑞（2000）的研究表明，当独董获得充分的薪酬激励时，经理人因业绩表现不佳而导致更迭的可能性增大，因而独董的薪酬激励状况会影响其作用的发挥。因此，独董自身的薪酬设计问题与公司治理研究领域传统上关注的（由董事会主导的）经理人薪酬设计问题一样重要，并成为合理评估独董有效性的前提。

　　中国资本市场正式引入独董的历史并不长，独董薪酬实践仍处在起步和探索阶段[①]。从表 7-1 可以看出，2011 年，94% 的上市公司向其独董支付的是津贴性的固定薪酬，同一公司独董之间薪酬并无差异。薪酬包中十分重要的激励手段股权激励未允许采用[②]。2011 年，民生银行的独董王联章以 126.5 万元的收入夺得当年中国上市公司独董薪酬收入冠军。民生银行独董的薪酬设计引起关注。那么从中国上市公司独董薪酬实践，我们需要思考：同一公司内部独董薪酬是否会存在差异？如果存在差异，独董之间的薪酬差异是如何形成的？存在差异的独董薪酬的激励效果是否会高于独董只获得固定津贴的激励效果？

表 7-1　我国上市公司 2011 年独董薪酬状况

行业	上市公司数量（个）	存在独董薪酬差异公司数量（个）	所占比例	行内独董最高薪酬额（元）
农、林、牧渔业	45	0	0	100 000
采掘业	56	7	0.125	450 000
制造业	1 389	40	0.029	350 000
电力、煤气及水的生产和供应业	72	9	0.125	132 600
建筑业	49	9	0.184	185 000
交通运输、仓储业	73	3	0.041	608 800
信息技术业	176	10	0.057	204 000
批发零售贸易	126	11	0.087	200 000
金融保险业	41	20	0.488	1 265 000
房地产业	124	14	0.113	250 000
社会服务业	70	4	0.057	261 906
传播与文化产业	32	3	0.093	180 000
综合类	55	7	0.127	180 000
总计	2 308	137	0.059	

资料来源：国泰安数据库。

---

　　① 1997 年 12 月中国证监会发布《上市公司章程指引》，提出中国上市公司可以根据需要设立独董。2001 年 8 月 16 日，中国证监会发布《关于在上市公司建立独立董事制度的指导意见》，在中国上市公司中全面推行独董制度。按照相关规定，2003 年 6 月 30 日以后，上市公司所聘请的董事中超过 1/3 为独董。独董从此在中国上市公司的治理中开始扮演重要角色。
　　② 《上市公司股权激励管理办法》第八条明确规定，股权激励计划的激励对象可以包括上市公司的董事、高级管理人员、核心技术人员或者核心业务人员，以及公司认为应当激励的对公司经营业绩和未来发展直接影响的其他员工，但不应当包括独立董事和监事。需要说明的是，一些上市公司的独董会以投资者身份个人购买和持有本公司股票则不受此限。

一、民生银行独董薪酬的基本情况

民生银行成立于 1996 年 1 月 12 日，是中国首家由非国有企业入股的全国性股份制商业银行。作为一家股份制商业银行，民生银行有着明确的市场定位，即做民营企业的银行、小微企业的银行、高端客户的银行。以中小企业融资服务为主营业务，其经营和管理水平在股份制商业银行中均处于领先地位。民生银行的董事会成员共 18 名，其中非执行董事 9 名，执行董事 3 名，独立非执行董事 6 名。

表 7-2 报告了民生银行独董 2007—2012 年的薪酬状况。

表 7-2　民生银行 2007—2012 年独董薪酬状况表　　　　单位：万元

独立董事	起任时间	卸任时间	2007 年	2008 年	2009 年	2010 年	2011 年	2012 年
高尚全	2003/6/16	2009/9/9	19.90	61.71	68.25	—		
张克	2003/6/16	2009/9/9	22	72.29	80.75	—		
吴志攀	2003/6/16	2009/9/9	17.20	64.31	22	—		
梁金泉	2006/7/16	2012/6/15	17.80	0	0	0	0	0
王联章	2006/7/16	2012/6/15	17.80	66.41	112	111	126.50	76.63
王松奇	2006/7/16	2012/12/17	18.40	63.82	92.50	94	101.50	98
王立华	2009/9/9	2015/4/10	—		19.75	85	86	87
秦荣生	2009/9/9	2015/4/10	—		23	104.50	0	0
韩建旻	2009/9/9	2015/4/10	—		21.50	94	93	91.50
郑海泉	2012/6/15	2015/4/10	—		—	—		44.50
巴曙松	2012/6/15	2015/4/10	—		—	—		42.88
尤兰田	2012/12/17	2015/4/10	—		—	—		0

注：梁金泉、秦荣生为中管干部，依据中纪委〔2008〕22 号文件精神和个人要求，有若干年份未领取董事薪酬。

资料来源：国泰安数据库。

从表 7-2 可以看到，民生银行独董薪酬制度在 2008 年经历了大变革，变化主要体现在以下两个方面：一是从 2008 年开始民生银行大幅提高独董总体薪酬水平，使其远高于行业平均水平；二是伴随独董薪酬的大幅上涨，民生银行独董之间的薪酬差距开始显著扩大。上述两方面的独董薪酬制度变革概括为"独董差别化薪酬制度"的推出。在 2008 年之前，民生银行执行的是 2004 年通过的《中国民生银行股份有限公司董事、监事薪酬制度》。按照该制度，公司董事、监事在公司领取底薪 7.2 万元/人/年、职务津贴 1.8 万元/人/年、会议补助 0.3 万元/次/人。直到 2007 年，民生银行独董之间薪酬差异并不大，部分独董的薪酬甚至相同。2007

年，民生银行按照证监会的规定通过了《中国民生银行股份有限公司董事会专门委员会工作细则》，借鉴国内外董事会专门委员会运作的经验，细化了各个董事会专门委员会的职责权限。在上述背景下，2008年2月18日，民生银行临时股东大会审议通过了《中国民生银股份有限公司董事、监事薪酬制度（修订草案）》的议案。新出台的制度将独董的薪酬分为四个部分：年费，专门委员会津贴，会议费和调研费。其中，年费是指董事参与董事会工作的基本报酬，为60万元/年；专门委员会津贴指董事参与专门委员会工作的津贴，为3万元/年，担任专门委员会主席的津贴为6万元/年；如果同时担任多个专门委员会的委员和主席，则津贴按其所任职位的数量累加发放；会议费指董事参加董事会、专门委员会会议的补助，为5 000元/次；调研费指鼓励和支持独董参与民生银行日常经营管理活动的津贴，为1万元/天。董事、监事参加会议期间的交通费、食宿费则由公司实报实销。

与2004年制定的独董薪酬制度相比，在2008年新推出的独董薪酬制度中，民生银行的独董薪酬中除了以相同的年费作为底薪，还根据独董的履职情况、个人绩效表现以及所任职务承担的风险不同给予不同的薪酬。例如，独董任职的专门委员会的数量、所出席的会议次数、调研的天数的不同以及在专门委员会担任的职务不同，都会影响独董最终获得的薪酬。前三者数量越多，说明独董付出的人力资本和时间成本越大，作为激励和相应的补偿，其获得的薪酬也就越多；而专门委员会主席承担的风险与责任不同于普通成员，因此获得额外的薪酬补偿。前者可概括为独董绩效薪酬，后者可概括为独董风险薪酬。我们看到，与我国资本市场上大多数上市公司独董薪酬是单一的固定津贴不同，民生银行的独董薪酬设计既包含了绩效薪酬，又包含了风险薪酬，而上述两个方面构成表7-2中民生银行独董之间薪酬差距的来源。

二、民生银行与对照公司招商银行的横向比较

我们选择除独董薪酬制度存在差异之外，在公司规模、资产结构、公司治理结构、股权集中度等方面与民生银行最为接近的同行业上市公司招商银行作为对照企业，考察独董薪酬存在差异的民生银行与独董领取固定津贴的招商银行对独董激励的差异。招商银行成立于1987年，是我国境内第一家完全由法人持股的股份制商业银行，也是国家从体制外推动银行业改革的第一家试点银行，它和民生银行同属于股份制商业银行的代表。

表7-3报告了民生银行与招商银行主要特征指标的比较。除公司总资产规模略大于民生银行外，招商银行和民生银行无论是资产负债率、存贷款比例等财务特征，还是股权集中度和高管薪酬等公司治理特征都十分接近。然而，招商银行

独董的薪酬结构是单一的每人每年数量相同的年费：2007—2012年，招商银行每位独董的年化薪酬始终为30万元。不仅不同的独董之间不存在差异，就是不同年份之间相同独董的薪酬也没有发生改变。对比招商银行，民生银行的独董薪酬不仅不同独董之间存在差异，即使同一独董在不同年份获得的薪酬也不尽相同。

表 7 - 3　民生银行与招商银行 2011 年主要特征指标对照表

	民生银行	招商银行	行业均值	行业中值
首发上市日期	2000/12/19	2002/4/9	—	—
总资产（万元）	22 290 640	279 497 100	465 596 134	254 674 584
资产负债率（%）	93.98	94.10	93.98	94.05
存贷款比例（%）	74.67	74.59	68.31	70.12
董事会规模（人）	18	17	15	15
独董人数（人）	6	6	5	5
董事会会议（次）	12	16	10.40	9.50
前三名高管薪酬总额（万元）	1 277.36	1 232.49	759.28	599.99
第一大股东持股比例（%）	15.27	17.86	32.30	23.78

资料来源：国泰安数据库和 Wind 数据库。

　　下面从盈利能力、成本管理能力、发展能力以及营运能力等方面横向比较民生银行和招商银行的差异，来考察民生银行独董差别化薪酬的激励效果。相关结果如图 7-1 至图 7-4 所示。每张图都同时报告了民生银行和招商银行所处金融行业的均值和中位数情况，以便于读者在相关数据的解读中可以将产业发展的一般效应扣除，形成对个体真实效应的把握。在图的处理中，没有限于经历了独董薪酬大的变革和调整的 2008 年以后的数据，而是同时包含了之前年份的相关数据，便于读者从中分析民生银行和招商银行的历史演变和未来发展趋势。

　　图 7-1 报告了民生银行和招商银行以及所处金融行业均值和中位数的总资产收益率（ROA）的情况。我们看到，招商银行的盈利能力在 2008 年之前长期好于民生银行，2005—2008 年更是出现差距扩大的趋势。但从 2008 年开始，在金融行业总体受金融危机影响业绩下滑之际，民生银行开始逆势上涨。2009 年之后民生银行的盈利能力已与招商银行十分接近，甚至在 2011 年一度超过招商银行，远远高于行业平均和中位数水平。我们注意到，民生银行正是在盈利能力逆势上涨的 2008 年大幅调整了独董的薪酬水平和薪酬结构，并推出了独董上班制度，而招商银行同期则依然保持原有的独董薪酬制度。我们猜测，民生银行 2008 年之后出现的盈利能力大幅增加的事实或许与实施上述变革有关。

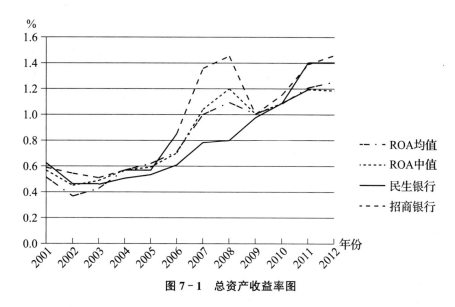

图 7 - 1　总资产收益率图

图 7 - 2 报告了民生银行和招商银行以及所处金融行业均值和中位数的管理费用率情况①。从成本管理能力来看,民生银行的管理费用率相对较高,但一直保持着下降趋势,这一趋势在 2008 年之后开始加速。到 2012 年民生银行的管理费用率已经较为接近行业平均水平。相比之下,招商银行的管理费用率则经历了先低于民生银行,在 2009 年一度超过民生银行,2017 年和民生银行较为接近的变化过程。

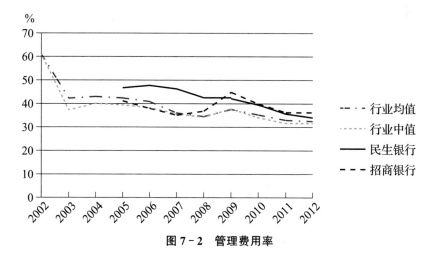

图 7 - 2　管理费用率

图 7 - 3 报告了民生银行和招商银行以及所处金融行业均值和中位数的营业收入增长变化情况。营业收入增长率衡量的是公司的发展能力,营业收入增长率越

---

① 由于 2005 年前的部分数据缺失,因此图 7 - 2 报告的相关数据是从 2005 年开始的。

大说明公司的发展能力越大。从图 7-3 可以看到，从 2005 年起，民生银行的营业收入增长率持续高于行业平均水平。在 2008 年之后，民生银行进一步扩大与行业平均水平的差距，即使在金融危机期间也不例外。作为对照，招商银行除了在 2006 年、2007 年和 2010 年营业收入增长率短暂超过民生银行外，基本与行业平均水平持平。

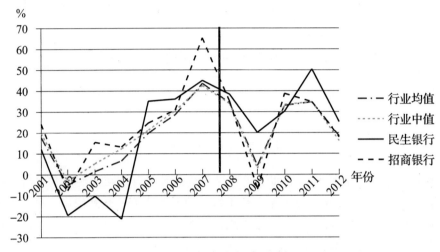

图 7-3　营业收入增长率

　　图 7-4 报告了民生银行和招商银行以及所处金融行业均值和中位数的总资产周转率变化情况。总资产周转率是考察企业资产运营效率的一项重要指标，反映了企业全部资产的管理质量和利用效率。一般而言，该数值越高，表明企业总资产周转速度越快，资产利用效率越高。从图 7-4 可以看到，民生银行在 2008 年后总资产周转率保持较高水平，不仅远高于行业平均水平，也高于对照企业招商银行。

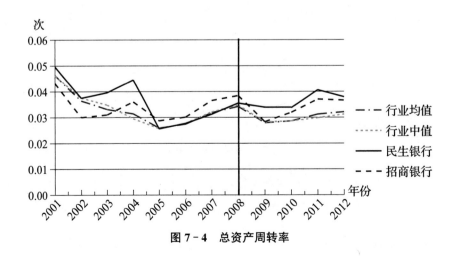

图 7-4　总资产周转率

　　总结民生银行与对照企业招商银行的主要财务和绩效指标的横向对比分析，2008 年成为民生银行发展历史上的重要分水岭。无论是盈利能力、企业资产运营效率、发展能力以及成本管理能力都实现了大跨越，多项指标居于行业领先水平。2008 年民生银行独董差别化薪酬制度的推出向独董提供了较强的激励，使独董有激励认真履行监督经理人和战略咨询的职责。这一举措的结果是，民生银行看上去在独董聘请上比对照企业招商银行以及产业平均付出了更多的成本，但带来的实际效果远远高于付出的成本。

三、民生银行 2008 年前后的纵向比较

　　下面对民生银行在推出新的独董薪酬制度的 2008 年前后财务绩效指标进行比较。

　　从图 7-1 到图 7-4 可以看出，民生银行从 2008 年开始逐步扩大与产业平均水平的差距，进入了发展的快车道。尽管 2009 年行业平均盈利能力、中位数均受金融危机影响出现下降，但民生银行的 ROA 却表现出较为强劲的增长势头。别除行业发展的一般效应后，我们看到，民生银行从 2009 年开始保持着盈利能力的持续增长；在成本管理能力上，民生银行的管理费用率一直保持着下降趋势，且在 2009 年当行业总体管理费用率上升时，民生银行仍然有小幅下降，到 2017 年已较为接近行业平均水平，扭转了长期以来管理费用率居高不下的局面；在发展能力上，民生银行从 2009 年开始，营业收入增长率就远高于行业平均水平，表明民生银行具有较大的发展能力；在营运能力上，别除行业发展的一般效应后，民生银行从 2009 年开始资产利用效率呈现高速增长趋势。

　　我们进一步以 2008 年为临界点将民生银行的发展历史分为前后两个阶段，对前后两阶段的各项主要财务绩效指标进行均值差异检验[①]。主要财务绩效指标经过产业中位数调整以别除产业效应的可能影响。表 7-4 报告了民生银行 2008 年前后经产业中位数调整后的各项主要财务指标的均值差异检验结果。

表 7-4　2008 年前后均值检验结果表

	总资产收益率	管理费用率	营业收入增长率	总资产周转率	短期流动性比例
2008 年前均值	−0.100	8.960	−5.823	0.003	4.121
2008 年后均值	0.100	4.052	9.671	0.007	−5.993

---

　　①　考虑到政策实施的滞后性，我们还以 2009 年为临界值开展了类似的检验，得到了与采用 2008 年为临界值类似的结论，而且更加显著。

续表

	总资产收益率	管理费用率	营业收入增长率	总资产周转率	短期流动性比例
均值差值	−0.204	4.908	−15.494	−0.004	10.113
P 值	0.046	0.003	0.098	0.170	0.117

注：数据均经过了产业中位数的调整。
资料来源：国泰安数据库。

从表 7-4 可以看出，总资产收益率、管理费用率、营业收入增长率在 2008 年前后存在显著变化，但总资产周转率的变化并不明显。此外，我们同时进行了反映承担风险状况的短期流动性比率 2008 年前后的均值差异检验。短期流动性比例是指银行流动性资产与存款负债的比率，这个比率越大，说明银行流动性来源越多，流动能力越强，银行承担的流动性风险（不能应付客户提存和提供贷款的风险）越小。由于民生银行主要业务对象是小微企业、民营企业，其承担的风险相对较大，但上述指标在 2008 年前后同样存在显著差异。这表明，2008 年后民生银行的风险控制能力开始加强。

民生银行 2008 年前后主要财务指标的纵向比较进一步表明，独董差别化薪酬制度的推出改善了独董的激励状况，导致了之后发生的一系列变化。因而，以独董薪酬水平大幅提高以及与独董的履职情况等个人绩效表现、风险分担状况相联系为特征的新的独董薪酬制度的推出确实带来了好的激励效果。

四、民生银行独董上班制度的事件研究

理论上来说，独董作为非执行董事，通过参加董事会会议、专门委员会会议对企业的重大决策发表自己的看法，并参与表决。由于独董并不参与企业日常的经营管理，对企业的实际经营状况缺乏必要的了解，这使得很多独董在重大决策的讨论和表决中只能简单遵从其他执行董事提出的方案和意见，这也成为独董长期以来给人留下"花瓶"印象的重要原因。针对上述公司治理实践中存在的问题，在 2007 年民生银行推出了独董到行内上班的制度，成为首创。按照该规定，独董每月需要到民生银行上 1~2 天的班。独董上班的主要工作是：研究所属委员会的工作事项；研究并确定委员会提出的议案；听取管理层或总行部门的工作汇报；讨论制定相关制度等。

民生银行独董的上班制度是在 2007 年 2 月 6 日董事会会议上通过的，并于次日在证券交易所进行公告。通过采用市场研究方法考察市场反应可以侧面反映市场对这一制度的推出是否认同。图 7-5 报告了民生银行的股票的累计非正常收益图。

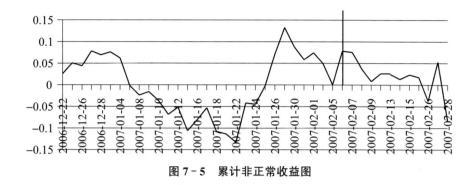

图 7-5　累计非正常收益图

从图 7-5 可以看出，民生银行独董的上班制度在董事会会议通过的 2007 年 2 月 6 日当天以及发布公告的 2 月 7 号，累计非正常收益（显著）为正，表明市场对这一制度推出的反应是正向的。

五、独董对关联交易的阻止

下面进一步以阻止关联交易为例，考察民生银行独董在相关责任的履行上是否表现出更大的独立性，以此进一步揭示独董薪酬制度变革所带来的独董发挥治理作用的积极性改善。关联交易指的是公司或其附属公司与在本公司直接或间接占有权益、存在利害关系的关联方之间所进行的交易。由于关联方可能存在某种特殊的利益关系，不仅使交易失去公允性，而且可能使中小股东的利益受到损害。因此，相关规定指出，独董除应当具有公司法和其他相关法律、法规赋予董事的职权外，上市公司还应当赋予其以下特别职权：重大关联交易应由独董认可后，提交董事会讨论；独立做出判断前，可以聘请中介机构出具独立财务顾问报告，作为其判断的依据。

下面根据公告披露的数据整理了民生银行和对照企业招商银行的关联交易情况。相关结果如表 7-5 所示。

表 7-5　民生银行和对照企业招商银行关联交易情况表

	2001 年	2002 年	2003 年	2004 年	2005 年	2006 年	2007 年	2008 年	2009 年	2010 年	2011 年	2012 年
民生银行	5	3	0	0	14	0	21	24	35	34	38	57
招商银行	—	—	—	—	5	16	11	19	24	82	94	69
行业均值	—	—	—	—	8.6	7.2	13.4	35.5	35	35.5	31	38

资料来源：国泰安数据库和相应企业的年报。

从表 7-5 可以看出，民生银行所发生的关联交易次数在 2008 年之后与行业平均水平大致接近，而在此之前除了 2006 年外则显著高于行业平均和对照企业招商银行的相应水平。与对照企业招商银行 2010—2012 年持续三年关联交易次数大幅增加相反，民生银行这三年发生的关联交易次数相对稳定。这表明民生银行在阻止关联交易发生问题上已形成较为成熟的内部控制机制。其中，按照规定责无旁贷的独董在其中扮演的角色可圈可点。我们看到，在围绕关联交易董事会的表决中，民生银行独董出具保留意见至少有两例：一是 2007 年关于北京光彩置业有限公司关联贷款事项。王联章董事认为在未看到贷款方还款计划前，不能进行评估，因此出具保留意见。二是 2008 年关于民生金融租赁股份有限公司的关联贷款事项。梁金泉董事认为提供的材料尚无法证明担保还款能保证民生银行的利益不受损害，王松奇董事认为对租赁公司的资金运用风险内控机制现状不清楚，因此两位独董对该笔关联交易出具保留意见。作为对比，我们未能找到招商银行独董对关联交易出具保留意见的例子。容易理解，独董在关联交易上出具保留意见会提醒经营团队在选择交易对象时应持慎重态度。同时，当管理层基于过去的经验预期会有独董提出保留意见时，会主动减少关联交易的相关提案。我们理解，这是民生银行相比招商银行可以把关联交易控制在一定水平的重要原因。这从另一个侧面表明，民生银行在 2007 年推出上班制度以及在 2008 年改进独董薪酬制度后，独董所应具有的独立性得到增强。独董开始从股东利益出发参与相关经营管理策略的制定，以体现公司向独董支付较高薪酬的价值。

中国绝大多数上市公司向其独立董事支付的是津贴性的固定薪酬。我们知道，在公司治理实践中独董公司治理角色的真正发挥建立在对独董提供充分激励的基础上。而理论界围绕独董公司治理有效性以及独董公司治理实施机制等开展的研究需要满足的前提是对独董自身激励问题进行合理的评估。因而，独董自身的薪酬设计问题与公司治理研究领域传统上关注的经理人薪酬设计问题一样重要。

毫无疑问，民生银行在独董薪酬等相关制度建设过程中也存在一些不足。例如，民生银行独董对关联交易出具保留意见的两次事件中，跟踪调查发现独董的保留意见未能成功阻止关联交易的发生。根据民生银行给出的官方解释，持保留意见的董事占董事会的比例太小，无法改变董事会的决策。另一个例子是，在审议续聘 2008 年度会计师事务所及其报酬的董事会会议上，王联章董事认为该会计师事务所已聘任多年理应更换，但直到 2012 年民生银行仍然是聘用同一家会计师事务所。这提醒我们，独董经理人监督和战略咨询职责的真正履行不仅需要向独董提供充分的激励，而且还需要向独董提供使其能够发挥作用的制度保障。

资料来源：郑志刚，张婧妤，赵锡军. 上市公司独立董事差别化薪酬的激励效果——基于中国民生银行的案例研究. 中国人民大学财政金融学院工作论文，2016.

国企混改的逻辑、路径与实现模式选择

一、为什么需要对国企进行改革?

由于国企在我国国计民生中的历史地位和特殊作用,国企改革一直是我国经济体制改革的主要内容,在一定意义上甚至成为我国改革开放 40 年的缩影。过去的 40 年,围绕股权结构的调整和相应的公司治理制度的变革,国企先后经历了多轮改革①。每一轮国企改革都必然涉及国有企业股权结构的变更和相应的公司治理制度调整。因而,国企改革在过去、现在和将来都是我国制度背景下最重要的公司治理问题。

作为当下国企改革新的突破口,混改在新一轮国企改革中被普遍采用。所谓国企混改是国企混合所有制改革的简称,其目的是通过在实体经济层面引入民资背景的战略投资,同时推行员工持股计划,实现分权控制;而在国有资产管理体系上通过新设或改组国有资本投资和营运公司来实现从"管企业"到"管资本"的转化。

---

① 当前国企积极推进的混改是国企改革"资本社会化"传统逻辑的延续。在过去几轮国企改革中,国有企业先后实行了职工股份合作制和企业集团部分控股公司上市等改制形式。职工股份合作制是通过职工持股实现的,而上市则是通过公开发行股票实现的。如果把职工股份合作制的推行理解为资本在企业内部的社会化,国有企业部分上市则可以理解为资本在更大范围的社会化。目前大量国有资产通过形成庞大的企业集团置身于各级国资委主导的国有资产管理链条。处于金字塔底端的部分企业是已经完成资本社会化的上市公司,但在中端和顶端还存在大量尚未完成资本社会化的国有企业。它们以及其他未上市的国有企业或企业集团整体将成为混合所有制改革实施的重点对象。

国企混改的现实背景来自以下两个方面：

一是在 20 世纪 90 年代末国企改制带来的改革红利消失后，国企陷入新的发展困境，很多国企或成为僵尸企业，或由于产能过剩效益严重下滑。让我们回顾一下启动混改不久 2014 年国企的现状。500 强企业是观察一个国家微观主体企业运行基本状况的一个独特窗口。按照中国企业联合会、中国企业家协会 2014 年发布的我国企业 500 强榜单，在 500 强中出现了 43 家亏损企业，其中只有 1 家是民营企业，国有企业成为"重灾区"。亏损企业主要集中在煤炭、钢铁、有色、化工、建材、水上运输等领域。500 强中有 300 家国有企业，国有企业亏损率高达 14%，42 家亏损国企合计亏损 726.6 亿元，其中 10 家央企合计亏损 385.7 亿元。而 500 强中的 200 家民营企业，仅有 1 家亏损，且其亏损额只有 5 000 万元。另外，根据天则经济研究所报告，2001—2008 年间国企获得的各种补贴总计高达 6 万亿元，而同期国企利润总和仅 4.9 万亿元，这意味着扣除这一巨额补贴，国企实际上亏损 1.1 万亿元。如何通过混改实现国资的保值增值是摆在国企面前的迫切问题。

二是普通民众和国际社会对国资依靠垄断经营和高额补贴维持不公平竞争现状的不满。除了那些亏损的国企，部分盈利国企的高额利润长期以来与市场垄断地位、政府高额补贴和由此形成的与民营企业的不公平竞争密不可分。国企垄断经营、高额补贴和不公平竞争不仅挤压了民企的发展空间，同时成为中国和包括美国在内的国家贸易摩擦的深层次原因。而通过发动新一轮国企改革，参与混改的民资有望从"分一杯羹"，同时也将开启我国结构性改革之路，最终在中国真正确立竞争中性原则，建立使市场在资源配置中发挥基础性作用的真正意义上的市场体系。

正是在上述两方面的现实背景下，2013 年前后我国发动了新一轮以混合所有制为特征的国企改革，被形象地称为国企混改。

从前面的现实背景的描述看，与民营企业相比，国企经营效率相对低下。围绕传统的国企经营效率为什么长期低下的问题，伴随着国企经营管理实践的发展，学术界逐步形成以下理论共识。

第一，国有企业面临所有者缺位问题，使经理人原本清晰的诚信责任变得模糊。按照现代产权理论（Grossman and Hart，1986；Hart and Moore，1990；Hart，1995），一方面股东以出资额为限承担有限责任，可以为他的错误决策承担相应责任；另一方面股东通过股东大会集体行使所有者权益，以股东大会表决的方式对重大事项进行最后裁决。股东由此成为公司治理的权威，董事（含经理人）需要在法律上向股东负有包含忠诚和勤勉两项义务的诚信责任，通过自己的努力实现股东价值的最大化。在上述治理构架下，董事在法律上向股东负有诚信责任是相对清晰的。清晰的诚信责任界定为司法实践对投资者权益的保护带来便利。

在国企中，所有者缺位，为经理人做出错误决策最后承担责任的是名义上属于国家的国有资本，而做出决策的却是并不需要承担最终责任的国企高管。弗里德曼曾经有一个十分形象的说法，花自己的钱办自己的事，既讲效率又讲节约；花自己的钱办别人的事，只讲节约不讲效率；花别人的钱办自己的事，只讲效率不讲节约；而花别人的钱办别人的事，则既不讲节约也不讲效率。由于其模糊的诚信责任，所有者缺位下的国企显然成为"花别人钱办别人事"的一个典型。

第二，金字塔式控股结构的存在延长了委托代理链条，使经理人在所有者缺位下已经模糊的诚信责任变得更加模糊。第 3 讲的讨论表明，我国国企置身于中央国企和地方国企大大小小的金字塔式控股结构的企业集团中。金字塔式控股结构的形成，一方面来自企业融资需求满足的组织制度设计需要，另一方面则与国企改制和产业结构调整过程中我国政府推出的一些特殊政策有关。而每一层控股结构意味着在控股股东与所控制的公司之间形成一种委托代理关系；金字塔式控股结构的层级越多，委托代理链条就越长、越复杂。

在我国一些多层控股参股数家法人机构的国企控股集团中，经理人除了向直接控股的上一级大股东负责外，最终能够为他做出的错误决策承担责任的国有资本如何保值增值，以及国有资本背后的全民股东的权益如何保障的问题，往往并不在他的考虑之列。这使得在金字塔式控股结构下的国有资本每一层级中作为大股东代表的董事长往往成为该层级的实际控制人。伴随着金字塔式控股结构控制权链条的延长，所有者缺位下导致的内部人控制现象更趋严重。

第三，预算软约束理论。近年来，僵尸企业、产能过剩等问题持续吸引我国理论界与实务界的关注，并成为我国一段时期以来积极推行的供给侧结构性改革中的重要议题。然而，许成钢教授指出，这些实际上都是非常老的问题，而且问题的产生完全在预料之中。① 按照许成钢的观点，僵尸企业、产能过剩的根源其实来源于科尔奈提出的预算软约束。

预算软约束指的是向企业提供资金的机构未能坚持预先的商业约定，而使企业借贷的资金远远超过实际盈利和偿还能力的行为（Kornai，1986）。我们知道，对于权益融资，除非董事会做出承诺，否则发放股利不应该成为公司的一项义务，因而进行权益融资的企业面临的是软约束。与权益融资软约束不同，以银行贷款、发行企业债券等方式实现的债务融资使企业面临硬约束。如果不能按时偿还银行等债权人的本金和利息，企业将面临银行等债权人发起法律诉讼，乃至清算破产。但对于与政府具有天然政治关联的国有企业，出于保就业、税收增长和维护社会稳定的需要，国有银行在政府的授意下，不仅不会将资不抵债的企业推向破产清

---

① 许成钢．僵尸企业、产能过剩的根源在软预算约束．凤凰财知道，2017 - 10 - 25.

算，反而会进一步追加贷款以挽救濒临倒闭的企业，从而使得原本硬预算约束软化。比如曾采用债转股的东北特钢。为了化解东北特钢债务危机，当地政府于2016年再度提出不涉及清偿的债转股计划，但遭到债权人的一致反对而被迫放弃。东北特钢债务危机最终由江苏民营钢铁大亨沈文荣控股而化解。我们看到，上述被媒体解读为"意外私有化"的做法实属当地政府为了一而再、再而三地化解东北特钢债务危机被迫选择的"无奈之举"。正是在上述意义上，政府干预下的债转股被认为是披着市场化运作外衣下的预算软约束。

除了以银行贷款下的预算约束软化，在我国资本市场上，还存在另外一种隐性的预算约束软化行为。一家经营管理不善的国有上市公司在股票被实施风险警示（ST）时，往往会获得来自对其控股的国资控股集团公司甚至国资委的支撑。国资控股集团公司对控股子公司的救助行为并非出于攫取控制权私人收益的自利动机，甚至呈现出不计成本的特点。而被救助的上市公司在获得母公司的支撑救助后绩效依然长期得不到改善，甚至越救越亏，形成另类的僵尸企业。例如，已经亏损高达139亿元的由国资委实际控制的某航空公司于2008年因资不抵债公司股票被实施特别处理（ST）。为了避免继续亏损而退市，政府于2009年通过其控股股东某集团以财政补贴及定向增发的方式向上市公司注资82.8亿元，该航空公司于2010年5月成功撤销特别处理。然而即使在摘帽成功后，该航空公司几乎完全依靠国资控股集团公司的巨额补贴维持业绩，被媒体形象地称为"补贴王"①。再如，某省国资委旗下最大的国有造船企业自上市以来盈利能力连年下降，逐渐陷入财务困境，政府通过每年超过2400万元的大额补助对公司进行扶持。但因连续两年亏损，公司于2015年4月股票被证券交易所实施退市风险警示（*ST）。在三次资产流拍、濒临退市边缘的情况下，公司于2016年4月推出重大资产重组计划，增发23亿股用于收购同属于该省国资委的某集团旗下210.13亿元资产，并募集配套资金66亿元。面对国有控股股东注入优质资产为"保壳"后的上市公司股价提供上涨空间，债权人最终接受公司提出的债转股的债权受偿方案，同意发行新股抵偿90.2亿元总债务中的71亿元。该省国资委于是通过内部"借壳"让*ST的这家公司重新获得新生。

我们看到，成为僵尸企业和面临产能过剩所带来的效益下滑是本轮以混改为突破口的国企改革的现实背景和直接诱因。而僵尸企业、产能过剩的背后则是软预算约束。因而，软预算约束不仅是计划经济时代国营企业效率低下的原因，很大程度上同样成为今天国有企业效益下滑的原因。从诞生之日起，国有企业始终

---

① 按照相关媒体报道和公司公告，在2010年撤销ST后，2011年至2016年上半年，该航空公司分别获得政府补助收入10.6亿元、17.2亿元、23.7亿元、36.27亿元、41.31亿元和23.64亿元，分别占当年净利润的21.7%，50.1%，99.7%，106.1%，91.0%和73.1%。

无法摆脱这一问题的困扰。使国企真正成为自负盈亏经营实体的关键就是通过国资从"管企业"到"管资本"的变革，和其他社会资本一起共同承担风险，使混改后的企业真正成为市场经济中的竞争主体。

第四，既"管资本"又"管企业"治理模式下的多目标激励冲突问题。在完成股份制改造的国有企业中，我国中央和地方政府除了通过直接持有国有企业控制性股份、建立"管资本"控制途径外，同时还继续沿用自上而下的人事任免和国企官员晋升考核体系，延续"管企业"这一传统国企控制途径，从而形成所谓既"管资本"又"管企业"的格局。除了由持有上市公司控制性股份的国资委全资的控股集团履行大股东的职责外，国企普遍采用由上级党委组织部门任命董事长和 CEO 这一自上而下的董事遴选产生方式。虽然在程序上需要通过董事会的提名和股东大会的投票表决，但由于国企"一股独大"的股权结构和国资管理系统的政治经济影响力，相关程序很难对上级部门的相关任命构成实质性的影响和挑战。这使得董事长、CEO 和其他主要高管一方面需要按照《公司法》和《公司章程》对股东负有诚信责任，另一方面则需要按照政府官员管理程序接受上级党委组织部门和国资管理部门的监督和考核。

在上述国企高管产生制度下，国企高管像政府官员一样，通过开展政治晋升的"锦标赛"，"商而优则仕"。如何通过从事（过度）公益性捐赠、媒体报道和（过度）海外并购等"形象工程"和"面子工程"以引起上级部门的注意，实现个人的政治晋升，成为国企高管在短暂的任期内重点思考的问题。但这些形象工程从长期看将损害股东利益，成为我国制度背景下外部股东不得不负担的特殊的代理成本。因而，上述看似加强国企高管监督和激励的做法使得国企高管行为出现了激励扭曲。

在上述既"管资本"又"管企业"的治理模式下，国资管理部门以任免考核董事长、CEO 和主要高管的方式直接参与"管企业"，这在一定程度上类似于把股东的所有者权益交由只能部分甚至无法承担责任的第三方来行使，从而使国企股东与董事之间原本模糊的诚信责任变得更加模糊。能够承担决策责任后果的股东无法做出决策，而无法承担全部决策责任后果的第三方却有权做出决策。

更为重要的是，当股东与所引入的第三方的利益发生冲突时，引入第三方将使董事处于多头负责的状态。例如，与民企相比，在既"管资本"又"管企业"的治理模式下，国企除了生产经营创造利润，还需要履行包括稳定物价、促进就业、增加税收、维护社会稳定等社会职责，甚至还需要参与扶贫等公益性活动，这使得国企置身于多任务、多目标的经营管理状态。霍姆斯特姆和米格罗姆（1991）的研究表明，当代理人同时面临多项工作任务时，对其中一项工作的激励和重视会诱使代理人将过多的努力花在这方面而忽视其他方面，从而导致资源配置的扭曲。面对多头负责的状态，理论上，国企董事可以避免以损害第三方的利益为借口而损害股东的正当利益，甚至以分别保护第三方和股东利益之名，行追求董事私人收益之实，使第三方与股东的利益全都受到损害。正是在上述意义上，弗里德曼强调，企业最大的社会责任是创造利润。

我们理解，正是意识到以往国企既"管资本"又"管企业"的治理模式容易导致国企高管多目标下的激励冲突问题和股东与董事之间更加模糊的诚信责任，在新一轮国企改革中，国资管理部门明确提出由原来的"管企业"转变为现在的"管资本"的国企改革方向，用市场化选聘职业经理人的方式来代替原来的自上而下的政府官员式经理人更迭模式。

第五，以董事长为核心的中国式内部人控制问题。同样由于国企主要高管自上而下的产生机制，被任命为董事长的董事往往具有特殊的资历和身份。以恒丰银行前董事长蔡国华为例。在空降恒丰银行之前，蔡国华是烟台市委常委、副市长兼国资委党委书记。无论是作为恒丰的上级持股公司的蓝天投资还是全资控股蓝天投资的烟台市国资委，对于曾经担任烟台市委常委、副市长兼国资委党委书记的蔡国华的制衡力量十分有限。恒丰银行第一大股东不仅不会形成对以原董事长蔡国华为首的恒丰银行内部人控制行为的有效制约，反而成为其抗衡其他股东可能提出的否定议案的可资利用的力量，甚至向其他股东传递出"想反对也没有用，因为我是第一大股东"的相反信号。恒丰银行后来发生的高管私分公款案、员工持股计划丑闻以及股权谜踪等都成为内部人控制问题的典型事例。

需要说明的是，发生在恒丰银行的内部人控制问题和英美等国传统意义上的内部人控制问题并不相同。后者是由于英美等国公司股权高度分散和向经理人推行股权激励计划，逐步形成经理人的壕沟盘踞效应，由此导致以股权激励对象的经理人为核心的内部人控制问题。而发生在恒丰银行的内部人控制问题显然并非由于股权高度分散和向经理人推行股权激励，而是由于国企高管自上而下的产生机制和董事长的特殊身份，并与我国资本市场制度背景下特殊的政治、社会、历史、文化和利益等因素联系在一起。本书第4讲的讨论表明，中国式内部人控制问题是我国资本市场制度背景下公司治理需要重点关注和解决的问题。

那么，我们如何描述同时面临预算软约束、模糊的诚信责任、多目标激励冲突和中国式内部人控制问题的国有企业呢？总结企业组织形式的演进历史，存在两种发展维度。第一个维度是按照专业化分工程度，可以把企业组织分为低专业化分工和高专业化分工两类。由于现代股份公司的出现，资本社会化和经理人职业化所实现的社会分工带来的效率改善成为人类财富在过去250年实现垂直式增长的重要原因之一，因而，"现代股份公司是人类一项伟大发明"（巴特勒语）。而所有权与经营权分离实现的专业化分工带来的效率改善是现代股份公司的实质体现。

　　第二个维度是按照代理问题是否严重而将企业组织分为代理问题不严重和代理问题严重两类。现代股份公司在所有权与经营权分离的同时衍生出股东与经理人之间的代理冲突问题。伯利和米恩斯（1932）在反思大萧条中现代股份公司所扮演的消极角色时指出，所有权和经营权分离构成过去三个世纪赖以生存的经济秩序的破坏。詹森和麦克林（1976）在此基础上强调代理冲突对公司价值的影响，并进一步将公司治理的政策目标明确为缓解代理冲突，降低代理成本。

　　按照上述两个维度，我们可以将企业组织分为如表 8-1 所示的四种类型。处于左上的是专业化分工程度低但代理问题并不严重的企业类型。作为新古典资本主义企业的家庭手工作坊是这类企业组织的典型例子。在家庭手工作坊中，作坊主既是所有者也是经营者，专业化分工程度较低，生产效率相应较低。但由于家庭手工作坊所有权与经营权是统一的，并不存在外部职业经理人与股东之间的代理冲突，因而代理问题并不严重。处于右下的是专业化分工程度高但代理问题严重的企业类型。在 20 世纪二三十年代的美国，很多公司在完成资本社会化与经理人职业化的专业化分工、实现效率改善的同时，并没有形成合理的治理结构。很多公司蕴藏的代理冲突问题在 20 世纪二三十年代集中爆发，成为当时席卷全球的经济大萧条出现的重要诱因之一。

表 8-1　按照专业化分工与代理严重程度划分的企业类型

	（既"管资本"又"管企业"）低专业化分工	（外部融资实现、社会风险共担、经理人职业化）高专业化分工
代理问题不严重	家庭手工作坊（新古典资本主义企业）	建立良好公司治理结构的现代股份有限公司
代理问题严重	国有企业（长的委托代理链条与所有者缺位）	尚未构建良好公司治理结构的股份有限公司

　　处于右上的是专业化分工程度高但代理问题并不严重的企业类型。在这类公司中，一方面是以资本社会化与经理人职业化为特征的高度专业化分工，另一方面则通过推出基于绩效的经理人薪酬合约设计与股票期权激励计划，构建规模较小、以独立董事为主（甚至除了 CEO 为唯一内部董事外其余均为独立董事）、董事长与 CEO 两职分离的董事会，同时建设加强保护投资者权利的法律制度和法律外制度的制度环境，以此来解决经理人与股东之间的代理冲突。经过从 20 世纪二三十年代开始近百年的无数次公司治理革命的洗礼，今天很多股份有限公司成长为兼具高度专业化分工和良好公司治理结构的公司典范。

　　处于左下的企业一方面所有权与经营权没有有效分离，既管资本又管企业，专业化分工停留在低级阶段；另一方面代理冲突严重。对照我们目前的国有企业，恰恰具备了上述两个特征。

上述划分企业组织类型客观存在的两个维度提醒我们，对公司治理政策目标的制定，我们既要看到现代股份公司所有权与经营权分离所引发的代理冲突，同时更要看到资本社会化与经理人职业化这一专业化分工所带来的巨大效率改善。专业化分工的效率改善是现代股份公司的实质所在，只不过衍生出了经理人与股东之间的代理冲突。而传统公司治理研究过多关注现代股份公司在所有权与经营权分离过程中衍生的股东与经理人之间的代理冲突，在一定程度上忽视了由于上述分离所实现的专业化分工带来的效率改善。阿里合伙人制度和京东不平等投票权，是通过创业团队的经营管理决策的专业化与外部分散股东分担风险的专业化，实现专业化深度分工的积极探索和有益尝试。因而，现代公司治理正确的设计理念应该是在专业化分工实现的效率改善与代理成本降低之间进行平衡，实现股东和经理人的合作共赢。这一现代公司治理设计理念不仅适用于新经济企业，同样适用于正在积极推进混改的国有企业。如何通过混改，实现国企经理人的经营权与股东的所有权的有效分离，实现建立在经理人与股东之间专业化分工基础上的合作共赢，是国企混改的应有之义。

作为新一轮国企改革的突破口，混改不仅是我国确立以市场机制作为资源配置的基础性制度条件下实现国有资产保值增值目的的重要手段，而且由于包容和接纳民资，实现竞争中性，因此有助于平抑普通公众和国际社会对国资垄断经营和不公平竞争的不满。

二、国企混改的理论基础和改革的三个层面

应该说在国企改革 40 年中的绝大多数时间，引入战略投资者始终是国企改革的重心。我们时而强调股份制改造实现的资本社会化，时而专注职工股份合作制的企业内部范围内的资本社会化。而从国企面临的所有者缺位、预算软约束、模糊的诚信责任、多目标激励冲突和中国式内部人控制等诸多问题出发，更多强调引入民营资本背景战略投资者的混改，被再次寄予厚望，被视为本轮国企改革的重要突破口。

国企混改作为新一轮国企改革实践，其核心集中在两个层面：一是在实体经济层面，通过引入民资背景的战略投资实现所有制的混合，改善治理结构，转变经营机制；二是在国有资产管理体系层面，从"管人、管事、管企业"向"管资本"转化，实现国资保值增值目的。

（一）国企混改的理论基础

从理论渊源回溯和文献脉络发展上看，现代产权理论和分权控制理论共同构成了国企混改的理论基石。

1. 现代产权理论

以哈特为代表的学者发展的现代产权理论始终是我国国企改革的理论基础之一。

从现实中的合约总是不够完全详备的视角出发，哈特指出，由于投资者担心在不完全合约下投资后会被敲竹杠，进行投资的激励就会不足。那么，如何鼓励投资者进行投资呢？哈特认为，只有让投资者成为所有者，享有对不完全合约未规定事项的剩余控制权，才能使其愿意投资。该理论很好地解释了，即使一个公众公司的 CEO 并非一个投资者所熟悉的"隔壁老王"，但投资者却愿意投资该公司，成为该公司股东的"现代股份公司之谜"的问题。原因是在投资者购买公司股票成为股东之后，上市公司向他做出了成为上市公司所有者、集体享有受法律保护的所有者权益这一可置信承诺。

现代产权理论一方面揭示了投资者愿意成为股东的原因，另一方面很好地回答了在现代股份公司雇员、供货商和社区等众多利益相关者中谁最有激励去监督经理人的问题。在哈特看来，集体享有所有者权益的股东应该享有以下两项基本权利：一是剩余索取权。这是新一轮国企混改希望通过引入盈利动机明确的民资背景的战略投资者以解决以往国企的所有者缺位和模糊诚信责任问题的动机。二是剩余控制权。剩余控制权赋予股东对（不完全合约中尚未规定的）重要事项通过在股东大会上表决的方式进行最后裁决的权利。这意味着与其他利益相关者相比，股东不仅有动机而且有法律保障的能力来监督经理人。

在国企混改中，这些新引入的民资背景战略投资者，一方面与国资共同承担企业未来经营的风险；另一方面可以借助股东大会和董事会等治理平台，积极利用法律保障的能力来监督经理人，使公司治理的权威重新回归到股东，实现国企向现代企业制度的转化。产权安排在国企混改中之所以重要，根源在于它解决了为经理人引入和设计激励机制的股东的长效激励问题。因而，现代产权理论依然是新一轮国企改革十分倚重的理论基础之一。

2. 分权控制理论

40 年的国企改革实践围绕如何实现资本社会化至少经历了以下三个阶段的艰苦探索和有益尝试：

第一阶段是早期通过股份合作制实现资本社会化。我国的股份制企业是在 20 世纪 80 年代初期对计划体制下的传统国有企业或集体企业的改造逐步建立和发展起来的。在缺乏有关股份制企业的明确的法律规范的情况下，1984 年北京天桥百货股份有限公司的国企员工持股改革，由本企业职工购买或以其他形式持有本企业股份从而形成我国改革开放后事实上的股份制企业。[①] 在上述意义上，职工持股可以说是我国国企股份制改革的起点。通过股份合作制，国企员工同时成为持股的股东，资本在企业内部实现社会化。

第二阶段是通过上市和股份制改造实现资本社会化。上市和股份制改造突破了在企业内部的资本社会化，实现了在全社会范围内的资本社会化。国企股份制改造直接推动了 20 世纪 90 年代我国资本市场的建立。部分经过重组资产优良的国有企业优先上市，建立起规范的公司治理构架，使国企开始朝现代企业制度迈进。

第三阶段是通过混合所有制改革实现资本社会化。对于那些已经通过上市完成资本社会化的国有企业，在 2015 年我国资本市场进入分散股权时代之前的很长时期，作为控股股东的国资委往往持有控制性股份，形成"一股独大"的治理范式。尽管上市公司作为优秀企业的代表已经在现代企业制度的创立和公司治理规范上迈出了至关重要的一步，但散户无法有效参与公司治理，未能形成股权制衡，其结果是，国有控股上市公司的长期业绩表现低于对照的上市民企。而对于那些并没有上市完成资本社会化的国企，由于缺乏权力制衡，使得效率低下，业绩表现更加糟糕。

针对国有企业公司治理中存在的缺乏权力制衡和有效监督的现状，新一轮国企改革明确提出，把引入民资背景的战略投资者实现所有制的混合作为国企实现资本社会化的重点。

现代产权理论的出发点是揭示企业中权威如何分配，回应为什么投资者愿意购买股份公司发行的股票这一"现代股份公司之谜"；而国企混改的理论支撑则是最初被用来解决干预过度问题的分权控制理论。

波顿和塔登（1998）指出，当处于控制性地位的股东较少时，具有控制性地位的大股东有激励阻止经理人做出任何降低可证实现金流的商业决策，即使由此导致的损失远远超过经理人控制权的私人利益，从而产生效率成本。从避免监督过度的目标出发，他们建议，鼓励引入新的大股东，实现分权控制。穆勒和沃内德（2001）认为，虽然新的外部投资者的进入将引发新的冲突和寻租行为，但作为原控股股东和管理层的"共同敌人"，三方围绕剩余权利分配开展的新的博弈将减少企业围绕剩余分配冲突而导致的净损失。本内森和沃尔芬森（2000）的研究表明，存在多个股东时，对资金使用方向的任何偏离都需要合谋集体全部成员的一致同意。成员越多，达成一致性就越困难，资金则会朝着正确的方向投入。与

① 江平，卞宜民．中国职工持股研究．比较法研究，1999（Z1）：399 - 410.

只有一个股东控制企业相比，存在合谋集体的企业所产生的资金使用扭曲程度可能要低。戈麦斯和诺瓦埃斯（2001）注意到，尽管处于控制性地位的几个股东有极强的愿望避免发生观点的不一致，但事后的讨价还价最终形成的决议，往往能够阻止经理人做出符合控股股东利益但损害中小股东利益的商业决定。上述效应称为折中效应。分权控制因而成为处理"一股独大"股权结构下容易导致的大股东监督过度与所有者缺位导致的经理人内部人控制问题之间平衡的重要实现机制。

上述文献涉及的主要思想概括为分权控制理论，其核心是防范"一股独大"下的监督过度问题；通过引入新的投资者，形成主要股东之间的竞争关系，建立一种自动纠错机制；不仅可以有效避免大股东"一股独大"导致的监督过度和决策失误，同时可以形成对经理人的制约，避免内部人控制问题的出现。上述理论为我国国企通过混改引入战略投资者、解决目前面临的种种问题提供了很好的政策建议。

（二）国企混改的三个层面

在国企混改实践中，围绕解决国企普遍存在的所有者缺位、预算软约束、多目标冲突以及中国式内部人控制等问题，国企改革体现在以下三个层面：

第一个层面是股东层面，通过引入盈利动机明确的民资背景的战略投资者，重新确立股东在公司治理中的权威，使缺失的所有者"上位"。前面的分析表明，在过去 40 年国企改革经历的三个阶段中，我们一度试图通过推出股份合作制让员工成为股东和通过股份制改造引入外部分散股东，使缺失的所有者"上位"。然而，上述两个阶段的改革看似通过资本社会化引入了股东，但并没有使他们成功"上位"。而国企混改则十分明确地提出引入盈利动机明确的民资背景的战略投资者，形成股权制衡的分权控制，因而具备了在更深层次解决国企所有者缺位问题的可能性。

我们看到，混改引入的民资背景的战略投资者，首先将成为其参与决策可能发生错误的风险分担者。在引入战略投资者后，风险在包括战略投资者在内的股东之间分担，这避免了以往决策错误不得不最终由来自纳税人的财政补贴埋单的局面，使得原本软化的预算约束逐步硬化。而国企面临的政府隐性担保和预算软约束长期以来受到理论界和普通民众的广泛批评，甚至成为近年中美贸易战关注的焦点。其次，战略投资者形成的权力制衡成为做出错误决策的重要纠错机制。盈利动机明确的战略投资者及其委派的董事代表会阻止主要股东使其自身利益可能受到损害的商业决策。

第二个层面是国资管理体系层面，通过新建和改组投资营运平台，从国资委"管人、管事、管企业"到通过投资营运平台"管企业"。上述改革一方面可以避免国资委监管者与经营者角色的冲突问题；另一方面国资委角色发生转变，有助于确立股东在公司治理中的权威地位，助力国企所有者缺位问题的解决。

第三个层面是控股结构层面，让金字塔式股权结构扁平化，使反映责任能力的现金流权与反映影响力的控制权相匹配。我们知道，大量的国有资产通过形成庞大的企业集团置于各级国资委主导的国有资产管理链条中，金字塔式控股结构引发诸多社会（贫富差距扩大）、政治（官商勾结）、经济（隧道挖掘、资本运作和小股东的投机性）问题。而金字塔式控股结构使得委托代理链条的延长直接加剧了所有者的缺位，成为中国式内部人控制问题形成的制度诱因之一。从为国企混改解决所有者缺位等目标营造外部改革环境和消除金字塔式控股结构自身弊端的改革目的的出发，中国资本市场也许是向金字塔式控股结构说"不"的时候了。

三、国企混改的实现路径

虽然国企提出了压缩控股链条的改革目标，但目前更多是从提高管控效率而并未与从根本上解决国企所有者缺失问题的混改目的联系在一起。对于金字塔式控股结构的消除在理论和实践上形成共识还需要时间。因此，目前国企混改主要围绕股权结构调整和国有资产管理体系的理顺这两个层次展开。为了实现上述两个层次的目的，在混改实践中，逐步形成了三条实现路径。

（一）路径一：在实体经济层面引入外部投资者

在实体经济层面引入外部投资者的力度与该国企所处的行业是否属于基础战略性行业密切相关。国企混改是选择不同行业的国企进行分类改革的。对于基础战略性行业，即使大比例引进外部投资者，国资依然需要保持控股；而对于那些非基础战略性行业，则可以让渡控股权给民资背景的战略投资者。国企混改由此在实体经济层面引入外部投资者的路径选择上存在两种典型模式：一是誉为"央企混改第一股"的中国联通模式；二是来自天津地方国企混改实践的北方信托模式。前者是央企混改和基础战略性产业国企混改的典型案例，后者则是地方国企混改和非基础战略性产业国企混改的典型案例。

1. 中国联通模式

2017年8月在吸引包括中国人寿和BATJ等战略投资者持股35.19％后，联通集团持有中国联通的股份从之前的60％下降到36.67％。在混改完成后的中国联通的股权结构中，民资背景的战略投资者腾讯和百度分别持有中国联通5.18％和3.3％的股份。但除联通集团外，该公司其他前五大股东的持股比例均远低于联通集团在该公司的持股比例。根据

《上市公司收购管理办法》第八十四条第（二）款的规定，联通集团继续拥有中国联通的控制权。

在中国联通引入的战略投资者中，国资背景的中国人寿持股 10％，超过腾讯、百度等民资，成为这次混改中中国联通引入的最大战略投资者。性质是国有投资营运公司的中国国有企业结构调整基金在这次混改中也持有中国联通 8.96％的股份。此外，中国联通向核心员工授予约 8.5 亿股限制性股票，持股约 4.0％。

由此可以看出，混改后的中国联通依然由国资控股，一则由于联通是大型央企，二则它还处于基础战略性产业。

我们知道，盈利动机明确的民资背景战略投资者只有在自身权益得到充分保障的前提下才有激励参与国企混改。那么，中国联通的混改是如何做到使 BATJ 这些战略投资者面对处于控股地位的联通集团，激励相容，依然愿意参与混改呢？

混改后中国联通新一届董事会的揭晓给出了答案。在 2018 年 2 月 8 日完成选举的中国联通新一届董事会组织中，除了董事会规模由 7 人扩大为 13 人外，8 位非独立董事中，5 位来自中国人寿、百度、阿里巴巴、腾讯、京东等战略投资者。李彦宏（后更换）、胡晓明等"商业明星"进入中国联通新一届董事会。其中，持股 3.3％的百度拥有中国联通董事会 8 名非独立董事候选人中的 1 个席位，占比 12.5％，成为非控股股东超额委派董事的典型例证。在股东层面处于控股地位的联通集团，在中国联通董事会组织中，通过接纳更多来自战略投资者委派（甚至超额委派）的董事，使战略投资者的利益至少在董事会层面得到兼顾，弥补了股权结构依然"一股独大"下战略投资者利益无法得到有效保护的不足，使得战略投资者在一定程度上变得激励相容。从中国联通混改案例中可以看到，只有使混改参与各方的利益得到充分保障，彼此激励相容，才能使各方真正做到合作共赢，混改才可能最终获得成功。

中国联通模式的特征可以总结为：在股权结构层面上国资占优，但在董事会组织中战略投资者占优。在股权结构层面上国资占优，是由中国联通所在的基础战略性产业的属性决定的，联通集团甚至在必要时可以利用控制性股份行使"一票否决权"；而在主要涉及日常经营管理决策的董事会层面则需要更多倾听像李彦宏等商业精英的意见。两者的结合很好地体现了公司治理理念的转变：逐步从单纯强调保障股东权益的传统理念，向在保障股东权益和鼓励创业团队围绕业务模式创新进行人力资本投资之间平衡的全新理念转变。

2. 北方信托模式

2018 年 11 月 20 日，天津北方国际信托股份有限公司（简称北方信托）混改项目正式签约，标志着天津市第一家国有控股股份制非银行金融机构混改项目完成。成立于 1987 年 10 月的北方信托是中国最早组建的信托公司之一，注册资金10.01亿元。

通过混改，北方信托成功引入日照钢铁控股集团有限公司（简称日照钢铁）、上海中通瑞德投资集团有限公司（简称上海中通）、益科正润投资集团有限公司（简称益科正润）三家民营企业新股东，合计受让50.07％的股权。其中，日照钢铁持股18.30％成为第一大股东，上海中通持股17.65％，益科正润持股14.12％。原第一大股东国资背景的泰达控股股权稀释至17.94％，降为第二大股东。事实上，从混改酝酿阶段，北方信托就明确，不谋求控制权。在相关混改文件说明中，北方信托明确提出，无论是民企单一持股占比，还是民企整体持股占比，都将是绝对控股地位。不谋求控制权的国企混改模式很大程度上是一些地方政府为了摆脱目前并非处于基础战略性产业的地方国企，在财务和经营上出现的困境而不得不采取的务实举措。出于同样的理由，不谋求控制权也许会成为地方政府对于非基础战略性产业的国企混改普遍采取的做法。

北方信托新的第一大股东日照钢铁仅持股18.30％，略高于持股17.94％的第二大股东泰达控股，比持股17.65％的第三大股东上海中通也不过高0.65个百分点。以微弱优势成为第一大股东的日照钢铁获得推荐董事长的权利。可以想象，未来的北方信托在公司治理实践中将成为股权制衡的典范，原因是：第一大股东日照钢铁及其委派的董事长将不仅受到来自国资背景泰达控股的监督，同时受到来自民资背景上海中通和益科正润等的监督。

相比而言，对于处于非基础战略性产业的北方信托，无论在股权结构设计还是董事会组织上都要比中国联通混改似乎更加彻底，一定程度上较好实现了国企混改从"管人、管事、管企业"到"管资本"的角色转化。成为第二大股东的国资背景泰达控股未来更多是以投资者身份和制衡力量参与北方信托的公司治理。

陈清泰曾指出，对混合所有制企业再继续严格界定国有和民营已经失去了意义，政府应该弱化直至取消按企业所有制成分区别对待的政策，促进实现各类企业权利平等、机会平等和规则平等[①]；杨伟民进一步指出，长期应该逐步淡化并取消国企、民企、外企的所有制分类，按照中共十九大要求，凡是在中国境内注册的企业，在法律上要一视同仁，政策上要平等对待[②]。从北方信托混改的案例中，我们不仅看到未来所有制混合的雏形，而且感受到竞争中性原则的政策痕迹。

---

① 陈清泰. 重新定义国企、从管企业转向管资本，真改革要做这两件事. 经济观察报，2018 - 05 - 13.
② 杨伟民. 应逐步淡化并取消所有制分类　一视同仁. 新浪财经，2018 - 09 - 16. https://finance.sina. com.cn/meeting/2018 - 09 - 16/doc-ifxeuwwr4912661.shtml.

（二）路径二：在实体经济层面引入外部投资者的同时对内推出员工持股计划

国务院国资委、财政部和证监会于 2016 年 8 月联合下发《关于国有控股混合所有制企业开展员工持股试点的意见》，鼓励混改的国有企业同时推出员工持股计划，改善治理结构，转化经营机制。员工持股计划作为中国联通混改方案的"最后一块拼图"于 2018 年 3 月 21 日推出。中国联通向包括董秘和财务负责人在内的 7 855 名公司中层管理人员、核心管理人才和专业人才授予不超过 84 788 万股限制性股票，约占公司股本总额的 2.8%。

（三）路径三：在国有资产管理体制改革上，通过国有资产的资本化，实现从"管企业"到"管资本"的监管职能转变

所谓"管资本"就是改革经营性国有资产的实现形式，由国有企业专项价值的实物形态，转变为可以用财务语言清晰界定、有良好流动性、可以进入市场运作的国有资本。而设立或改组作为政府和市场之间界面的投资运营机构和对原国有企业进行公司制改造，从而实现国有资产的资本化。国有资本投资运营机构成为国资委的监管对象，经过国有投资运营机构的隔离，国资委由此与国有资本投资运营机构参与投资的实体企业不再有直接产权关系，也无权穿越投资运营机构干预其投资的公司，政企分开顺理成章。①

从 2016 年开始，国务院国资委开始在国投、中粮、神华、宝武、五矿、招商局、中交、保利等 8 家央企进行试点，把诸如资产配置、薪酬分配、市场化用人、体制改革等 18 项原属国务院国资委的权力下放到国有资本投资运营公司（产业集团公司）。国务院国资委同时组建成立诚通和国新两家新的国有资产经营公司。

下面以天津的实践为例来揭示在国有资产管理体制改革上，如何通过国有资产的资本化，实现从"管企业"到"管资本"的监管职能转变。天津按行业大类先后成立津联（对应制造业）、津诚（对应非制造业）和国兴（对应高新）三家国有资本投资运营公司。天津市国资委于 2017 年 7 月设立注册资本为 120 亿元的国有独资公司天津津诚，负责非制造业国有企业国有资产的资本化后的投资和运营。2018 年 4 月 19 日，天津市国资委将所持有的天房集团等 100% 股权按照经备案的评估值注入天津津诚。经过上述机构设立和资产处置，理论上，对于天津市国资委，未来将以津联、津诚和国兴等国有资本投资运营公司作为国资监管对象，与

---

① 陈清泰批《企业法》：立意就是政企不分. 新浪财经，2016 - 10 - 15. https://finance.sina.com.cn/meeting/2016 - 10 - 15/doc-ifxwvpar8124726.shtml.

经营实体天房集团等不具有直接的产权关系，从而实现从以往"管人、管事、管资本"向"管资本"的转变；天津津诚，将与通过混改引入到天房集团的战略投资者，共同以股东的身份参与天房集团的公司治理；天房集团通过公司制改造，实现国有资产的资本化，在多元股东和利益相关者的权益制衡下，通过股东大会和董事会实现有效公司治理，形成现代企业制度。

四、从钢铁行业实践看混改实现模式的选择

如果说企业日常经营涉及的债务融资决策主要关注风险，那么国企混改涉及的通过引入战略投资者完成的权益融资，主要关注的是各方股东共同分担不确定性，因而国企混改在很大程度上演变为选择与谁分担不确定性的问题。[①] 下面通过钢铁行业的混改实践来揭示国资究竟应该选择与谁分担不确定性。

案例一：与银行分担不确定性的东北特钢。东北特钢及其前身大连钢铁（集团）有限责任公司历史上经历多次债转股。东北特钢于2000年6月由东方、信达、华融三家资产管理公司和辽宁省国资委、黑龙江省国资委以及抚顺特钢共同出资364 417万元成立。三大资产管理公司为大连特钢的债转股股东，占到全部注册资本的35%。2008年上述三家资产管理公司的股权按照债转股合同约定被辽宁省国资委回购持有，以致辽宁省国资委在东北特钢持股比例升至62.8%。

2016年3月24日，时任东北特钢的董事长杨华突然自杀身亡。这件突发事件发生后的第3天，公司即发布公告称"15东特钢CP001"已构成实质性违约。至此掀起东北特钢债券不断违约浪潮，各种期限（中期，短期，超短期）和不同发行渠道（公开，非公开）的违约债务总额一度超过85.7亿元。新上任董事长再次提出将公司70%的债务进行债转股。意识到捉襟见肘的辽宁省财政无法再次兜底时，债权人在持有人会议上一致拒绝再次债转股。债权人于2016年9月26日正式向大连市中级人民法院申请对东北特钢进行重整，东北特钢于2016年10月10日正式进入破产重组程序。我们看到，后来被媒体解读为"意外私有化"的沈文荣控股东北特钢实属当地政府为化解东北特钢债务危机所推出的"无奈之举"。东北

---

① 美国经济学家奈特很早就将不确定性与风险做了区分（Knight，1921）。从本质上看，债务融资与权益融资金融属性的差异很大程度上体现在风险与不确定性的不同。对于债务融资产生的风险，除了抵押担保，我们可以基于过去业务开展的经验对其风险的概率分布进行测度，同时可以建立风险管理模型来对其风险加以识别和控制。然而，对于权益融资，对于投资项目未来回报的不确定性我们显然既不能对其概率分布进行测度，更无法建立风险管理模型对风险加以识别和控制，只能选择与其他股东分担不确定性。参见郑志刚. 从明清时期鞑靼地区的婚嫁习俗看金融的本质. 中国金融，2018（22）.

特钢债务危机在一定程度上是匈牙利经济学家科尔奈 50 多年前观察到的银行贷款由于预算约束软化而将贷款一步步转化为呆坏账的情景再现。因而，我们倾向于把政府干预下的债转股理解为披着市场化运作外衣的预算软约束。因此，能不能以债转股的方式使混改的国企实现与银行分担不确定性，很大程度上取决于债转股是不是基于价值判断和投资者意愿的真正市场化行为。

案例二：通过以当地企业合并方式进行抱团取暖式分担不确定性的渤海钢铁。2010 年，天津钢管、天津钢铁集团有限公司、天津天铁冶金集团有限公司、天津冶金集团有限公司等 4 家国有企业合并组成渤海钢铁。在财务并表后的 2014 年，渤海钢铁一举进入《财富》世界 500 强企业榜单。然而，在时隔不到两年的 2015 年底，快速扩张后的渤海钢铁陷入了严重的债务危机，105 家金融机构参与的负债高达 1 920 亿元。事实上，国资背景的煤炭、钢  铁、有色等《财富》世界 500 强巨头，绝大部分是整合而来的。那么，渤海钢铁又是如何化解新一轮债务危机的呢？一方面把原来"合"起来的企业重新"分"出去，2016 年 4 月经营状况相对尚好的天津钢管从渤海钢铁中剥离；另一方面在钢铁主业引入民资背景的德龙钢铁进行混改。我们看到，与当地企业合并抱团取暖式的不确定性分担，只是使国企真正面临的体制机制转换问题被暂时和表面的"做大"掩盖了，并非使不确定性减少了，反而使不确定性增加了。

案例三：与优秀同行分担不确定性的马钢股份。2019 年 6 月 2 日马钢股份发布公告，宣告中国宝武对马钢集团实施重组，安徽省国资委将马钢集团 51% 股权无偿划转至中国宝武。通过这次重组，中国宝武将直接持有马钢集团 51% 的股权，并通过马钢集团间接控制马钢股份 45.54% 的股份，成为马钢股份的间接控股股东。通过上述重组，国务院国资委成为马钢股份的实际控制人。这一事件也被一些媒体解读为近年来掀起的地方企业引入央企进行混改，在并购重组后实际控制人由地方国资委变更为国务院国资委的新一轮混改动向的标志性事件。马钢股份推出的与优秀同行分担不确定性是否真正有助于实现预期的国企体制机制转化，还有待后续围绕基本公司治理制度改善的具体举措进一步观察。

案例四：选择与优秀战略投资者分担风险的重庆钢铁。2017 年底，完成重组的重庆钢铁实际控制人变更为由中国宝武、中美绿色基金、招商局集团和美国 WL 罗斯公司等四家公司平均持股的四源合。按照重庆钢铁董事长周竹平的说法，  作为实际控制人的四源合，"没有派去技术人员，也没有做除了维修以外的设施方面的投入，没有更换过工人、中层"，甚至连原来的外部董事也保留了，仅仅派了"5名既不炼钢也不炼铁"的高管。在破产的路上走了十年的重庆钢铁，一年就实现"止血"，起死回生。

重庆钢铁重组的案例表明，国企混改需要解决的关键问题也许并非资源甚至市场，而是如何形成转换经营机制的动力。重组后的重庆钢铁，面临原股东、债转股后的新股东以及实际控制人四源合三方的巨大投资回报压力，尽快实现盈利成为落后经营机制转化的基本甚至唯一动力，多目标冲突等长期困扰传统国企的问题迎刃而解。

概括而言，重组后的重庆钢铁在四源合的推动下，公司治理构架进行了以下两方面的调整：其一，基于市场化原则建立激励充分的经理人与员工激励机制。2018年重组后的重庆钢铁CEO的年薪为553.91万元，是重组前2017年度的10倍。《重庆钢铁高管薪酬激励方案》和《2018年至2020年员工持股计划》等多少国企试图推进但往往无疾而终的激励方案在重庆钢铁重组后"轻松地"推出了。其二，回归到CEO作为经营管理决策中心，实现CEO和董事会之间的合理分工。我们知道，国企面临的主要问题之一就是控股股东、董事会与经理人之间的边界模糊，所有权与经营权无法有效分离。重组后的重庆钢铁董事会明确授权CEO拥有机构设置、技术改造等事项的权力，甚至允许先操作后报批。而董事会则回归到选聘CEO和考核评价CEO这些基本职能。我们看到，在选择与谁分担不确定性的问题上，重庆钢铁通过引入盈利动机明确的优秀战略投资者，一举形成了转化经营机制的压力，凝聚了克服机制体制障碍的动力，最后汇成各方合作共赢的合力，成为重组后重庆钢铁获得新生的关键点和突破口。

以上四个案例中的四家企业，来自同一行业，都是国企，面临债务危机选择与不同的对象分担不确定性来进行混改。东北特钢通过债转股选择与银行分担不确定性，成为市场化运作外衣下的预算软约束，最终无奈地走上私有化的道路；渤海钢铁通过将当地企业合并，选择与同伙抱团取暖的方式来分担不确定性，然而在经历了短暂的"做大"辉煌后，不得不重新走上"分"和更为根本的引入民资背景战略投资者的"混"的道路；马钢股份选择的是来自央企的优秀同行来分担不确定性；而重庆钢铁则通过选择与优秀的战略投资者分担不确定性，形成了转化经营机制的真正压力，凝聚了克服机制体制障碍的现实动力，最后汇成各方合作共赢的合力，为重庆钢铁赢来了新生。

我们注意到，国企通过混改引入战略投资者实现所有制混合的实质可以分解为围绕主要股东超额委派董事以下两个方向的改变：

一是控股股东少超额委派董事。围绕这一问题，我们的研究（郑志刚，胡晓霁，黄继承，2020）表明，在目前的国有上市公司中，如果实际控制人能够不超额委派董事，则不仅会使董事未来投非"赞成"票的可能性加大，而且其提升企业绩效的监督效果将更加明显。要实现混改目标、促进效能的提升，关键在于董事会结构中合理保证其他股东的董事席位，使新进入的民营资本能够充分参与到治理中。只有民营资本通过委派董事享有内部信息、参与董事会的决策，才能有效缓解过度监督问题，带来经营绩效的实质改善。

二是非第一大股东多超额委派董事。我们的研究（郑志刚，朱光顺，黄继承，2020）表明，非第一大股东委派非独立董事显著降低了关联交易的金额和次数；区分非第一大股东性质发现，非国有非第一大股东委派非独立董事对上市公司关联交易行为有着显著抑制作用，而国有非第一大股东委派董事对于上市公司关联交易则没有显著影响。在地方国企样本中，非国有非第一大股东委派非独立董事对关联交易的抑制作用更强。

基于四个案例中与"谁"分担不确定性的选择和围绕主要股东超额委派董事开展的逻辑检验，可以看出，在国企混改实践中，也许只有"混"，才能真正做到"改"；而与其"并"，也许不如"混"。

那么，国企在混改后治理结构和经营机制会发生怎样的改变呢？我们知道，"一股独大"的治理范式抑制了很多国有控股上市公司在资本社会化后治理结构改善和经营机制转变所激发的效益提升潜能，使得国有控股上市公司的业绩表现往往比民营上市公司差。尽管如此，上市公司的治理构架很大程度上就是目前正在积极进行混改的国企追求的目标和努力的方向。

引入战略投资者，混改后的国企在股权结构上应该成为资本社会化的典范。股东不仅有国资，还有民资，盈利动机明确的民资及其董事代表成为约束经理人追求私人收益、损害股东利益的重要力量；代表各方股东利益的董事组成的董事会，重大事项需要经过股东大会协商表决通过；引入来自外部、利益中性、注重声誉同时具有法律、会计、金融等专门知识的社会精英作为独立董事进行监督和咨询。通过上述公司治理构架的建立和完善，混改后的国企使经营权与控制权有效分离，由此带来基于经理人职业化与资本社会化两者专业化分工的效率改善。

五、总结

由于国企在我国国计民生中的历史地位和特殊作用，国企改革一直是我国经济体制改革的主要内容，甚至成为我国 40 年改革开放的缩影。由于预算软约束、模糊诚信责任、多目标激励冲突和中国式内部人控制等问题的存在，国有企业既没有摆脱家庭手工作坊式的控制权对经营权的干预，无法利用社会专业化分工提高效率，也没有很好地解决代理问题。

混改作为当下国企改革新的突破口，在新一轮国企改革中被普遍采用。国企混改一方面需要在股东层面引入盈利动机明确的民资背景的战略投资者来解决所有者缺位问题；另一方面形成主要股东之间的竞争关系，建立自动纠错机制，以有效地避免大股东"一股独大"容易导致的监督过度和决策失误，形成对经理人的制约，避免中国式内部人控制问题。因而国企混改的理论基础是现代产权理论和分权控制理论。

国企混改通过在实体经济层面引入民资背景的战略投资者，同时推行员工持股计划，实现分权控制，在国有资产管理体系上通过新设或改组国有资本投资和营运公司来实现从"管企业"到"管资本"的转变。在引入民资背景战略投资者进行混改的实现模式选择上，既可以选择基础战略性行业混改典范的"在股权结构层面国资占优，在董事会组织层面战略投资者占优"的联通模式，也可以选择非基础战略性行业混改典范的"无论是股权结构还是董事会组织，战略投资者均占优"的北方信托模式。混改成功的关键是解决参与混改的民营资本等战略投资者的激励相容问题，以有效保障民营资本的权益。

混改的实质是选择与谁分担不确定性。从钢铁行业的实践看，优秀的具有一定民资背景的战略投资者是国企混改更为适当的不确定性分担对象。通过选择与优秀的战略投资者分担风险，国企混改一方面建立了全新的激励体系；另一方面还原了董事会原本的功能，实现了经营权与所有权的有效分离。在国企改革的实现模式选择上，我们强调，只有"混"，才能"改"；与其"并"，不如"混"。

参考文献

[1] 郑志刚，雍红艳，黄继承．员工持股计划：激励雇员还是加强控制？．中国人民大学财政金融学院工作论文，2020．

[2] 郑志刚，梁昕雯，黄继承．中国上市公司应如何为独立董事制定薪酬激励合约．中国工业经济，2017（2）．

[3] 米尔顿·弗里德曼，罗斯·弗里德曼．自由选择：个人声明．胡骑，等，译．北京：商务印书馆，1982．

[4] 郑志刚．当野蛮人遭遇内部人：中国公司治理现实困境．北京：北京大学出版社，2018．

[5] 郑志刚，牟天琦，黄继承．存在退市风险公司的救助"尴尬"与资本市场的预算软约束．中国人民大学财政金融学院工作论文，2020．

[6] 郑志刚，李东旭，许荣，林仁韬，赵锡军．国企高管的政治晋升与形象工程——基于 N 省 A 公司的案例研究．管理世界，2012（10）．

[7] 江平，卞宜民．中国职工持股研究．比较法研究，1999（3、4）．

[8] 郑志刚，朱光顺，黄继承．非第一大股东委派董事与企业关联交易——国企混改的逻辑检验．中国人民大学财政金融学院工作论文，2020．

[9] 周放生．公司——现代社会最伟大的发明．国有资产管理，2010（11）．

[10] 斯蒂芬·A. 罗斯，伦道夫·W. 威斯特菲尔德，杰弗利·F. 杰富，布拉德福德·D. 乔丹．公司理财：原书第 11 版．北京：机械工业出版社，2017．

[11] 亚当·斯密．国富论：上下卷．北京：商务印书馆，2019．

[12] 郑志刚．从万科到阿里：分散股权时代的公司治理．北京：北京大学出版社，2017．

[13] 郑志刚，邹宇，崔丽．合伙人制度与创业团队控制权安排模式选择——基于阿里巴巴的案例研究．中国工业经济，2016（10）．

[14] 崔之元．美国二十九个州公司法变革的理论背景．经济研究，1996（4）．

[15] 张维迎．所有制、治理结构及委托-代理关系——兼评崔之元和周其仁的一些观点．经济研究，1996（9）．

[16] 郑志刚．中国公司治理的理论与证据．北京：北京大学出版社，2016．

[17] 张华，张俊喜，宋敏．所有权和控制权分离对企业价值的影响——我国民营上市企业的实证研究．经济学（季刊），2004，4（3）．

［18］郑志刚，吴新春，梁昕雯．高控制权溢价的经济后果：基于"隧道挖掘"的证据．世界经济，2014，37（9）．

［19］李增泉，余谦，王晓坤．掏空、支持与并购重组——来自我国上市公司的经验证据．经济研究，2005（1）．

［20］郑志刚，郇珍，黄继承，赵锡军．金字塔式控股结构与上市公司资本运作的机会主义倾向．中国人民大学财政金融学院工作论文，2019.

［21］余明桂，潘红波．政治关系、制度环境与民营企业银行贷款．管理世界，2008（8）．

［22］郑志刚，阚铄，黄继承．国企高管政治晋升：隐性激励 vs. 激励扭曲？——来自我国国有上市公司公益性捐赠的证据．中国人民大学财政金融学院工作论文，2017.

［23］郑志刚，阚铄，黄继承．官员在职读研与政治晋升中的激励扭曲．经济学报，2017（2）．

［24］郑志刚，孙娟娟，Rui Oliver. 任人唯亲的董事会文化和经理人超额薪酬问题．经济研究，2012（12）．

［25］郑志刚，刘思敏，郑建强，黄继承．我国上市公司"独董返聘"现象的影响因素与经济后果．中国人民大学财政金融学院工作论文，2020.

［26］赵子夜．"无过"和"有功"：独立董事意见中的文字信号．管理世界，2014（5）．

［27］唐雪松，申慧，杜军．独立董事监督中的动机——基于独立意见的经验证据．管理世界，2010（9）．

［28］郑志刚，阚铄，黄继承．任期阶段与独立董事意见发表．中国人民大学财政金融学院工作论文，2017.

［29］郑志刚，刘思敏，黄继承．独董换届未连任与公司违规行为．中国人民大学财政金融学院工作论文，2020.

［30］郑志刚，刘小娟，张浩，黄继承．社会连接：增强信任 vs. 加强内部人控制——来自我国上市公司治理的证据．中国人民大学财政金融学院工作论文，2019.

［31］郭成林．大股东狂抛持股不足3%，ST梅雁渐成"弃壳"．上海证券报，2011-09-06.

［32］黎文靖，孔东民，刘莎莎，邢精平．中小股东仅能"搭便车"么？——来自深交所社会公众股东网络投票的经验证据．金融研究，2012（3）．

［32］孔东民，刘莎莎，黎文靖，邢精平．冷漠是理性的吗？中小股东参与、公司治理与投资者保护．经济学（季刊），2013（1）．

［33］郑志刚，石丽娜，黄继承，郭杰．中国上市公司"小股民行动"现象的影响因素与经济后果．世界经济，2019（1）．

［34］郑志刚，石丽娜，黄继承．"险资举牌"现象与股权分散趋势下我国上市公司的治理．中国人民大学财政金融学院工作论文，2020.

［35］祝继高，叶康涛，陆正飞．谁是更积极的监督者：非控股股东董事还是独立董事？经济研究，2015（9）．

［36］叶康，祝继高，陆正飞，张然．独立董事的独立性：基于董事会投票的证据．经济研究，2011（1）．

［37］郑志刚，李俊强，黄继承，胡波．独立董事否定意见发表与换届未连任．金融研究，2016（12）．

［38］辛清泉，黄曼丽，易浩然．上市公司虚假陈述与独立董事监管处罚——基于独立董事个体视角的分析．管理世界，2013（5）．

［39］郑志刚，胡晓霁，黄继承．实际控制人超额委派董事与超级控制权，中国人民大学财政金融学院工作论文，2020.

［40］郑志刚，胡晓霁，黄继承．超额委派董事、大股东机会主义与董事投票行为．中国工业经济，2019（10）．

［41］林竞．亲历西北．乌鲁木齐：新疆人民出版社，2010.

［42］Beinhocker E. D.. The origin of wealth：evolution，complexity，and the radical remaking of economics. Harvard Business Press，2006.

［43］Grossman S. J.，Hart O. D.. The costs and benefits of ownership：a theory of vertical and lateral integration. Journal of Political Economy，1986，94（4）．

［44］Hart O.，Moore J.. Property rights and the nature of the firm. Journal of Political Economy，1990，98（6）．

［45］Hart O.. Firms，contracts，and financial structure. Clarendon Press，1995.

［46］Berle A. A.，G. Means. The modern corporation and private property. New York：Macmillan Publishing Co，1932.

［47］Jensen M. C.，Meckling W. H.. Theory of the firm：Managerial behavior，agency costs and ownership structure. Journal of Financial Economics，1976，3（4）．

［48］Rajan R. G.，Zingales L.. Saving capitalism from the capitalists：unleashing the power of financial markets to create wealth and spread opportunity. Princeton University Press，2004.

［49］Hilt E.. When did ownership separate from control？ corporate governance in the early nineteenth century. The Journal of Economic History, 2008, 68 (3).

[50] Lease R. C., McConnell J. J., Mikkelson W. H.. The market value of control in publicly-traded corporations. Journal of Financial Economics, 1983, 11 (1-4).

[51] Lease R. C., McConnell J. J., Mikkelson W. H.. The market value of differential voting rights in closely held corporations. Journal of Business, 1984.

[52] Nenova T.. The value of corporate voting rights and control: a cross-country analysis. Journal of Financial Economics, 2003, 68 (3).

[53] Grossman S. J., Hart O. D.. One share-one vote and the market for corporate control. Journal of Financial Economics, 1988, 20.

[54] Harris M., Raviv A.. Corporate governance: voting rights and majority rules. Journal of Financial Economics, 1988, 20.

[55] La Porta R., Lopez-de-Silanes F., Shleifer A., et al. Law and finance. Journal of Political Economy, 1998, 106 (6).

[56] Bolton P., Scheinkman J., Xiong W.. Executive compensation and short-termist behaviour in speculative markets. The Review of Economic Studies, 2006, 73 (3).

[57] Akerlof G. A.. The Market for "lemons": quality uncertainty and the market mechanism. The Quarterly Journal of Economics, 1970, 84.

[58] Leland H. E., Pyle D. H.. Informational asymmetries, financial structure, and financial intermediation. The Journal of Finance, 1977, 32 (2).

[59] Blair, M. M.. Corporate "ownership". Brookings Review, 1995.

[60] Aoki M.. A model of the firm as a stockholder-employee cooperative game. The American Economic Review, 1980.

[61] Donaldson, T., L. E. Preston. The stakeholder theory of the corporation: concepts, evidence, and implications. Academy of Management Review, 1995, 20 (1).

[62] Pfeffer, J., Salancik G. R.. The external control of organizations: a resource dependence perspective. Economic Journal, 1978, 4 (2).

[63] Easterbrook, F. H., D. R. Fischel. Contract and fiduciary duty. Journal of Law & Economics, 1993, 36 (1).

[64] Tirole, J.. Corporate governance. Econometrica, 2001, 69 (1).

[65] Drucker P. F.. Management: tasks, responsibilities, practices. Harper-

business，1974.

[66] Hart，O..Corporate governance：some theory and implications. Economic Journal，1995，105（430）.

[67] Hart，O..Financial contracting. Journal of Economic Literature，2000，39（4）.

[68] Grossman S. J.，Hart O. D..Takeover bids，the free-rider problem，and the theory of the corporation. The Bell Journal of Economics，1980.

[69] Claessens S.，Djankov S.，Fan J. P. H.，et al. Disentangling the incentive and entrenchment effects of large shareholdings. The Journal of Finance，2002，57（6）.

[70] Johnson S.，La Porta R.，Lopez&de & Silanes F.，et al. Tunneling. American Economic Review，2000，90.

[71] La Porta R.，Lopez‐de‐Silanes F.，Shleifer A..Corporate ownership around the world. The Journal of Finance，1999，54（2）.

[72] Claessens S.，Djankov S.，Lang L. H. P..The separation of ownership and control in East Asian corporations. Journal of Financial Economics，2000，58（1-2）.

[73] Faccio M.，Lang L. H. P. The ultimate ownership of Western European corporations. Journal of Financial Economics，2002，65（3）.

[74] Berglöf E.，Pajuste A..What do firms disclose and why? enforcing corporate governance and transparency in Central and Eastern Europe. Oxford Review of Economic Policy，2005，21（2）.

[75] Jiang G.，Lee C. M. C.，Yue H..Tunneling through intercorporate loans：the China experience. Journal of Financial Economics，2010，98（1）.

[76] Friedman E.，Johnson S.，Mitton T..Propping and tunneling. Journal of Comparative Economics，2003，31（4）.

[77] Riyanto Y. E.，Toolsema L. A..Tunneling and propping：a justification for pyramidal ownership. Journal of Banking & Finance，2008，32（10）.

[78] Fan J. P. H.，Wong T. J.，Zhang T..Politically connected CEOs，corporate governance，and post-IPO performance of China's newly partially privatized firms. Journal of Financial Economics，2007，84（2）.

[79] Li H.，Meng L.，Wang Q.，et al. Political connections，financing and firm performance：evidence from Chinese private firms. Journal of Development Economics，2008，87（2）.

［80］Stulz R. M. ，Williamson R. . Culture，openness，and finance. Journal of Financial Economics，2003，70（3）.

［81］Dyck A. ，Zingales L. . Private benefits of control：an international comparison. The Journal of Finance，2004，59（2）.

［82］Bebchuk L. A. ，Fried J. M. . Pay without performance：overview of the issues. Academy of Management Perspectives，2006，20（1）.

［83］Brick I. E. ，Palmon O. ，Wald J. K. . CEO compensation，director compensation，and firm performance：evidence of cronyism？. Journal of Corporate Finance，2006，12（3）.

［84］Burrough B. ，Helyar J. . Barbarians at the gate：the fall of RJR Nabisco. Random House，2010.

［85］Bebchuk L. A. ，Fried J. M. . Executive compensation as an agency problem. Journal of Economic Perspectives，2003，17（3）.

［86］Stuart S. . Spencer stuart board index. Chicago：Spencer Stuart，1998.

［87］Bhojraj S. ，Sengupta P. ，Zhang S. . Takeover defenses：entrenchment and efficiency. Journal of Accounting and Economics，2017，63（1）.

［88］Hermalin B. E. ，Weisbach M. S. . Boards of directors as an endogenously determined institution：a survey of the economic literature. National Bureau of Economic Research，2001.

［89］Shleifer A. ，Vishny R. W. . Large shareholders and corporate control. Journal of Political Economy，1986，94（3）.

［90］Jensen M. C. . The modern industrial revolution，exit，and the failure of internal control systems. The Journal of Finance，1993，48（3）.

［91］Adams R. B. . The dual role of corporate boards as advisors and monitors of management：theory and evidence. Federal Reserve Bank of New York. Working Paper，2001.

［92］Myerson R. B. . Incentive compatibility and the bargaining problem. Econometrica：Journal of the Econometric Society，1979.

［93］Myerson R. B. . Incentive constraints and optimal communication systems. Conference on Theoretical Aspects of Reasoning About Knowledge. Morgan-Kaufmann，1988.

［94］Holmstrom B. ，Milgrom P. . Aggregation and linearity in the provision of intertemporal incentives. Econometrica：Journal of the Econometric Society，1987.

［95］ Murphy K. J.. Executive compensation. Handbook of labor economics, 1999, 3.

［96］ John K. , Qian Y.. Incentive features in CEO compensation in the banking industry. Economic Policy Review, 2003, 9 (1) .

［97］ Morck R. , Yeung B. , Yu W.. The information content of stock markets: why do emerging markets have synchronous stock price movements? . Journal of Financial Economics, 2000, 58 (1-2) .

［98］ Core J. E. , Guay W. R. Stock option plans for non-executive employees. Journal of Financial Economics, 2001, 61 (2) .

［99］ Rauh J. D.. Own company stock in defined contribution pension plans: a takeover defense? . Journal of Financial Economics, 2006, 81 (2) .

［100］ Hall B. J. , Murphy K. J.. The trouble with stock options. Journal of Economic Perspectives, 2003, 17 (3) .

［101］ Jensen M. C.. Agency costs of overvalued equity. Financial Management, 2005, 34 (1) .

［102］ Yermack D.. Flights of fancy: corporate jets, CEO perquisites, and inferior shareholder returns. Journal of Financial Economics, 2006, 80 (1) .

［103］ Rajan R. G. , Wulf J.. Are perks purely managerial excess? . Journal of Financial Economics, 2006, 79 (1) .

［104］ Perry, Tod. Incentive compensation for outside directors and CEO turnover. SSRN Working Paper, 2000.

［105］ Holmstrom B. , Milgrom P.. Multitask principal-agent analyses: incentive contracts, asset ownership, and job design. Journal of Law, Economics and Organization, 1991 (7) .

［106］ Aghion P. , Bolton P.. An incomplete contracts approach to financial contracting. The Review of Economic Studies, 1992, 59 (3) .

［107］ Bennedsen M. , Wolfenzon D.. The balance of power in closely held corporations. Journal of Financial Economics, 2000, 58 (1-2) .

［108］ Gomes A. R. , Novaes W.. Sharing of control as a corporate governance mechanism. PIER Working Paper 01-029, University of Pennsylvania, 2001.

［109］ Bolton P. , Von Thadden E. L.. Blocks, liquidity, and corporate control. The Journal of Finance, 1998, 53 (1) .

［110］ Mller H. M. , Wrneryd K.. Inside versus outside ownership: a political theory of the firm. RAND Journal of Economics, 2001, 32 (3) .

图书在版编目（CIP）数据

成为董事长：郑志刚公司治理通识课/郑志刚著. --北京：中国人民大学出版社，2020.8
ISBN 978-7-300-28448-4

Ⅰ.①成… Ⅱ.①郑… Ⅲ.①公司-企业管理-研究 Ⅳ.①F276.6

中国版本图书馆 CIP 数据核字（2020）第 139854 号

成为董事长：郑志刚公司治理通识课
Chengwei Dongshizhang：Zhengzhigang Gongsi Zhili Tongshike
郑志刚　著

出版发行	中国人民大学出版社			
社　　址	北京中关村大街 31 号		**邮政编码**	100080
电　　话	010－62511242（总编室）		010－62511770（质管部）	
	010－82501766（邮购部）		010－62514148（门市部）	
	010－62515195（发行公司）		010－62515275（盗版举报）	
网　　址	http://www.crup.com.cn			
经　　销	新华书店			
印　　刷	涿州市星河印刷有限公司			
规　　格	175 mm×250 mm　16 开本		**版　　次**	2020 年 8 月第 1 版
印　　张	17 插页 1		**印　　次**	2020 年 8 月第 1 次印刷
字　　数	314 000		**定　　价**	69.00 元